# 低碳经济视阈下
# 中国—东盟生态协同发展研究

陈伍香 等◎著

中国旅游出版社

# 前 言

联合国可持续发展峰会通过了2030年可持续发展议程，议程是为人类、地球与繁荣制订的行动计划，兼顾了可持续发展的经济、社会和环境；议程的愿景之一是创建“一个以可持续的方式进行生产、消费和使用从空气到土地、从河流、湖泊和地下含水层到海洋的各种自然资源的世界”，强调气候变化是全球性的，要开展最广泛的国际合作来加速解决全球温室气体减排和适应问题以应对气候变化的不利影响。落实该议程是国际发展领域的核心工作，中国高度重视该议程，以创新、协调、绿色、开放、共享的发展理念为指导，制定发布《中国落实2030年可持续发展议程国别方案》，明确将17项可持续发展目标和169个具体目标纳入国家发展总体规划。

习近平主席指出:“生态环境关系各国人民的福祉。”2021年4月22日，习近平主席在领导人气候峰会重要讲话中首次提出构建“人与自然生命共同体”。2021年11月22日，中国—东盟建立对话关系30周年纪念峰会上，习近平主席指出，要全面发挥《区域全面经济伙伴关系协定》的作用，尽早启动中国东盟自由贸易区3.0版建设。

本研究为广西创新驱动发展专项项目阶段成果，其指南方向为桂林市建设国家可持续发展议程创新示范区。项目旨在破解“两并存双压力”，即生态旅游资源丰富和开发利用不足并存、旅游业战略性支柱地位与综合效益不明显并存、旅游产品创新不足和旅游业态创新不足双重压力的现实问题，实现生态旅游资源的高效利用与旅游业的可持续发展，将示范区打造成为国内和东盟国家乃至世界同类地区可复制可推广的模板。研究以“一带一路”尤其是海上丝绸之路建设的重点区域——中国与东盟十国为研究区域，探索研究低碳经济与生态协同发展问题。通过理论探索和实证研究，主要取得以下研究成果：

（1）分析了中国—东盟低碳经济与生态协同发展的必要性和可行性。由问卷调查可知，中国—东盟的大部分民众认为发展低碳经济十分必要；通过梳理相关区域生态概况与绿色低碳发展现状发现，中国—东盟国家区域存在生态发展不均衡、环境治理效果不明显现象，但生态基础较好，政府较为重视绿色低碳发展；运用 SWOT 分析法分析发现中国—东盟国家区域尚存在经济总量较低、合作贸易不均衡、技术力量薄弱等不足，以及面临绿色贸易投资壁垒、新冠疫情影响、工业化和城市化进程加快等挑战，但本区域正迎来中国东盟全面战略伙伴关系建立、中国—东盟日益重视绿色和可持续发展、中国—东盟国家区域的政策支持的良好机遇，以及拥有政治优势、地理位置优势和市场优势。

（2）研究发现中国—东盟国家区域碳排放仍呈上升趋势。依托世界银行公布数据综合分析中国—东盟国家区域碳排放情况。分析发现，中国—东盟国家区域二氧化碳排放总量较大，年均增长区域间不均衡；区域经济增速快，二氧化碳排放趋势不容乐观。人均碳排放量方面，我国的碳排放曲线趋于平缓，人均碳排放量进入平台期；文莱人均碳排放量远高于中国及其他东盟国家，近年人均碳排放量整体有所降低；柬埔寨、缅甸、菲律宾人均碳排放量相对较低，但大致处于逐年上升的状态；越南、老挝、印度尼西亚人均碳排放量居中，大致处于逐年上升状态；泰国人均碳排放量水平居中，整体排放处于波动状态；马来西亚、新加坡人均碳排放量相较于其他东盟成员国处于较高水平，整体排放处于波动状态。

（3）实证研究了中国—东盟国家碳排放量影响因素与空间溢出效应。基于中国—东盟国家最新统计数据，应用 STIRPAT 模型验证发现：人口密度对本地区碳排放量具有显著的抑制作用，而溢出效应并没有通过显著性检验，从总效应来说，呈现显著的负向影响；经济水平对本地碳排放量有显著正向影响，对周边地区碳排放量具有较显著的负向影响，但总效应表现出不显著的正向影响；工业增加值（占 GDP 的百分比）显著正向影响本地碳排放量，但对周边地区碳排放量有一定显著的负向影响；高科技出口（现价美元）

对本地区和周边地区碳排放量均有不显著的正向影响，因此总效应也为不显著的正向影响；城市化水平对本地区碳排放量影响最大，对周边地区产生显著的负向抑制作用，但正向影响远大于负向影响，因此总效应仍为显著的正向影响；对外开放水平的回归系数显示，对外开放水平显著正向影响本地区碳排放量，但对周边地区具有不显著的抑制作用，总体效应呈现显著的正向影响。

（4）对中国—东盟国家区域发展低碳旅游进行了研究。旅游业是环境友好型产业，全球日益重视气候变化问题和生态保护，低碳旅游将成为旅游发展的趋势和本区域发展低碳经济与实现生态协同发展的重要选择。本研究探索低碳经济与生态协同发展在旅游业的应用，探讨低碳经济视阈下中国—东盟国家区域低碳旅游发展问题。分析发现，中国—东盟国家区域拥有丰富生态旅游资源，区域各国政府重视旅游，推行发展可持续性旅游的相关理念，有着较好的低碳旅游基础；东盟各国重视发展中国旅游市场，中国和东盟彼此已成为重要的旅游合作伙伴。

（5）实证研究中国—东盟低碳经济与生态环境之间关系。选用2010—2020年中国与东盟十国的低碳经济系统和生态环境系统的相关指标数据建立评价指标体系，引用波动率、契合度谱系图的主要思路，对中国—东盟低碳经济与生态系统的影响关系进行实证分析，探究两个系统之间的发展契合度。实证结果发现，在2010—2020年间，我国的低碳经济均处于引领状态，低碳经济一直处于正向提升状态，生态环境在大趋势上也有所提升，形成协同发展的良性局势；印度尼西亚、马来西亚、菲律宾、新加坡、泰国低碳经济和生态环境之间，低碳经济大部分处于引领地位；柬埔寨的低碳经济与生态环境之间大部分处于不契合的状态。

（6）建构了中国—东盟低碳经济与生态协同发展战略模型及实施路径。中国—东盟低碳经济与生态协同发展战略该模型以动力系统为基础并不断产生动力助推中国—东盟国家区域的生态协同发展，该战略模型动力系统由国家政策、国际环境、核心子系统三个小的子系统组成，核心子系统涉及城市化、技术、经济、人口密度，并可在发展优劣势间互相转化。无论从三个子系统的哪一处切入，都统一调动动力系统，最终通过形成合力共同推动中国—东盟国家区域的生态协同发展。研究了中国—东盟国家区域低碳经济与生态协同发展战略实施路径。在中国—东盟国家区域低碳经济发展战略合作共识下，须健全我国和东盟国家绿色低碳循环发展的生产体系；健全绿色低碳循环发展的流通体系；提高研发投入，研发绿色低碳技术并实现成果转化；协同发展优化产业结构，整合产业资源；完善政策系统，形成区域低碳经济可持续发展的保障机制；加强宣传引导。

（7）探索建立低碳经济与生态协同发展示范区。我国已是泰国、越南、柬埔寨最大旅游客源国，是老挝最大投资国。泰国、越南、柬埔寨、老挝同属中南半岛，且与我国关系稳定发展。低碳经济与生态协同发展示范区范围主要包括以我国广西和泰国、柬埔寨、越南、老挝为主的广西—东盟国家区域。在梳理分析广西生态概况与绿色低碳发展现状、碳排放情况、发展低碳旅游的基础以及建立广西—东盟低碳经济与生态协同发展示范区优势与机遇基础上，提出建立低碳经济与生态协同发展示范区的举措。

中国—东盟国家区域要全面发挥《区域全面经济伙伴关系协定》的作用，用好用活中国自由贸易试验区政策，完善协调创新驱动机制，建立健全生态环境保护联防联控机制，强化战略互信，推进政策沟通，加快完善争议解决机制，建立便捷高效的争议解决渠道。充分发挥集聚联动效应和增长极效应，发挥吸引和扩散效应，在“人与自然生命共同体”这一规律性认识的指导下，形成区域低碳经济与生态协同发展示范区，打造跨境人与自然生命共同体建设的示范区。

陈伍香

2023 年 12 月 20 日

# 目　录

# 第一章 绪 论

低碳经济是指在可持续发展理念指导下，尽可能地减少煤炭、石油等高碳能源消耗，减少温室气体排放，达到经济社会发展与生态环境保护双赢的一种经济发展形态。随着以二氧化碳为主的温室气体排放量日益增加所导致的气候问题加剧，减少碳排放、实现生态协同和保持经济增长成为世界各国共同面对的目标。为建设中国—东盟国家生态文明，实现中国—东盟国家经济社会发展和生态环境保护协同共进，推进“一带一路”可持续发展，本著作对低碳经济视阈下中国—东盟生态协同发展予以研究。

## 一、研究背景

根据联合国政府间气候变化专门委员会（IPCC）发布的第六次气候变化评估报告《气候变化 2021：自然科学基础》，自 1850 年至 1900 年以来，人类活动产生的温室气体排放导致了大约 1.1℃的全球变暖，如果未来几十年内不大幅减少二氧化碳和其他温室气体的排放，那么 21 世纪的全球变暖将超过 1.5℃甚至 2℃。全球气候变暖将导致一系列影响，例如，冰川融化、海平面上升、生态系统退化、自然灾害频发，以至于影响农业生产、粮食安全、水资源安全、能源安全、生态安全和公共卫生安全等，最终将直接威胁到人类的生存和发展。由我国百余位科学家共同编制的《中国气候与环境演变》科学报告显示，随着气候变暖，近 50 年来，我国沿海的海平面不断上升，年均上升 2.5 毫米，略高于全球平均水平，极端天气气候事件的频率和强度也发生了明显变化。

哥本哈根气候峰会之后，实现碳减排已经成为世界各国经济社会发展的趋势，“低碳经济”的议题自哥本哈根气候峰会后受到全球范围内的广泛关注，实现碳减排也成为世界各国未来经济社会发展的一个方向。2015 年，巴黎气候变化大会上通过了《巴黎协定》，该协定的主要内容是针对 2020 年后全球如何应对气候问题变化作出统一安排。协定指出，要将全球平均气温较前工业化时期上升幅度控制在 2℃以内，并为把升温控制在 1.5℃之内而努力。各国也纷纷意识到能源安全和气候变化所带来的威胁，采取各种政策举措，鼓励和支持低碳和新能源技术的发明和利用，不断加大政策支持力度。低碳经济是一种以低能耗、低排放、低污染为基础的经济。随着低碳经济的不断发展，各国也对产业结构进行了调整，英、美、日及其他发达国家，近年来都致力于新能源技术和清洁能源技术的开发与利用，以达到加快低碳经济发展的目的。欧盟投资 1050 亿欧元用于发展绿色经济，以此来提高环保经济领域的世界竞争力；美国能源部投资 31 亿美元用于碳捕获及封存技术研发，奥巴马政府自 2012 年起，每年连续拨款 150 亿美元给环境署用于推广低碳技术市场化；巴西、墨西哥、印度等发展中国家也主动参与减排限排。

我国已经成为全球第二大消费市场、第一贸易大国。作为一个负责任的国家，我国对气候变化问题高度重视。1994 年，我国政府从具体国情出发，颁布了旨在促进经济、社会、资源、环境等相互协调、可持续发展的《中国 21 世纪议程》行动方案；2003 年，提出了坚持以人为本，树立全面、协调、可持续的发展观，促进经济社会和人的全面发展；2007 年，明确提出“建设生态文明”的战略任务，并印发《中国应对气候变化国家方案》；2009 年 11 月，国务院常务会议决定，将到 2020 年我国单位国内生产总值（GDP）二氧化碳排放量要比 2005 年下降 40%~45% 作为一项约束性的指标纳入国民经济和社会发展的中长期规划中，并制定了相应的实施政策以及考核办法，2009 年 12 月，中国在哥本哈根全球气候大会上明确提出了这一减排目标；2010 年 8 月，国家发展改革委确定在五省八市开展低碳产业建设试点工作；2013 年，中国政府决定全面深化改革，通过推进环境保护体制和机制改革，促进生态文明，建设美丽中国，同时制定包括加快建立生态文明制度、节约资源和保护环境的具体措施。2015 年，195 个与会国家和欧盟代表一致通过了《巴黎协定》，携手对抗气候变化。我国在《巴黎协定》提出，到 2030 年单位 GDP 的二氧化碳强度比 2005 年下降 60%~65%。2020 年第 75 届联合国大会上，中国承诺将提高国家自主贡献力度，采取更加有力的政策和措施，力争于 2030 年前达到碳排放峰值，努力争取 2060 年前实现碳中和。2021 年 2 月，国务院印发《关于加快建立健全绿色低碳循环发展经济体系的指导意见》，明确了经济全链条绿色发展要求，使发展建立在高效利用资源、严格保护生态环境、有效控制温室气体排放的基础上，确保实现碳达峰碳中和目标，推动我国绿色发展迈上新台阶；提出到 2025 年，绿色低碳循环发展的生产体系、流通体系、消费体系初步形成，到 2035 年，基本实现美丽中国建设目标。

2017 年 5 月，“一带一路”国际合作高峰论坛上，我国倡议建立“一带一路”绿色发展国际联盟，倡导低碳发展。东盟是“一带一路”建设的重点方向、重点地区，我国政府与越南、柬埔寨、泰国、老挝等东盟国家政府签署政府间“一带一路”合作谅解备忘录、双边合作规划以及一系列重点项目。2018 年 11 月，第 33 届东盟峰会回顾了东盟共同体建设进展，重申加强非传统安全、环境挑战、可持续发展等领域合作，通过了《东盟智慧城市网络框架》《关于增加绿色就业以促进东盟共同体平等与包容性增长的宣言》等文件。2019 年 6 月，第 34 届东盟峰会围绕“加强伙伴关系，促进可持续发展”主题，发表了《东盟印太展望》《东盟领导人关于“为可持续发展推动伙伴关系”的愿景》《关于应对东盟地区海洋垃圾的曼谷宣言》及其行动框架等文件。2019 年 11 月，第 35 届东盟峰会发表了《主席声明》《东盟关于向第四次工业革命转型的宣言》和《东盟关于气候变化的联合声明》等文件。2020 年 4 月以来，召开了东盟关于新冠肺炎疫情一系列峰会，就东盟国家合作抗击疫情、恢复社会经济发展等交换了意见，发表了《特别峰会宣言》《东盟领导人关于团结协作主动应对的愿景声明》等文件，并通过了《东盟全面复苏框架》及其实施计划。

## 二、研究概述

### （一）研究意义

#### 1. 理论意义

本研究从低碳经济视角，以中国—东盟国家区域作为研究对象，运用经济学、管理学等理论与方法，测算区域碳排放量，实证研究碳排放量影响因素与空间溢出效应，建构中国—东盟国家区域低碳经济与生态协同发展战略模型，探析中国—东盟国家区域低碳经济与生态协同的发展战略措施，从而丰富低碳经济和生态协同发展的理论内涵，为区域低碳经济和生态协同发展提供新的理论解释和方法指导。

#### 2. 实践意义

应用本研究理论研究成果，将为中国—东盟国家区域的发展提供战略支持，为有效促进区域低碳发展提供技术指导，为区域生态协同发展和生态文明建设提供发展范式。

一是实现中国—东盟国家区域经济增长与环境保护的双赢机制，打造生态廊道。

二是指导区域协同发展。①为经济发展不平衡的现状进行合理调控，利用区域资源特色和优势实现扶贫，为资源开发进行合理补偿。②规避后发展地区城镇化、现代化过程中重演发达地区高排放高污染问题，建设中国—东盟命运共同体。

### （二）研究内容

本研究以中国—东盟国家区域低碳经济与生态协同发展问题为研究对象。

针对现有研究资料的成果，在宏观政策和微观经济视角下，对中国—东盟国家区域存在的“经济发展不平衡，优化转型缺路径”现象，深入调研，剖析研究区域低碳经济发展特点和潜力，找出影响因子，总结中国—东盟国家区域低碳经济与生态协同发展的战略措施，以推进可持续发展来解决诸多全球性问题，加强双方在生态环保、防灾减灾、应对气候变化、减贫等领域合作，为本地区实现可持续发展创造多方面有利条件，促进双方关系与合作的长远发展，深化各领域务实合作，携手建设更为紧密的中国—东盟命运共同体。

具体研究内容为：

第一章，绪论。介绍研究背景、研究概述等内容。

第二章，文献回顾与理论分析。介绍国内外文献研究、相关概念、相关理论基础。

第三、四章，中国—东盟国家区域低碳经济、生态协同发展情况分析。系统阐析中国—东盟国家生态概况与绿色低碳发展现状，在此基础上，进一步分析中国—东盟国家区域优势、劣势、机遇与挑战。

第五章，中国碳排放量的测算与中国—东盟国家区域碳排放研究。基于kaya恒等式，根据LMDI公式，主要考虑能源消耗因素，测算中国碳排放情况。据此，分析中国—东盟国家区域碳排放情况。

第六章，中国—东盟国家碳排放量影响因素与空间溢出效应研究。运用2010—2020年十一国的统计数据，以STIRPAT模型为基础，应用stata15.1构建空间计量模型研究碳排放量的影响因素，以及区域间碳排放量的溢出效应。

第七章，生态产业应用研究：中国—东盟国家低碳旅游发展研究。通过调查问卷对低碳旅游认知、低碳旅游行为意向以及低碳旅游实施进行调查，探析中国—东盟区域发展低碳旅游的基础、面临的问题和举措。

第八章，中国—东盟低碳经济与生态环境关系实证分析。

第九章，中国—东盟国家区域低碳经济与生态协同发展的战略措施。从建构战略合作框架、确立低碳经济发展示范区、协同发展优化产业结构、完善政策系统、加强宣传等方面探析中国—东盟国家区域低碳经济与生态协同发展的战略措施。

第十章，探索建立低碳经济与生态协同发展示范区。基于中国已是泰国、越南、柬埔寨最大旅游客源国，是老挝最大投资国，泰国、越南、柬埔寨、老挝同属中南半岛，且与中国关系稳定发展。探索建立以广西和泰国、柬埔寨、越南、老挝为主的广西—东盟国家区域低碳经济与生态协同发展示范区。

第十一章，对研究内容进行总结，并指出有待解决的问题和进一步研究方向。

### （三）研究方法

本研究综合利用定性研究、定量研究和案例分析的方法进行研究。

（1）定性研究。

运用文献综述法，对国内外相关文献进行梳理、分析，在文献综述的基础上，以规范研究的方法对低碳经济、生态协同相关概念进行界定，阐析可持续发展等理论。

（2）定量研究。

问卷调查法。发放问卷，了解我国和东盟国家相关低碳经济的实际发展状况。此外，对低碳旅游认知、低碳旅游行为意向以及低碳旅游实施进行问卷调查，帮助本研究建构较为科学的现实依据。

碳排放量测度法。采用 LMDI 模型对中国—东盟国家区域能源消耗侧碳排放量进行测算。

空间计量分析法。基于 STIRPAT 模型探索中国—东盟国家区域碳排放发展的空间特征，识别区域间、变量间相互作用关系，探析影响因素和区域间碳排放量的溢出效应。

（3）案例分析法。

对中国和东盟国家进行个案分析。对其目前生态协同发展现状和存在的主要问题进行分析，并提出建议。

### （四）研究框架

本研究框架如图 1.1 所示。

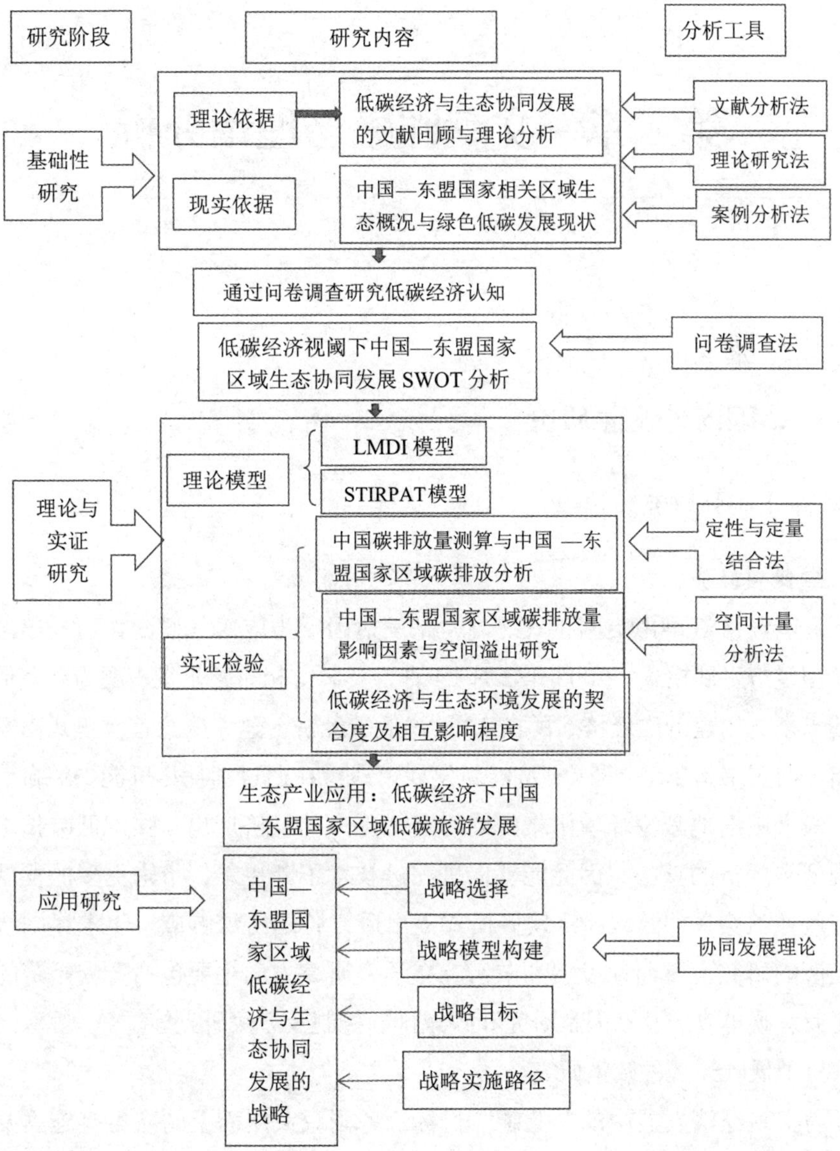
研究阶段
研究内容
分析工具
基础性研究
理论依据
低碳经济与生态协同发展的文献回顾与理论分析
文献分析法
理论研究法
现实依据
中国—东盟国家相关区域生态概况与绿色低碳发展现状
案例分析法
通过问卷调查研究低碳经济认知
低碳经济视阈下中国—东盟国家区域生态协同发展SWOT分析
问卷调查法
理论与实证研究
理论模型
LMDI模型
STIRPAT模型
实证检验
中国碳排放量测算与中国—东盟国家区域碳排放分析
定性与定量结合法
中国—东盟国家区域碳排放量影响因素与空间溢出研究
空间计量分析法
低碳经济与生态环境发展的契合度及相互影响程度
生态产业应用：低碳经济下中国—东盟国家区域低碳旅游发展
应用研究
中国—东盟国家区域低碳经济与生态协同发展的战略
战略选择
战略模型构建
战略目标
战略实施路径
协同发展理论

图1.1　研究框架

# 第二章 文献回顾与理论分析

## 一、国内外文献研究

### （一）国外研究现状

#### 1. 低碳经济

低碳经济最早由英国正式提出，是发达国家为应对气候变化而提出的一种新型经济发展模式。2003 年 2 月 24 日，英国首相布莱尔发表题为《我们能源的未来：创建低碳经济》的白皮书，“低碳经济”这一概念首次正式由官方提出。白皮书指出，“低碳经济的新发展模式旨在通过消耗尽可能少的自然资源，最大限度地减少环境污染的同时获得更多的经济产出；强调低碳技术是实现低碳经济的核心，因此能够促进先进技术不断更新，带来更多的发展机遇和就业机会”。低碳经济发展模式提出后，各国纷纷响应。学术界围绕低碳经济的研究也不断地发展和丰富。在学术研究方面主要包括低碳经济的政策研究、碳排放的驱动因素研究和碳减排的机制及方法研究等。

（1）低碳经济的政策研究。

为实现经济发展中的“低碳”目标，各国政策层面上的应对措施主要有征收碳税和推行碳交易。碳税和碳交易作为有效的减排工具，也成为大部分学者的研究热点。Andrew（2010）等人指出，开征碳税的目的在于减少社会和经济活动中的碳排放，是政府治理环境污染的政策手段，而且无需激进的经济社会和政治变革。Andrea Baranzini（2009）等在分析了各国的碳税税率后指出：由于各国的碳税税率差别很大，能源税税率也标准不一、各不相同，给国际协调碳税造成了障碍。另外，要想碳税顺利开征，需要改革能源税。但是 Stefan Speck 也质疑碳税对减排的作用，并指出碳税政策在低收入国家的作用表现并不明显，甚至出现倒退。不仅国家之间的税率有差别，不同行业之间也有税率差别。Annegrete（2004）等在对碳税征收先行国挪威的研究中发现：1990—1999 年，挪威平均每单位 GDP 的碳排放降低了 12 个百分点，但碳税的贡献率只有 2.3%，碳税并没有预想得有效果。究其原因是挪威不同产业之间的税率也有差别，燃料类型不同，所含的碳含量就会有所不同，因此税额的比例也不相同。

碳排放交易机制的研究集中在对初始排放权分配的公平性和有效性方面。国外学者 Akhurst 曾介绍过：20 世纪 90 年代，英国某石油公司就设计了一种供企业内部使用的碳交易机制，让企业的减排更加具有自主性，这种碳交易机制的减排效果还很显著并能够获得一定的经济效益。Wei Li（2018）等发现，从短时间来看，碳排放交易市场的建立不利于电力行业的经济发展，但是长远来看，会对清洁电力的发展起到促进作用。Gunningham（2020）指出政府态度对碳排放交易定价至关重要，精心设计的政策杠杆，可以为实现低碳经济作出强有力的贡献。

（2）碳排放的驱动因素研究。

碳排放的影响因素研究一直是低碳领域学者们关注的重点。日本学者 Kaya（1990）认为一个国家或地区的碳排放主要有四大驱动因素，分别是人口数量、人均 GDP、GDP 的能源强度和能源结构，并以此为基础建立了 KAYA 恒等式。美国经济学家 Grossman 和 Krueger（1991）针对北美自由贸易协定是否会对环境造成影响的开创性研究中，首次实证研究了环境质量与人均收入之间的关系，指出了二氧化碳和烟尘这两种污染物排放量与人均 GDP 之间呈倒 U 形相关关系。随后，Panayotou（1993）在对环境质量和人均收入的研究中，借用 1955 年库兹涅茨界定的人均收入与收入不均等之间的倒 U 形曲线，首次将这种环境质量与人均收入间的关系称为环境库兹涅茨曲线（EKC）。环境库兹涅茨曲线提出后，环境质量与收入之间关系的理论探讨不断深入，也进一步丰富了对 EKC 的理论解释。Mayers 和 Kent（2003）证实，消费随着人口的增长而迅速增长，同时会对环境产生明显的影响。Lee Schipper（2009）分析了 13 个国际能源机构（IEA）成员国的碳排放量变化，发现能源强度和能源消耗这两个因素可以解释大部分国家的碳排放变化，而产业结构、碳排放系数这两个因素对碳排放变化的作用不明显。Stephen（2016）等也证实了经济增长与碳排放之间确实存在倒 U 形关系，拐点区间为 20000~60000 美元，这与之前 EKC 曲线拐点存在较大的差异。不可否认的是，大多数学者的研究都认为经济增长、能源强度、能源结构、产业结构以及人口因素等是驱动碳排放的主要影响因素，其中经济增长被认为是最主要的碳排放影响因素。

（3）碳减排的机制及方法研究。

能源的消耗是碳排放最主要的来源，能源强度是衡量能源消耗的重要指标。因此，从定量分析的角度出发，低碳经济是切断经济增长与能源消耗之间的联系，使 GDP 与能源消耗脱钩的经济。所谓的脱钩，就是指经济增长与二氧化碳气体排放不断减少的过程，反映了经济增长与能源消耗之间不同步的变化。Tapio（2005）基于驱动力、压力、状态、影响、反应等框架而设计脱钩指标体系，主要反映驱动力（经济增长等）与环境压力（温室气体减排）关系。当二氧化碳排放增长率与 GDP 增长率呈现出不平行的现象，即称经济体系发生了脱钩现象。如果 GDP 增长率高于二氧化碳排放增长率，称为相对脱钩；如果经济驱动力呈现稳定增长，而二氧化碳排放量反而减少，称为绝对脱钩。Ortzi（2018）等研究指出，脱钩不仅仅是由于能源效率的提高而出现在高收入国家的现象，也发生在人类发展指数低和能源消费低的国家。Marianne（2018）等在分析了菲律宾 1980—2014 年间经济增长和物质消耗关系的基础上，证实资源消耗速度一直低于 GDP 增长速度属于相对脱钩状态。

碳减排另一机制及方法应该从增强能源强度角度考虑，增加清洁能源的使用如风能、太阳能，提高可再生能源的利用率，降低不可再生能源的使用量。Meng（2017）等选择使用 IDA 作为研究工具，对 1985—2010 年中国特大城市的二氧化碳排放量进行分析，指出经济发展和城市化进程的加快是推动二氧化碳排放量增加的主要驱动因素，清洁能源的使用在减少碳排放量和满足能源需求方面发挥着关键作用。此外，在碳减排的行动中，Mulugetta 等认为推进碳减排行动仅靠政府推动远远不够，核心动力是社会公众，如果社会公众参与的积极性不高，应对气候危机的任务将难以完成。

（4）低碳经济研究小结。

通过简单梳理国外低碳经济研究文献可以看出，西方发达国家对低碳经济的研究起步较早，研究成果也颇为丰富。在低碳经济的政策、碳排放的驱动力因素、碳排放与经济增长的关系、碳排放交易制度等方面的研究取得了很大的突破，其中碳税、碳交易以及人类经济活动和人口数量对碳排放的影响一直都是西方学界研究的热点。这些热点问题的研究让世界各国不断认识到发展低碳经济的重要性，有助于深入推动全球低碳经济研究，为国内低碳经济的研究提供理论、模型和借鉴。从目前的研究可以看出，国外学者是低碳经济研究的引领者和开拓者，但受各种条件制约，研究还存在一定的局限性，具体表现在以下几个方面：

一是碳排放影响因素分析。在选取方法上，如 LMDI 因素分解法、协整模型和状态空间模型、灰色关联度分析法等都能很好地分析所选取的因素与碳排放之间的关系，但碳排放的影响因素有很多，大多数文献中所选取的指标比较单一，有的文献只研究经济增长对碳排放的影响，有的则只分析能源消耗与碳排放量之间的关系，不能够从多维度构建指标体系分析影响因素与碳排放之间的关系。

二是碳减排政策选择策略。西方发达国家一直倾向于碳税和碳交易市场这两种政策手段。大多数学者经过研究后认可碳税是低成本且有效的碳减排政策，但由于碳税面临政治上的可接受性问题，以及如何根据不同的经济主体确定合适的税率，这些问题都将会影响碳税征收的效果。因此，我国国务院发展研究中心课题组的《全球温室气体减排：理论框架和解决方案》明确建议碳减排采用碳市场制度。此外，经济学家还对一般的排放权交易体系进行了改进，将以价格为基础的碳税和以数量为基础的排污权交易制度结合起来，形成复合排放权交易制度。但碳税政策与碳市场制度，两者是替代性的还是互补性的，亟须理论研究者深入思考。

三是碳排放的初始排放权分配问题。低碳经济的目标就是想通过控制碳排放量尤其是二氧化碳排放，在减少污染的同时实现经济发展，因此碳排放的初始分配权就至关重要。但是目前已有的排放权的分配方案无法真正解决分配权的问题，尤其是对发达国家和发展中国家之间存量问题存在很大的争论，因此国际初始碳排放权的界定和分配有待深入研究。

四是碳排放行业研究。早期的碳排放研究主要集中在工业领域，后来逐渐拓展到运输业、建筑业，但对于农业和居民消费等领域的研究较少，缺乏系统的行业研究。由于不同行业消耗能源不同，应将碳排放行业分类，然后基于此，测算各行业的碳排放量。

**2. 跨区域生态协同**

生态协同发展研究最先起源于工业发展速度快的西方发达国家。20 世纪 70 年代，西方发达国家爆发能源危机，人们认识到生态环境对经济发展的重要性，此时公众参与型政策改革越来越多，学术界基于组织理论、公共选择理论、新区域主义理论，整合创新出跨域治理理念。随着人类社会工业化程度的逐步加深，全球性、跨区域性的生态环境问题频繁出现，各个国家和地区生活在同一个地球上，不可能独自承担起全球生态环境保护和治理的重任，生态协同成为现今环境治理的主流趋势，在跨区域治理、多元共治、协同发展等方面形成了较为系统的理论、成熟的研究方法和多角度的研究视角。

（1）生态环境协同保护机制相关内涵。

早在 19 世纪 70 年代，理论物理学家赫尔曼·哈肯提出“协同理论”并创建了协同学科，这是“协同”一词首次被提出。哈肯认为，在整个环境中，虽然各系统属性不同，但存在相互影响和相互合作的关系。在这之后，协同理论被广泛应用于生态学、经济学、社会学等领域。Mark T. Imperial（2005）认为，协同治理的本质是对自主性不同的组织和个人进行统一控制和协调，以期实现共同目标。随着协同发展在生态领域研究的逐步深入，Arthur（2006）在研究我国生态现代化的发展中，分析了环境治理体系优化机制。Charles 和 Sidney（2007）则具体研究了建立生态环境区域治理体系所遇到的问题和困难。

（2）属地化治理转向跨区域治理的重要性选择。

行政区的分割，各组织间的不统筹，是跨区域治理环境的最大障碍，因此，破除行政区的地方分割，把生态环境放大到整个区域治理，才是有效解决问题的方法。Pieter Glasbergen（1995）认为一个地区实行网格化的环境管理，政府部门和非政府部门之间互相协作可以解决区域的环境问题。传统的地方化治理流域污染难以真正解决问题，协同治理是跨区域治理的必然选择。因此，Anushiya Shrestha 等（2018）认为跨界合作治理土地和水资源是十分积极和有效的方法。

（3）跨区域生态发展的多元参与主体。

经济合作发展组织（OECD）认为，要想实现跨区域环境保护和生态可持续发展，需要各国、各地方政府间共同协力处理。对于一个国家的环境治理模式，Mark Pennington（2008）认为，传统的以政府为中心的管理模式已经无法适应现在共享的环境资源和环境保护，只有灵活的、多元化的环境治理模式才能适应生态理性原则的要求。Rémy Kinna 等（2017）在对湄公河流域的生态环境治理机制进行研究后指出，参与湄公河流域生态治理的多元主体间共同签订的公约、协定、承诺等对湄公河流域可持续发展目标的实现起到了积极的促进作用，同时合作委员会的成立是环境多元协同治理的一个关键步骤。Alexander Widmer（2019）等认为，各部门和不同机构之间的联系加强以及深层次的合作，可以在一定程度上解决区域生态发展不协调的问题。

（4）跨区域生态协同的难点。

不同地区间发展水平和生态技术的不同步，是跨区域生态协同的一大难点。Walter B. Stohr（2001）指出，发达地区和欠发达地区如果想要跨区域治理环境，可以在协同发展的框架下根据实际情况制定自己的发展策略，控制相关技术移植和输入。同样的，Tim Forsyth（2004）也指出，跨区域生态协同治理的关键在于充分考虑各区域的实际需求后，构建一个适合各方发展的政策。Tynickynen N（2017）认为，跨区域生态环境治理有以下几个方面的阻碍：环境政策制定者缺乏对整个区域生态现状的掌握；整体区域和局部区域利益之间的碰撞；空间和时间的复杂性和差异性使得政府难以界定责任。此外，不同国家或地方机构效率低下也会影响整体区域协同发展。

（5）跨区域生态协同的小结。

从以上的文献梳理可以看出，西方学者在跨区域生态环境研究方面有很多成果，不管是环境保护还是环境治理，协同发展的理论都渗透其中。研究主要聚焦在三个方向：一是生态协同发展的理论研究；二是跨区域协同治理环境的必要性和重要性；三是跨区域生态协同的多元主体以及协同发展的难点和问题。

尽管国外关于跨区域环境治理的研究积累了较为丰富的成果，但依然存在研究比较薄弱的领域，一是跨区域环境治理的理论框架没有建立起来，大部分的跨区域环境治理的研究都是从治理实践、合作模式、组织运作等方面分析经验，再验证有效性，目前没有成熟的理论论证。二是国外学者将协同机制嵌入到环境治理中分析的研究文献较多，但是环境协同治理机制是否具有普遍性，在不同社会制度下国家或地区能否适用，仍有待研究。

## （二）国内研究现状

### 1. 低碳经济

低碳经济是一种低消耗、低排放、低污染的可持续发展的新经济发展模式，涵盖产业低碳化、技术低碳化、城市低碳化、生活低碳化等社会绿色发展中的一系列新内容。它以节能减排为途径，有效使用可再生能源和低碳能源，减少能源的消耗和温室气体排放，从而建设低碳化绿色发展社会，维护经济发展和生态环境的平衡。低碳经济需要依据环保理念，在保护生态环境的基础上发展经济，不能将经济和生态二者分割。于艳（2011）认为低碳经济实质是以能源技术创新、产业结构创新等为核心，实现能源高效利用，解决绿色 GDP 的问题。

以低碳经济为主题词，检索中国知网期刊数据库 2010 年 6 月 8 日—2023 年 6 月 8 日的文献，共得到 25000 篇中文文献，以发表的关于低碳经济的研究文献为分析样本，导入数据库，对数据进行预处理、分类，根据统计数据生成直观的图表，揭示国内低碳经济研究 13 年来的年际分布、研究主体、研究机构和研究热点。

（1）文献发表的数量。

通过对低碳经济文献的数量进行分析，可以发现国内低碳经济的研究发展情况和变化趋势。在 2010—2023 年期间，关于低碳经济研究的论文年份统计分布情况如图 2.1 所示。由图可见，2010 年发表的论文数量最多，此后逐年下降，在 2021 年论文量最低。

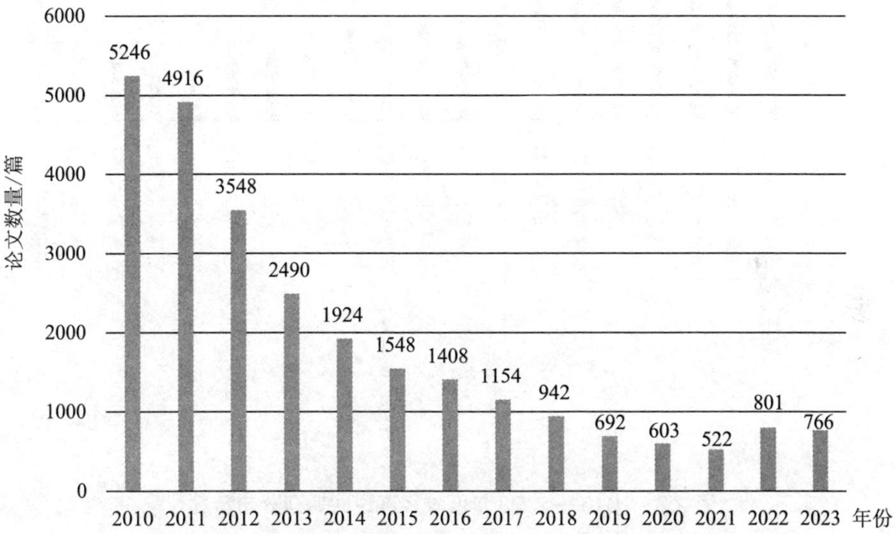


**图 2.1　2010—2023 年低碳经济论文年份统计分布情况**

（2）论文发表的期刊。

2010—2023 年，关于低碳经济研究发表论文的期刊分布情况（排名前 20），如图 2.2 所示。由图中信息可以得出《中国人口 · 资源与环境》以 98 篇的低碳经济相关文献的发文量，位列发表期刊的首位;《科技进步与对策》发表 72 篇，位列第二;《工业技术经济》发表 65 篇，位列第三。

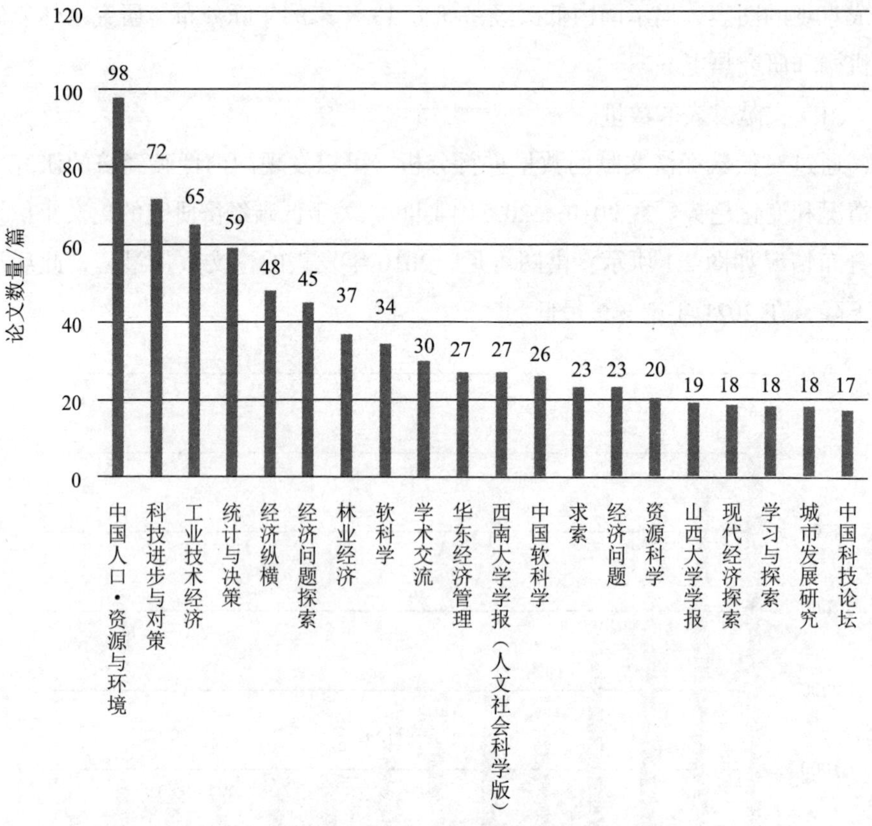


图 2.2　2010—2023 年低碳经济论文期刊分布情况

（3）发文机构分布情况。

在数据库中，对发文机构进行分类汇总统计（排名前 20），发现排名居前的大学院校主要有吉林大学、华北电力大学、中南财经政法大学等（如图 2.3）。

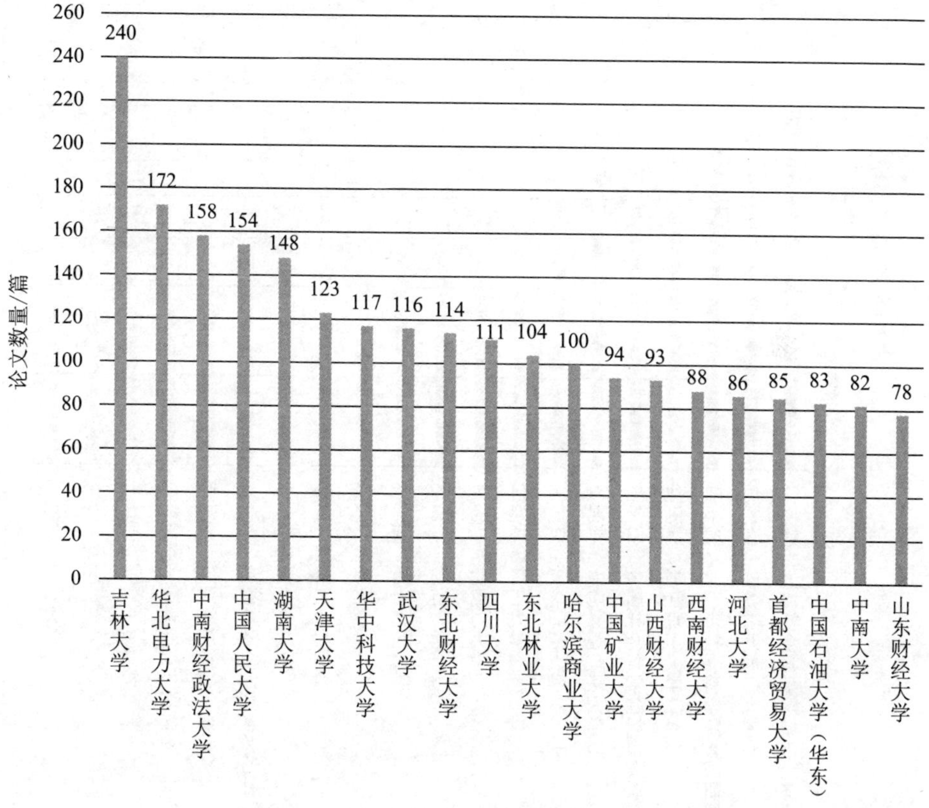


**图 2.3　2010—2023 年低碳经济论文发文机构分布情况**

（4）发文作者分布情况。

对发文机构统计完成后，在数据库中对发文作者进行清洗预处理，得到作者发文分布图（排名前 20，如图 2.4），其中陈柳钦作者以 18 篇论文位列第一，周宏春以 17 篇排在第二，陆小成以 16 篇排在第三。

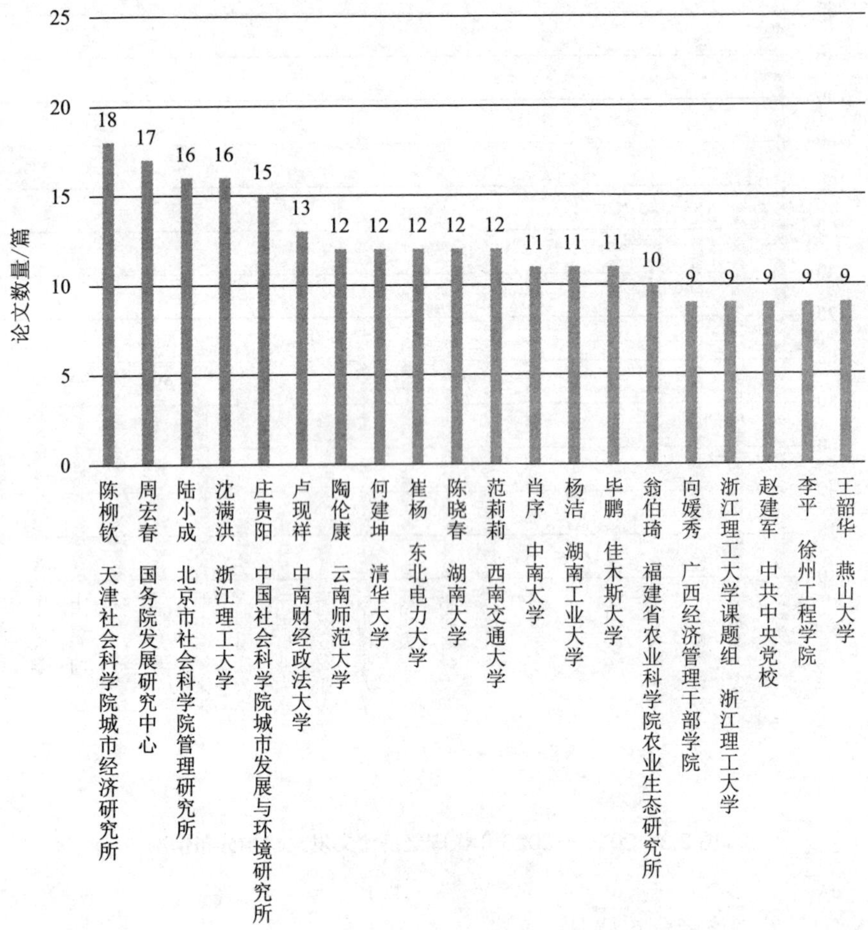


图 2.4　2010—2023 年低碳经济论文作者分布情况

（5）论文主题及关键词情况。

对论文所涉及的关键词进行汇总，取其中的前 20 个，得到关键词的分布图如图 2.5。由图 2.5 中数据可知，以低碳经济为论文主题及关键词高达约 58.71%，以低碳经济发展为关键词的约有 9.96%。

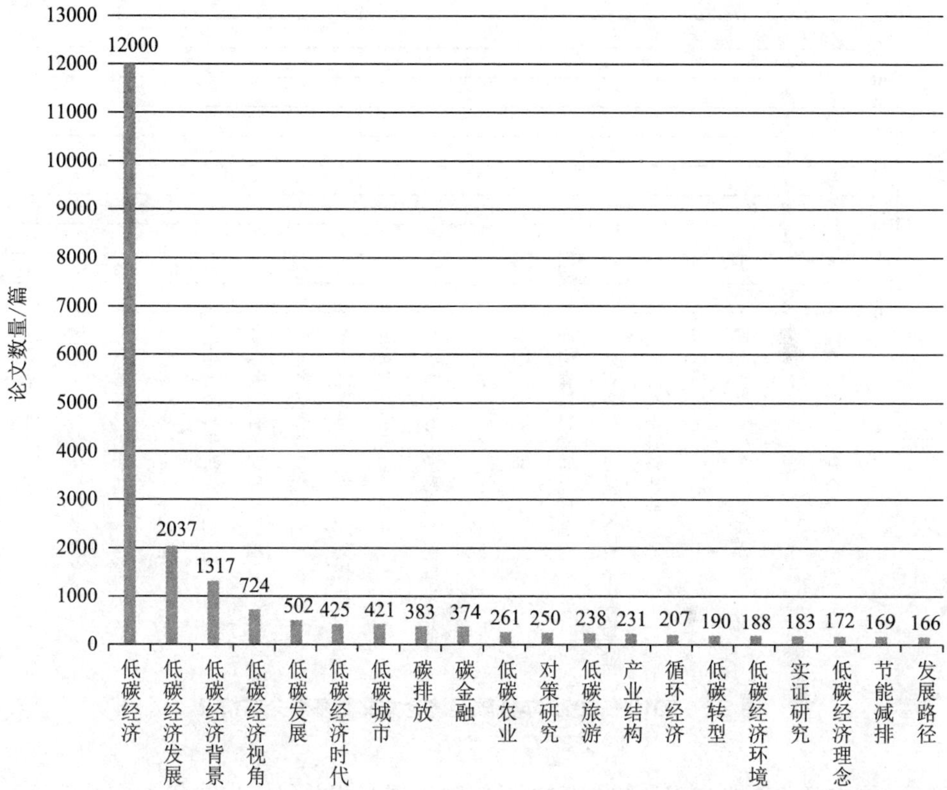


**图 2.5　2010—2023 年低碳经济论文关键词分布情况**

（6）论文被引情况。

在知网检索结果中，点击“被引”，可以看到《低碳经济的概念辨识及评价指标体系构建》《低碳经济的概念辨识及核心要素分析》《低碳经济的内涵及综合评价指标体系构建》这 3 篇论文被引数排列在前 3，究其原因在于这 3 篇论文的质量高，且属于综述类论文。

（7）文献基金分布情况。

通过对文献基金分布情况的研究，从而得到相关的论文基金分布图（排名前 20）。由图 2.6 可以看出，文献基金最多的是国家自然科学基金 844 篇，其次是国家社会科学基金 825 篇。

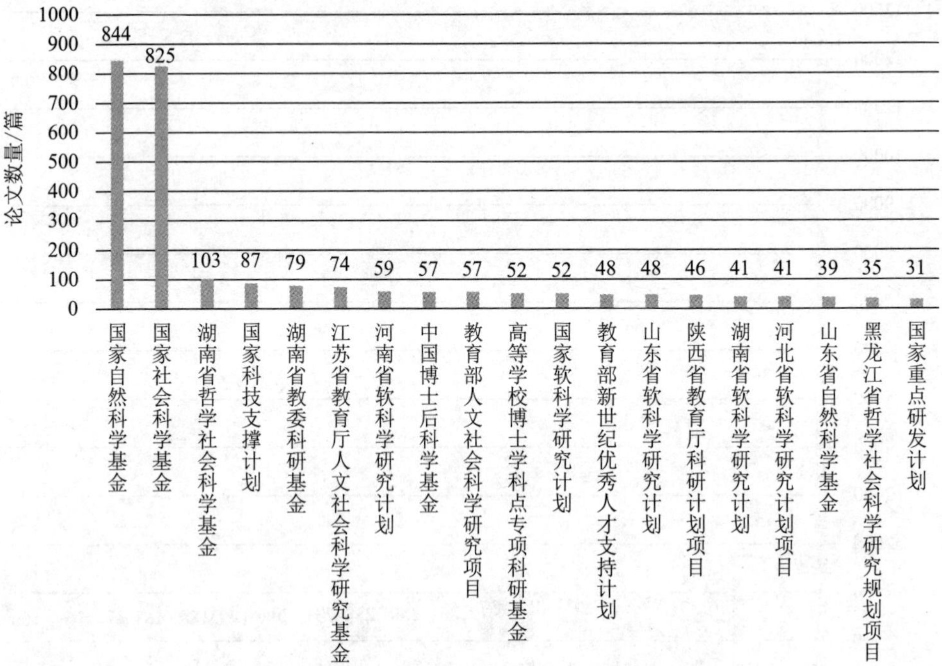


**图 2.6　2010—2023 年低碳经济论文文献基金分布情况**

国内学者对低碳经济的研究相对较晚，现有相关研究主要集中在低碳经济可行性及必要性、低碳经济的概念与内涵、低碳经济的评价指标、低碳经济及其增长存在的问题和对策研究。此外，学者们为了更好地探索低碳经济发展的途径，对影响低碳经济发展的因素亦进行了研究。在影响低碳经济发展的众多因素中，学者们大多认同自然环境、国际合作、本土经济状况、技术水平等是影响低碳经济发展的主要因素。

2. **碳排放**

一般来说，粗放型的经济发展模式，不仅引起了大量的能源损耗，还导致了碳排放量的急剧增加。能源消耗大，碳排放大，不利于低碳环保，更不利于低碳经济的可持续发展。碳排放强度的整体下降，多取决于产业结构、能源使用情况的调整，以及新能源技术和清洁能源的广泛使用。

我国温室气体排放主要源自工业碳排放，要实现温室气体减排就要大力推动绿色工业的发展。工业减排的推进要与国家的方针政策相一致。万里洋（2017）采用偏最小二乘回归建立模型测算工业碳排放，得出工业碳排放的影响因素是能源价格、能源效率。唐慕尧（2015）认为人口因素、经济因素、能源因素对碳排放有不同程度影响。尧波（2014）认为工业经济的发展进一步加剧了工业碳排放量。李波（2011）把工业经济发展水平作为农地利用碳排放的重要原因。不同的国家有不同的降低碳排放量的政策，比如，韩国通过植树，森林的面积得到增加，森林碳汇因此得到提高，有利于缓和农地的二氧化碳排放；日本希望能在根源上降低农业的二氧化碳排放量，给民众供应低碳的食物是日本采取的主要措施；美国支持有助于降低二氧化碳排放的相关项目来实现工业碳减排；印度通过提高农药、化肥等农资利用水平，来实现工业碳减排。

**3. 碳排放量的测算**

目前，钟悦之（2011）把排放系数法、生命周期法、物料平衡算法、模型法、实物法、决策树法作为估算碳排放量的 6 种主要方法。国际上形成了以收集温室气体为主的 7 个主要数据集：OECD 国际能源署数据集、世界发展研究所（WDI）数据集、美国能源信息管理局（EIA）数据集、二氧化碳信息分析中心（CDIAC）数据集、世界资源研究所（WRI）数据集、美国橡树岭国家实验室、联合国气候变化框架公约（UNFCCC）数据集。

由于中国大陆的能源数据来源渠道比较有限，大部分相关研究是基于能源消费统计数据按照 IPCC 标准来估算能源消费二氧化碳排放量。碳排放的测算是研究其影响因素从而制定相关的减排政策的基础，国内外学者分别从生产角度、消费角度两大方面对碳排放测算进行了大量的研究。目前针对碳排放的测算问题，研究者使用较广且得到普遍认可的方法主要有排放因子法、生命周期评价方法以及投入产出法 3 种。

**4. 低碳经济在旅游业的应用**

有学者认为低碳旅游是以低碳经济为背景的一种旅游新形式，是生态旅游的升华。也有一些学者提出要从生态系统的脆弱性入手，提出旅游应该大力开展低碳旅游，并从旅游活动来进行约束、开展碳补偿活动、加强低碳基础设施建设等方面来开展相关的活动。此外，通过研究相关资料可以发现，学者们通常将低碳旅游的概念与生态旅游、乡村旅游等进行比较和分析，同时提出现今要立足发展较为成熟的乡村旅游或生态旅游，逐步实现向低碳旅游的过渡。目前，已有学者提出低碳旅游和生态协同结合，提倡跨区域旅游交流合作。国内旅游业低碳发展和碳排放相关研究大致可以概括为 3 个方向：旅游业评价体系的构建、旅游碳排量计算和模型构建，以及低碳旅游发展框架体系。

5. **跨区域生态协同研究**

国内学者认为生态环境治理是典型的公共管理问题。根据这些理论的引申，认为生态协同是生态系统、生态制度和经济发展三者通过制度、市场、技术、社会等多个维度互相作用、互相协调达到生态共同发展的一种状态。

马世骏（1981）构建社会经济生态系统理论结构，马世骏、王如松（1984）提出了复合生态的研究思路，并构建了社会 - 经济 - 自然的复合生态系统，开启了国内城镇化生态系统的研究。生态学家王如松、刘建国（1988）依据生态协调原理的反馈和限制因子定律，指出一定区域内城市生长与生态环境之间存在着反馈和限制性机理。刘则渊、代锦（1994）阐述了三次产业生态化与可持续发展的关系，研究得出产业生态化能推动可持续发展战略的施行。刘耀彬、李仁东、宋学锋（2005）针对人类活动与生态环境的关系，利用协同学思想构建了生态环境耦合度模型，这一模型为后续研究奠定了基础，同时还指出了我国城市化发展与生态环境建设存在着地域差异，总体呈现东部省区高于西部省区的规律。李存贵、佟光霁（2007）分析城乡生态合作之间的经济博弈，对城乡生态合作给出了建议。张文龙（2009）认为，城市化与产业生态化之间既相互制约也相互促进，并建立起一套城市化与产业生态化协调发展定量测度指标体系和协调性判断标准。朱凯轩（2016）认为，通过生态协同和保护可以解决因生态环境破坏严重而制约京津冀协同发展的这一问题，并从不同方面提出要结合京津冀区域情况制定科学的生态发展规划，发展生态友好型产业，在整个区域内建立生态保护与修复的协调机制。唐建荣、李晓静（2016）基于 PSR 概念模型，构建产业生态指标体系，测算安徽省 16 个市产业生态系统障碍因子，在此基础上提出发展的可行路径。

我国低碳经济虽然起步晚，但发展较快，涵盖各大产业。学者们对低碳经济进行了广泛的研究，并对其发展提出了相关的建议，尤其是对经济活动的宏观管理、发展方向、结构调整等方面提出了建设性建议。

从现有的低碳经济的相关研究中可以看出，低碳经济符合我国社会发展规律。低碳经济是资源高效利用、低污染、低排放的绿色经济。作为环保大国，低碳经济已经是我国经济活动中的重点发展对象。

我国虽然重视低碳发展，学者对低碳经济的研究也涉及各个领域，但是人们的低碳意识还有待提升，学术界相关实施策略主要是以理论性、宏观性为主，建议的落地实操性有待加强。各大产业在经济利益和低碳环保间更多的是重视前者。低碳经济的发展，要求了解碳排放情况，实现技术创新，但各行业对碳排放的度量、对低碳技术的研究不足。

## 二、相关概念

### （一）低碳经济相关概念

#### 1. 碳足迹

“碳足迹”（Carbon Footprint）的概念源于“生态足迹”，是人类在生产生活中，直接或间接排放二氧化碳和其他温室气体的总量。基于生命周期这一视角而言，碳足迹是剖析产品生命周期或生产消费活动直接或间接的碳排放历程。碳足迹可以分为国家碳足迹、个人碳足迹、企业碳足迹、产品碳足迹四个层面。计算碳足迹的方法有：应用生命周期评估（LCA）法、通过所使用的能源矿物燃料排放量计算法（IPCC）、投入产出法（IO）、Kaya 碳排放恒等式法。

#### 2. 碳交易

碳交易是温室气体排放权交易的统称。1997 年通过的《京都议定书》中运用市场机制，将二氧化碳排放权作为一种商品，形成了二氧化碳排放权的交易，简称碳交易。

2011 年，北京、上海、广东、深圳、湖北、重庆六地成为国家第一批碳排放权交易试点城市。2021 年 9 月，全国首个海洋碳汇交易服务平台——厦门产权交易中心完成首宗海洋碳汇交易。

### 3. 碳税

碳税（carbon tax），是关于二氧化碳和其他温室气体排放所征收的税，是国家为了减少工业生产活动中各种能源消耗，根据能源中碳所占比重征收的税费。征收碳税相对于利用市场竞争机制减排而言，有着减少管理成本的优势。到 2020 年年底，全球共有 32 个碳税机制上线，共覆盖超过 3 亿吨碳排放，约占全球总排放量的 5.6%。

目前，财政部正牵头起草《关于财政支持做好碳达峰碳中和工作的指导意见》，拟充实完善一系列财税支持政策，积极构建有力促进绿色低碳发展的财税政策体系，充分发挥财政在国家治理中的基础和重要支柱作用，引导和带动更多政策和社会资金支持绿色低碳发展。

### 4. 碳金融

随着国际气候政策转变，以及《联合国气候变化框架公约》和《京都议定书》的通过，“碳金融”一词逐渐兴起。

狭义的碳金融是指碳排放权交易，更广义的碳金融市场是碳资产所依附的基础资产的投融资，包括风电光伏技术、减排量项目、减排项目有关的股权投资、债权投资以及其他涉碳资产的投资。

碳金融的作用，首先是帮助碳中和基础设施的建设，其次是帮助企业从碳市场直接获得减排资金、引导基金使社会资本参与减排。

### 5. 碳汇

碳汇（carbon sink），是指森林吸收并储存二氧化碳的数量，也指森林吸收并储存二氧化碳的能力。

2003 年，《联合国气候变化框架公约》中碳汇项目被国际社会认可并形成共识，制定了新的造林、再造林等运行规则。2020 年 10 月 28 日，《自然》（*nature*）科学期刊上一国际团队的研究报告也再次表示，中国的西南地区和东北地区的“碳汇”，在中国整体陆地中占比超 35%。

目前，我国部分省市也在不断探索碳汇发展新模式。福建地区先行先试，持续探索林业碳汇发展模式。四川出台林草碳汇行动方案，旨在五年内基本建立林草碳汇高质量发展体系。2021 年 9 月，国家第三批低碳试点城市之一的柳州举行碳汇乡村振兴项目发布会，创新性地提出在广西建立首个碳汇精准扶贫项目，助力碳汇乡村振兴。

**6. 碳市场**

碳市场全称全国碳排放权交易市场，是实现碳达峰与碳中和目标的核心政策工具之一。2011 年起，国家公布了北京、天津、上海等地作为试点城市对碳排放权交易开展相关工作。学者张树安、韩丽娜（2014）指出，虽然每家碳排放权交易市场交易目标不一，但本质没有差别，认为应当建立全国统一的碳交易市场，制定完善的交易规则。2017 年年底，中国正式启动碳排放权交易。

2021 年 7 月 16 日，全国碳排放权交易市场开市，全国碳市场正式启动上线交易。碳市场还有待发展，有学者从低碳经济角度出发，对我国碳交易市场机制现状进行研究，有针对性地提出了完善我国碳交易市场的政策建议。当前碳市场发展亟须完善相关制度设计，通过推动机构投资者入市等多措并举，活跃市场交易，助力市场功能进一步发挥。

**7. 碳排放权**

碳排放权是可以作为商品交换的一种无形资产。企业可根据自身情况购买或出售碳排放权来实现收益和减排任务。碳排放权在交易市场上前景乐观，发展较快，在未来有可能会成为全球交易规模最大的商品。

2021 年 9 月，上海环境能源交易所股份有限公司在其官方微信公众号“全国碳交易”发表声明称，全国碳排放权交易机构成立前，全国碳排放权交易信息由上海环境能源交易所股份有限公司进行发布和监督。

**8. 低碳产品**

低碳产品是指在同类产品中，碳排放量值不超过相关低碳产品评价标准或者碳排放技术符合规范要求的产品。

为了引领经济低碳化发展，我国将推行低碳产品认证制度，多种认证并存且不排他。为建立低碳产品制度，中国质量认证中心（英文缩写 CQC）承接了国家发展改革委和国家认监委共同合作的“应对气候变化专项——我国低碳认证制度研究”项目研究工作。我国将执行统一的低碳产品目录、国家标准、认证技术标准、认证规则、认证证书和认证标志。

当前，我国低碳产品发展效果显著。广州黄埔在全市率先颁发“碳标签”，激励消费者选择低碳产品。2021 年中国国际服务贸易交易会上，河北多款绿色低碳产品亮相服贸会。

#### 9. 低碳技术

低碳经济是以低能耗、低污染为基础的绿色经济。低碳技术是对减碳技术、无碳技术和去碳技术的总称。

世界主要发达国家都在开发和利用新能源技术和清洁能源技术。美国着手研发碳捕获和封存技术。我国也在持续推进低碳技术的发展。我国科技部、教育部、自然科学基金委、中国科学院和多个省市已经发布实施了发展低碳技术的计划，启动《太阳能行动计划》等。2021 年 9 月，首届中国数字碳中和高峰论坛在成都举行，百家机构企业倡议推动数字技术赋能低碳转型。2021 年 9 月家电绿色低碳发展技术大会在京召开，为我国家电行业碳中和与绿色发展提供科技支撑。

### （二）生态协同相关概念

#### 1. 协同

“协同”一词源于古希腊，是指两个或两个以上的个人或群体为实现一致的目标愿景，而协调一致、和合共同。协同理论是 20 世纪 70 年代以来在多学科研究基础上组建发展起来，研究不同事物共同特征及其协同机理的一门新兴学科。“协同”最早在 20 世纪 70 年代由理论物理学家赫尔曼 · 哈肯提出。哈肯指出，在整个环境中，各系统之间虽属性不同，却相互影响、相互合作。

张立荣、冷向明（2008）指出，协同是系统中众多子系统或要素之间交互作用而构成的有序的统一整体的过程。较多学者将协同理论应用到城市规划、旅游规划、医疗、物流等方面，丰富了对协同理论的研究，并将协同理论应用到实际产业发展中。

**2. 生态环境与生态系统**

生态环境是指由生物群落及非生物自然因素组成的各种生态系统所构成的，会对人类的生存发展产生影响的整体。生态系统由英国植物生态学家A.G.tansley（1935）提出，是指在一定的空间范围内，生物与环境之间所形成的统一的整体。一个完整的生态系统不但要包括生物复合体，还要包括被人们称为环境的全部物理因素之间的通过不断的物质循环和能量流动、信息交流而相互作用、相互依存的功能复合体。澳大利亚 Richard J Hobbs 等（2013）分别从非生物因素、生物因素和社会因素（以及它们之间相互作用）三方面重新定义了新型生态系统。

**3. 生态协调与生态合作**

经济增长速度显著提高时造成了较大的生态环境压力，从而容易发生如酸雨、雾霾等各类生态环境问题。生态协调就是在生态环境和经济增长之间相互制约关系下，采取措施以实现生态环境和经济增长之间的协调性，达到人与自然、社会协调共生。

生态合作，指的是人类是一个命运共同体，在经济全球化深入发展的今天，为解决生态环境问题、实现经济可持续发展，各利益相关者须协同合作。生态合作既包括了某个技术领域的合作，也涉及国家和利益集团之间各方面的正式和非正式合作。

**4. 生态经济学**

生态经济学是一门新兴的交叉性的综合性学科。它不仅是生态学和经济学的桥梁，而且包含了心理学、人类学、社会学、考古学和历史学等，旨在解决人类经济和自然生态系统在时间和空间上的相互依存和共同演化的问题。

段登辉（2013）认为生态经济学围绕人类经济活动与自然生态之间相互作用的关系，研究生态经济结构、功能、规律、平衡，生产力，生态经济效益，以及生态经济的宏观管理、数学模型等内容，旨在促进社会经济在生态平衡的基础上实现持续稳定发展。

5. **产业生态系统**

在生态学中，人、社会、自然三者是一个相互关联的整体，经济、人口、资源、环境都是社会－生态这个系统的组成部分。产业生态化就是把作为物质生产过程主要内容的产业活动纳入大生态系统中，把产业活动对自然资源的消耗和对环境的影响置于大生态系统物质、能源的总交换过程中，实现大生态系统的良性循环与持续发展。产业生态化的目标就是在人类生存和发展的自然生态环境可再生的基础上，达到人与社会、自然之间的协调持续的发展。

"产业生态系统"一词则最早见于1989年《美国科学人杂志》发表的《可持续工业发展战略》一文中。文中指出，如果要追求经济的可持续发展，就必须把获取原材料、生产产品、排放废弃物的各环节脱离的旧模式摒弃，建立一套把生产和排放系统结合起来的更环保的生产模式，这种模式就是产业生态系统。中国经济正处于高速增长向高质量发展的转型期，实现产业生态化是经济可持续发展的一项战略选择，是保证我国经济可持续发展的基本手段和方式之一。

6. **环境库兹涅茨曲线**

长期以来，为追求经济高速增长，而对自然资源的消耗越来越大，生态环境恶化、资源破坏严重从而导致经济与社会发展不可持续的问题，已经引起社会各界的高度关注，人与自然之间的矛盾日益凸显，环境污染问题是全世界都在关注的问题。Grossman 和 Krueger（1991）提出环境库兹涅茨曲线，描述了人均 GDP 和污染物排放量之间的关系，认为在经济发展的早期阶段会对生态环境造成较大的危害，但随着经济发展水平的提高，环境污染现状会逐步改善，即经济增长与环境污染成倒 U 形关系。随着环境库兹涅茨曲线的应用不断扩大，在水资源、海洋资源、碳排放等领域也得到应用，学者通过分析某一数值指标来观察经济发展与环境污染物排放之间的关系，为提升我国的经济增长质量、实现经济的可持续发展提供理论依据和决策参考。

7. **环境质量评价 PSR 模型**

加拿大统计学专家 Tony Friend 和 David Rapport（1979）提出"压力－状

态响应”（Pressure-State-Response，PSR）模型，后被经济合作与发展组织（OECD）采纳，并与联合国环境规划署（UNEP）共同继续研究并发展了该模型。PSR 模型的三项指标——压力、状态和响应，三者之间既相互区别又相互联系。压力指标反映人类活动给环境造成的负荷及产生环境问题的原因，解释了环境为什么会发生变化的问题，它是反映“状态”形成的原因，同时也是政策“响应”的结果；状态指标表征环境质量、自然在各种人类活动作用下所呈现出的状态和现状，反映了特定“压力”下环境的变化结果，同时也是政策“响应”的落实所在；响应指标表征人类在面临环境污染问题时所采取的措施与对策，回答了怎么办的问题，反映了社会对环境变化的反应程度，并为人类活动和经济发展提供政策指导。

环境质量评价的目的是协调环境与经济两者之间的关系。评价环境质量有利于更好地处理环境质量同人类、同经济发展的关系，可以科学分析环境污染的现状，及时找出影响环境质量的问题所在，并提出相应的治理策略，减少因环境污染对经济和人类产生的影响，从而实现环境与经济发展的协调统一和绿色循环。

## 三、相关理论基础

### （一）可持续发展理论

可持续性的思想由来已久，中西方皆有概述。《吕氏春秋》云：“焚薮而田，岂不获得？而明年无兽。”马尔萨斯和李嘉图等也提出过关于可持续发展的相关论述，他们指出人类的经济活动范围存在着生态边界。

1987 年，世界环境与发展委员会向联合国提交了一份名为《我们共同的未来》的报告，该报告对“可持续发展”这一概念进行了系统的阐述。可持续发展是一种既能满足当代人需要，也能不对后代满足其需要的能力构成危害的发展模式。可持续发展须遵循公平性原则、持续性原则、共同性原则。

### （二）经济增长极理论

增长极理论由法国经济学家弗朗索瓦·佩鲁在20世纪50年代初提出。佩鲁等（1955）认为经济增长不是在所有行业和空间均匀分布，它是以不同的强度率先出现在某些增长点或增长极上，然后通过不同渠道向外扩散，最终影响整个经济。狭义经济增长极有3种类型，分别是产业增长极、城市增长极和潜在的经济增长极。简而言之，增长极就是选取一个或几个点，通过极化效应，以增长极的“点”带动“面”，达到利益最大化。

### （三）循环经济理论

美国经济学家鲍尔·丁德提出的循环经济理论最初被称为“宇宙飞船理论”。德国是发展循环经济的先驱，从20世纪70年代到90年代，德国先后通过了《废物限制及废物处理法》《包装条例》《限制废车条例》和《循环经济与废物管理法》等法律条文。

国内学者分别从循环经济的概念、操作原则和测度等方面进行研究。段宁（2001）认为循环经济的增长模式是“资源→产品→再生资源”。褚大建（2000）指出循环经济的建立依赖于减量化、再使用、再循环为内容的行为原则，综合利用这3个原则能使资源最优利用。

循环经济理念正逐渐成为许多国家发展经济过程中遵循的重要理念。我国作为世界上最大的发展中国家，资源丰富但人口多，人均资源不足，因此发展循环经济是我国保持和提高国际竞争力的重要手段。

### （四）利益相关者理论

利益相关者最初源于管理学概念，是对企业目标实现过程及其结果产生主动或被动影响的任何个人和群体的统称。学界对它的研究起源于20世纪60年代，认为对传统的股东利益最大化来说，债权人、员工、供应商等都是利益相关者。1963年，安索夫将利益相关者理论运用于经济领域，认为企业要想制定远景目标，就要把众多利益相关者之间的利益冲突和索取权全面地考虑在内。20世纪80年代，美国学者弗里曼在《战略管理——利益相关者方法》一书中对利益相关者做出进一步界定。

### （五）碳排放脱钩理论

“脱钩”从词义上解释为两者关系的阻断。碳排放脱钩，即使经济增长与资源消耗或环境污染脱钩，实现二者脱钩发展。脱钩就是经济增长与工业污染排放之间的一种变化关系，末期的污染排放与 GDP 之比除以基期的污染排放与 GDP 之比为“脱钩指数”。排放脱钩是指既能发展经济，又能减少污染气体排放或污染气体零排放，在促进经济发展的同时实现节能减排。

# 第三章　中国—东盟生态概况与绿色低碳发展现状

本研究主要以中国—东盟国家区域低碳经济与生态协同发展为研究对象。为更好地探讨低碳经济与生态协同发展问题，须了解相关区域生态概况与绿色低碳发展现状。

## 一、东盟相关区域生态概况与绿色低碳发展现状

东盟，全称东南亚国家联盟（Association of Southeast Asian Nations—ASEAN），成立于1967年8月8日。成员国为文莱、柬埔寨、印度尼西亚、老挝、马来西亚、缅甸、菲律宾、新加坡、泰国、越南10个国家，总面积约449万平方公里。

截至2019年，人口共计6.6亿。东盟各国经济发展水平有较大的差距（见表3.1）。

表3.1　2016—2022年东盟各国GDP

单位：亿美元

| 国家 | 2016 | 2017 | 2018 | 2019 | 2020 | 2021 | 2022 |
|---|---|---|---|---|---|---|---|
| 文莱 | 114.0 | 121.3 | 135.7 | 134.7 | 120.1 | 140.1 | 166.8 |
| 印度尼西亚 | 9318.8 | 10156.2 | 10422.7 | 11191.0 | 10590.5 | 11865.1 | 13191.0 |
| 柬埔寨 | 200.2 | 221.8 | 245.7 | 270.9 | 258.7 | 269.6 | 295.0 |
| 老挝 | 159.1 | 170.7 | 181.4 | 187.4 | 189.8 | 188.3 | 154.7 |
| 缅甸 | 632.2 | 660.6 | 678.6 | 750.7 | 790.5 | 662.6 | 622.6 |

续表

| 国家 | 2016 | 2017 | 2018 | 2019 | 2020 | 2021 | 2022 |
|---|---|---|---|---|---|---|---|
| 马来西亚 | 3012.6 | 3191.1 | 3587.9 | 3651.8 | 3374.6 | 3738.3 | 4070.3 |
| 菲律宾 | 3186.3 | 3284.8 | 3468.4 | 3768.2 | 3617.5 | 3940.9 | 4042.8 |
| 新加坡 | 3190.3 | 3432.7 | 3768.7 | 3768.4 | 3483.9 | 4238.0 | 4667.9 |
| 泰国 | 4133.7 | 4563.6 | 5067.5 | 5439.8 | 5004.6 | 5055.7 | 4954.2 |
| 越南 | 2571.0 | 2813.5 | 3101.1 | 3343.7 | 3466.2 | 3661.4 | 4088.0 |

数据来源：世界银行 World Bank Open Data | Data。

随着经济发展，东盟各国二氧化碳排放量大部分逐年增加。目前，东盟各国二氧化碳排放的影响处在环境库兹涅茨曲线左边。通过表 3.2 和图 3.1 可以看出，2011—2020 年间，泰国、缅甸、老挝、文莱二氧化碳排放量略有波动，其他六国逐年上升；其中，印度尼西亚增幅最大，其次为越南。

**表 3.2　东盟十国主要年份二氧化碳排放量**

单位：千吨

| 国家 | 国家代码 | 2011 | 2012 | 2013 | 2014 | 2015 | 2016 | 2017 | 2018 | 2019 | 2020 |
|---|---|---|---|---|---|---|---|---|---|---|---|
| 文莱 | BRN | 7333 | 7300 | 7209 | 7080 | 6398 | 6969 | 7290 | 7540 | 7058 | 9588 |
| 柬埔寨 | KHM | 5364 | 5674 | 5738 | 6947 | 8433 | 11066 | 12661 | 13556 | 18093 | 18653 |
| 印度尼西亚 | IDN | 475801 | 481791 | 448400 | 484640 | 489053 | 483979 | 515396 | 568008 | 605291 | 563197 |
| 老挝 | LAO | 3043 | 3272 | 4161 | 4345 | 8876 | 15702 | 19055 | 19664 | 19171 | 19179 |
| 马来西亚 | MYS | 202401 | 205416 | 223087 | 236265 | 236229 | 231669 | 225104 | 241451 | 244882 | 245139 |
| 缅甸 | MMR | 8693 | 11964 | 13593 | 17035 | 19034 | 21861 | 32497 | 32785 | 33995 | 33875 |
| 菲律宾 | PHL | 82545 | 86165 | 95504 | 101823 | 110991 | 120895 | 133457 | 139119 | 145871 | 133471 |
| 新加坡 | SGP | 44767 | 43692 | 43912 | 44399 | 45432 | 44970 | 47324 | 45212 | 45163 | 43705 |
| 泰国 | THA | 238969 | 256286 | 264681 | 261377 | 268853 | 267916 | 267137 | 264484 | 274467 | 265479 |
| 越南 | VNM | 155973 | 155523 | 164297 | 180699 | 201513 | 222029 | 229877 | 286139 | 341717 | 355323 |

数据来源：世界银行 https://databank.shihang.org/source/world-development-indicators（Last Updated：07/30/2021）。

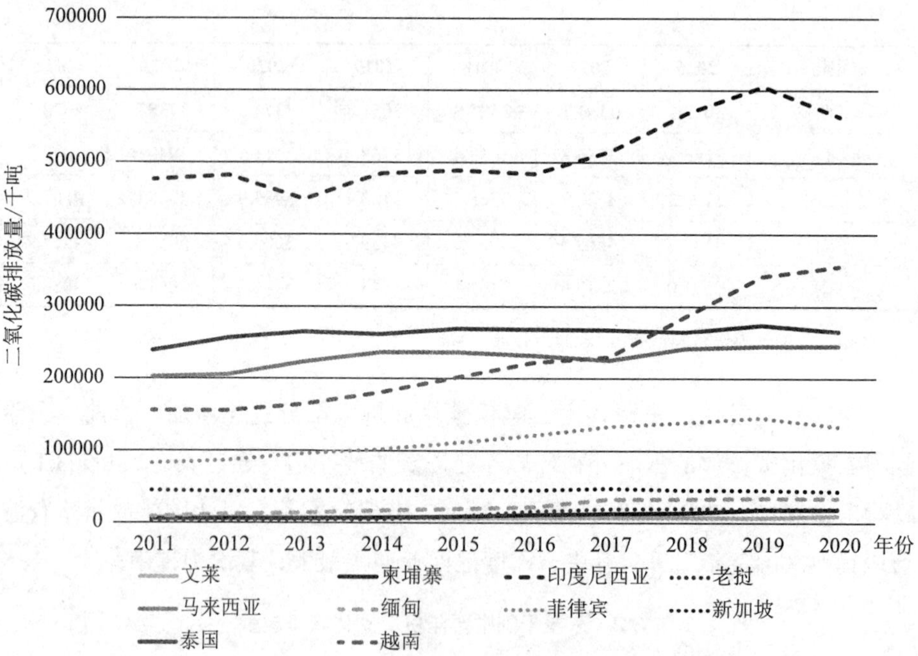


图 3.1 东盟十国主要年份二氧化碳排放量

## （一）文莱生态概况与绿色低碳发展现状

文莱是东盟国土面积第二小的国家，位于世界第三大岛婆罗洲的北部。东、南、西三面与马来西亚砂拉越州接壤并被分割成东西两部分，北面濒南中国海。海岸线长约 162 公里，有 33 个岛屿，沿海为平原，内地多山地。森林覆盖率达 70% 以上，属热带雨林气候，全年高温多雨。截至 2023 年，人口 45 万，其中马来人占 69.3%，华人占 10.8%，其他种族占 19.9%。在矿产资源上，文莱除了油气储量巨大外，还有丰富的矿产资源。目前已探明的矿产有金、汞、铅、矾土、硅。

文莱生态环境相对保持良好。文莱政府将水环境的治理与水资源的管理作为环境优先发展的方向，重点解决甘榜亚逸地区的固体废物及由此产生的污水，加强水污染物排放与处置的政策法律。在环境问题日益突出的情况下，文莱政府也逐渐提高了对环境保护的重视程度。2008 年，文莱政府宣布启动“文莱 2035 宏愿”；2016 年，文莱制定了《环境保护与管理法案 2016》；文莱国家气候变化政策（BNCCP）制定的目标为 2035 年可再生能源发电率达公用事业发电总量的 30%；在第 26 届联合国气候变化大会上（COP 26）上，文莱作为 2021 年东盟主席国提交了国家声明及东盟气候联合声明，通过能源转型和森林保护来推动绿色增长和绿色就业。

### （二）柬埔寨生态概况与绿色低碳发展现状

柬埔寨位于中南半岛南部，毗邻越南、泰国和老挝。面积约 18.1 万平方公里，人口约 1600 万，高棉族占总人口 80%。华人华侨约 110 万。柬埔寨是传统农业国，工业基础薄弱。柬埔寨实行对外开放和自由市场经济政策，现任政府执行以增长、就业、公平、效率为核心的国家发展“四角战略”的第四阶段，四角战略包含农业、基础设施建设、私人经济、人力资源开发等。2020 年，森林覆盖率为 45.71%。

柬埔寨响应国际社会的低碳发展模式，采取了一系列的发展举措。柬埔寨政府设立了国家气候变化委员会（NCCC），由环境高级部长管理，从实施气候变化措施的角度出发，处理柬埔寨的气候变化问题。柬埔寨倡导大力发展太阳能等新能源产业，计划到 2030 年，使太阳能装机容量增至 1800 兆瓦，并将新能源占比提升至 25%。柬埔寨政府联合社会各界积极举办气候变化论坛系列活动，主打“绿色”概念，通过节能环保展推出新产品、新工艺和新技术。

联合国工业发展组织与大韩民国国际发展社签署绿色技术转让合作协议，帮助柬埔寨应对污染问题，以提高湄公河水质，并减少由周边地区工业活动造成的生态负面影响。柬埔寨农业部与联合国粮食及农业组织（FAO）、联合国开发计划署（UNDP）、SGS 公司合作，建立森林资源保护、监管机制。结合自然环境、气候条件和土地资源，柬埔寨将农业发展提高到国家安全的战略地位，制订了优先发展的中长期计划。不过，柬埔寨在农业育种技术、农业机械技术、节能环保、防范农业灾害和人力资源等方面仍面对很大挑战。

### （三）印度尼西亚生态概况与绿色低碳发展现状

印度尼西亚是单一的共和制国家，位于亚洲东南部，地跨赤道，与巴布亚新几内亚、东帝汶、马来西亚接壤，与泰国、新加坡、菲律宾、澳大利亚等国隔海相望，面积约为19.13万平方公里。截至2022年，人口2.76亿，是世界第四人口大国，信奉伊斯兰教者占人口约87%，是世界上穆斯林人口最多的国家。印度尼西亚矿产资源丰富，主要有石油、天然气，以及煤、锡、铝矾土、镍、铜、金、银等矿产资源，其中锡、煤、镍、金、银等矿产产量最大，居世界前列。

印度尼西亚是东盟最大的经济体，也是东南亚国家人口最密集的国家。随着经济的高速发展，印度尼西亚面临着巨大的生态威胁，非法狩猎、乱砍滥伐、雨林退化、森林大火等成为印度尼西亚的主要生态问题。2018年，印度尼西亚二氧化碳排放量达568008千吨。二氧化碳排放引起的生态问题已经成为印度尼西亚社会发展的制约因素，生态保护迫在眉睫。2002年，为保护林业资源，印度尼西亚禁止出口原木。印度尼西亚现有森林面积1.37亿公顷，森林覆盖率超过60%。2007年，印度尼西亚政府推行3R原则，也就是减少、再利用、循环利用。

印度尼西亚面对日益严重的生态环境问题，出台了相关的法律法规。早在1982年，印度尼西亚政府相继出台了《环保基本法》和《森林保护法》保护生态环境和生物多样性；随后，1997年出台的《环境管理法》，更加明确规定了环境保护的行为、公民权利与义务、违法惩罚等行为。此外，印度尼西亚还与东盟各国达成了有关雾霾治理的《东盟跨境烟霾治理协议》，增强全民环保意识，加强生态保护能力。

中国与印度尼西亚是重要的合作伙伴，两国认为能源安全至关重要，并积极探讨新能源和可再生能源合作机会，水电是目前印度尼西亚最重要的可再生能源。近年来，中国和印度尼西亚合作开展以水电领域为主的清洁能源项目，代表项目包含阿萨汉一级水电项目、巴丹托鲁水电项目、佳蒂格德水电项目，为两国开展智能电网合作提供了市场空间。

### （四）老挝生态概况与绿色低碳发展现状

老挝是位于中南半岛北部的内陆国家，北邻中国，南接柬埔寨，东临越南，西北达缅甸，西南毗连泰国，面积为23.68万平方公里。老挝属热带、亚热带季风气候，全境雨量充沛。森林面积约1700万公顷，全国森林覆盖率约50%，有锡、铅、钾盐、铜、铁、金、石膏、煤、稀土等矿藏，出产柚木、花梨等名贵木材。老挝实行社会主义制度，人口为758万（2023年统计数据），分为50个民族，分属老泰语族系、孟－高棉语族系、苗－瑶语族系、汉－藏语族系，统称为老挝民族。居民多信奉佛教，华侨华人3万多人。

随着经济的发展，老挝国内粗放型经济发展特征也让环境问题日益突出。农业方面，诸如乱砍滥伐现象严重、土地水土流失严重、旱涝灾害频发；工业生产方面，水污染、空气污染、大气污染日益严重，间接也影响了农业生产；粗犷的矿产资源开发方式造成资源浪费，其也或多或少地影响了农业生产；人口方面，城市的飞速发展让城市规模扩大，城市数量增多，与之带来的是生活垃圾激增。由此可见，生态环境问题已经成为老挝经济发展的限制性因素，从长远角度来看，这个问题也会束缚社会可持续发展和社会和谐稳定。

针对发展中的问题，老挝对于国内生态环境保护，出台相关法律法规并就国内环境和资源状况作出了整体评估。其中，于2002年颁布的《老挝环境影响评价条例》就《国家环境第二个五年行动计划2011—2015》和《关于对受环境项目影响的居民的补偿与安置法令》而言，更加具体论述了生态环境保护的相关措施；时隔两年，老挝政府颁布了《国家关于2020年之前环境教育和意识的战略以及2006—2010年的行动计划》。此外，于2010年和2012年分别颁布的《自然资源与环境部在中央、省、县的角色与职能》和《国家环境标准法令》则代表了老挝政府开始意识到由上而下地进行生态环境保护的重要性，以及老挝中央政府和省、县的角色、职能发生质的变化。

近两年，中国和老挝双方正合作把老挝首都万象的新城区——赛色塔综合开发区打造成低碳示范区。低碳示范区项目的实施，将加强中老两国在应对气候变化和绿色低碳转型方面的共识，强化中国与中南半岛国家在应对气候变化方面的区域合作，实现强有力的引领示范作用，同时推动万象新城发展为老挝乃至东南亚国家当中低碳环保城市的典范，成为“一带一路”合作框架下践行可持续发展理念的标杆项目。

### （五）马来西亚生态概况与绿色低碳发展现状

马来西亚位于东南亚核心地带，国土被南中国海分隔成东、西两部分。西马位于马来半岛南部，北与泰国接壤，南与新加坡隔柔佛海峡相望，东临南中国海，西濒马六甲海峡。东马位于加里曼丹岛北部，与印尼、菲律宾、文莱相邻。人口有 3300 万（2023 年），由马来人、华人、印度人和原住民组成。面积约 33 万平方公里，耕地面积约 485 万公顷，2018 年森林覆盖率约 58%。全国海岸线总长 4192 公里，属热带雨林气候。自然资源丰富，农业以经济作物为主，橡胶、棕榈油和胡椒的产量和出口量居世界前列，盛产热带林木。渔业以近海捕捞为主，近年来深海捕捞和养殖业有所发展。马来西亚石油储量丰富，矿业以锡、石油和天然气开采为主，此外还有铁、金、钨、煤、铝土、锰等矿产。

近年来，马来西亚工业的发展和经济活动对生态环境造成了很大的污染。食品加工、橡胶、棕榈油生产、化工、电子、纺织等行业，造成了水、大气污染等问题。尤其是半岛地区的西海岸，工业集中，人口密集，环境污染严重。2018 年，马来西亚森林覆盖率约 58.42%，二氧化碳排放量达 241451 千吨。最近十余年，由于废物和有毒物质的不合理排放，致使马来西亚水环境遭到破坏，水资源质量下降，造成水资源环境无法实现可持续发展。目前大气污染、河流以及固体废物的污染、非法砍伐、公众环境意识薄弱、气候变化等问题都对马来西亚生态环境造成了极大的挑战。

马来西亚政府针对发展中所遇到的环境和生态问题，建立了自然资源与环境部，国家气候变化指导委员会，国家绿色科技和气候变化委员会，能源、技术、科学、环境与气候变化部，颁布实施了相关法律法规，比如《环境质量法》《2006 年水务行业法》《国家气候变化政策》《固体废物与公共清洁能源管理法》等。马来西亚的 2030 年减缓目标是 GDP 与温室气体排放强度比 2005 年减少 36% 和 45%。为减少工业环节的废气排放，政府实行“4R”概念——减量化、再利用、再循环、能源回收，鼓励采用清洁或可再生能源。

### （六）缅甸生态概况与绿色低碳发展现状

缅甸位于中南半岛西部，东北与中国毗邻，东南与老挝、泰国交界。国土面积 676578 平方公里，海岸线长 3200 公里。全国总人口 5458 万，共有 135 个民族，官方语言为缅甸语。缅甸有着优越自然条件，风景优美，名胜古迹众多。近年来，缅甸政府大力发展旅游业，吸引外资进行旅游设施的建设。此外，缅甸资源丰富，矿产资源主要有锡、钨、锌、铝、锑、锰、金、银等，宝石和玉石在世界上享有盛誉，以石油和天然气开采、小型机械制造、纺织、印染为主要工业。同时，缅甸的可耕地面积约 1800 万公顷，农业为缅甸国民经济的基础，农业产值占国内生产总值的四成左右。

据世界银行官方发布的最新数据显示，2018 年缅甸二氧化碳排放量达 32785 千吨，与 2015 年同比增长 172%，大量二氧化碳排放引起了环境气候的急剧变化。《全球气候风险指数 2020》（*Global Climate Risk Index* 2020）指出，近年来缅甸的严重洪灾影响了数百万当地人的生活，造成超过 10 万人死亡，是最近 20 年因气候问题而损失最多的国家，以及面临气候危机风险最脆弱的国家之一。在农业方面，联合国粮食及农业组织（FAO）估计，缅甸国内 65% 的稻田都受到了影响。

缅甸于 2012 年 3 月 30 日正式出台了《环境保护法》，对环境质量、环境评估、污染物等相关规定和标准进行了具体详细的规定，并由联邦政府授权组建环保委员会，负责环保教育、执行联邦政府制定的各项国家环保政策等 7 项工作职责。2020 年 5 月 26 日，缅甸议会审议通过《工业区法》，在现有地方委员会和管理委员会基础上，建立了联邦级中央委员会管理工业区。明确规定禁止投资者以投机为目的占有土地，以及进行污染防控管理和妥善处理废物的责任和相关的处罚标准，旨在加强对工业区的管理、解决普遍存在的土地投机问题和减小工业对环境的影响。

### （七）菲律宾生态概况与绿色低碳发展现状

菲律宾位于亚洲东南部，西濒南中国海，东临太平洋，海岸线长约 18533 公里，是一个群岛国家，共有大小岛屿 7000 多个。面积 29.97 万平方公里。人口约为 1.1 亿（2022 年），马来裔占全国人口的 85% 以上。菲律宾属季风性热带雨林气候，全年境内雨量充沛，自然环境优越。水资源丰富，拥有 2400 多种鱼类，其中，金枪鱼资源居世界前列。森林面积 1579 万公顷，覆盖率达 53%，有乌木、檀木等名贵木材。

近年来，随着旅游业的迅猛发展，访菲游客量不断增长，2017 年，长滩岛游客量超 200 万人次。粗放型的旅游经济发展模式，让长滩岛的海洋生态环境不断恶化，违章建筑、生活垃圾、污水排放等严重威胁当地的生态环境，其中，未经处理的废水直接排放到大海成为长滩岛最大环境问题。2018 年，菲律宾政府关闭长滩岛进行为期半年的环境整治，并限制上岛人数。同年，中菲双方签署《中华人民共和国政府与菲律宾共和国政府关于油气开发合作的谅解备忘录》，加强能源及其他海洋资源可持续利用、海洋环境保护和人力资源开发合作。

在联合国可持续发展合作框架（PFSD）下，菲律宾致力发展绿色经济，遵循生态可持续性原则，实现低碳和资源的高效利用。一是实行绿色发展。截至2021年，申请可再生能源项目共计30个；2017年，菲律宾政府发起“公共交通现代化项目”，用电动吉普尼取代所有柴油吉普尼；2015 年，菲律宾政府推出“绿色建筑准则”，降低商用建筑耗能和住宅耗能。二是发展绿色金融。目前，菲律宾政府为绿色基建和可再生能源设立的特殊基金项目，包含发行绿色债券、设立绿色基金和绿色贷款、推出绿色信用担保等多种金融项目。三是加强中菲两国绿色投资合作项目，如可再生能源 PPP 项目——良安水电站项目、绿色能源项目——光明乡村项目。

### （八）新加坡生态概况与绿色低碳发展现状

新加坡国土面积 733.2 平方公里，总人口 564 万，其中华人占 74%。新加坡位于马来半岛南端、马六甲海峡出入口，由新加坡岛及附近 63 个小岛组成。属于热带海洋性气候，常年高温潮湿多雨，年平均气温 24~32℃。新加坡的外贸总额是 GDP 的 3 倍，属于外贸驱动型经济，因此高度依赖中、美、日、欧和周边市场，以电子、石油化工、金融、航运、服务业为主要产业。此外，旅游业是新加坡外汇的主要来源之一，游客主要来自中国、东盟国家、澳大利亚、印度和日本。

新加坡生态环境良好。从 20 世纪 60 年代开始，经过 50 年的努力，新加坡如今生态环境较好，绿化率高达 50%，植物景观更是占据了全部国土面积的 1/8，成就了现在“花园城市”的美名，更是东南亚的“卫生模范”。

新加坡能在保持经济高质量发展的同时，保持生态环境良好可持续，是因为其国家的环境保护条例始终奉行“轻罪重罚”的原则。在 20 世纪 60 年代初期，环境污染日益严重，新加坡先后制定了一系列环境保护条例，主要包括《宪法》《刑法典》《环境污染控制法》《空气清洁法》《新加坡公共环境卫生法》《海洋污染防治法》等。目前，新加坡法律规定十分详尽，对城市中建筑物、广告牌、园林绿化、烟气排放等方面均做了具体规定，监督内容、办法以及惩罚都有章可循，权责清晰，可操作性强。如从 1980 年起，发电厂、炼油厂等主要空气污染源只准使用含硫量不超过 2% 的液态油发电，若企业 3 次超标排放，其法定代表人就会被判罪坐牢。在《公共环境卫生法》中对工业废物的处置、处理和循环利用进行了专章规定。《新加坡绿色计划》包含了国家再循环计划，对发展循环产品市场与各类废弃物的循环利用率进行了详细规定。

### （九）泰国生态概况与绿色低碳发展现状

泰国位于东南亚中南半岛中部，与缅甸、老挝、柬埔寨接壤，南边狭长的半岛与马来西亚相连，总面积 51.3 万平方公里，人口 6790 万，是以泰族为主要民族的多民族国家。泰国东南临泰国湾，西南濒安达曼海，海岸线曲折，岛屿众多，最大的岛屿普吉岛面积 500 多平方公里。泰国拥有天然气、石油、煤炭、锡、钾盐、钨、锑、铅等丰富的矿产资源，锡矿是泰国最重要的矿产，总储量居世界首位。泰国重视区域合作，积极推进中国—东盟自贸区建设和东盟一体化，是亚太经济合作组织、亚欧会议和世界贸易组织成员，谋求在气候变化、粮食安全、能源安全等地区和国际事务中发挥积极作用。

近年来，随着社会的快速进步和经济的蓬勃发展，泰国生态环境在不断退化，空气污染、城市扩张、森林砍伐等成了泰国主要的生态环境问题。2020 年，泰国森林覆盖率为 38.90%；2018 年，二氧化碳排放量达 264484 千吨。温室气体排放使气候变暖，进而引起一系列气候问题。目前地表和大气温度的上升，有 70%~80% 是由于大气中二氧化碳增加造成的。泰国作为东南亚临海国家，受全球气候变暖威胁更大。

针对所面临的生态环境问题，泰国政府建立了气候变化减缓委员会，制定了 2010—2030 年气候变化减缓总规划。在能源政策方面，泰国能源部发起“能源 4.0”战略，并发布《2015 年—2036 年替代能源发展计划》，鼓励人们更多地使用可再生资源。同时，对危害环境的高污染、高资源消耗产品征收特别消费税：对石油能源产品、烟草产品和机动车征税，对破坏臭氧层物质、电子产品和电池征税，按照汽车的二氧化碳排放量确定适用的特别消费税税率级次，同时汽油特别消费税税率在东盟国家中最高。

泰国多措并举，践行绿色低碳行动。一是发展绿色生态农业和食品业，积极开发植物蛋白质等有机产品，充分利用农业出口大国的优势，保持在新冠疫情期间的稳定出口量。二是发展新型科技，尤其是生物科技。目前，泰国投资促进委员会针对生物科技、纳米科技、数字科技、沼气和生物质能源生产、食品和动物饲料生产、能源服务公司和回收设施等产业推出针对性优惠，为相关投资者和企业提供最高长达 10 年免税期。使用生物质能，不仅能减少能源污染，还有利于能源安全。三是探索可再生能源交易和绿色债券。2018 年，澳大利亚区块链公司和泰国可再生能源企业在曼谷的 T77 社区开展了点对点可再生能源交易试验，亚洲开发银行投资 1.55 亿美元助力发行绿色债券。四是布局智能电网，发展电动汽车产业。泰国计划到 2036 年，国有企业对智能电网的投资要达到 2000 亿泰铢（63.54 亿美元），120 万辆电动汽车要上路，充电站达 690 个。

### （十）越南生态概况与绿色低碳发展现状

越南是社会主义国家，位于东南亚中南半岛东部，毗邻泰国湾、北部湾和南海，北与中国广西、云南接壤，西与老挝、柬埔寨交界，面积约为32.9万平方公里，是以京族为主体的多民族国家。越南地处热带，气候高温多雨，生物物种多样，自然条件优越。矿产资源丰富，主要有近海油气、煤、铁、铝、锰、铬、锡、钛、磷等，其中煤、铁、铝储量较大。

越南的人口为9847万（2022年），因人口众多，越南人口密度大，资源需求量也大。近年来，越南的矿产资源消耗大，对自然环境造成较大破坏。2007—2017年越南一次能源消费量年均增长率为9.4%，2018年达13.1%，远超过世界平均水平（2007—2017年世界一次能源消费量年均增长率平均为1.5%，2018年为2.9%）。2018年，二氧化碳排放量达286139千吨。同时，土地荒漠化较为严重，森林覆盖率较低，2020年，森林覆盖率为47.23%。

越南政府针对发展中所遇到的环境和生态问题，颁布实施了相关法律法规，比如《环境保护法》《国家环境保护行动计划2010—2020》《国家21世纪议程》、国家各行业清洁生产行动计划、国家各行业清洁生产战略规划。但截至目前，越南相较于其他发展中国家仍旧缺乏环境方面的完整法律框架，环境保护宣传不足，公众较为缺乏环保意识。

近年来，越南针对绿色低碳发展采取了一定举措，如推广运用绿色能源，大力投资水力发电，推广使用清洁烹饪燃料，支持可再生能源发电，实施世界银行等机构建议的市场改革，对光伏发电项目企业进口关税、所得税以及土地使用税等实施优惠政策，对空调机这一影响环境的高资源消耗产品征收特别消费税。越南政府还积极研发智能电动车，2021年1月22日，VinFast宣布成功研发出首批采用人工智能技术的智能电动车，该批智能电动车分为VF31、VF32、VF33三款，具备自动驾驶功能，但目前政府未出台电动汽车特殊消费税优惠等相应的扶持政策。

## 二、中国生态概况与绿色低碳发展现状

中国位于亚洲东部，太平洋西岸。陆地面积960多万平方公里，东部和南部大陆海岸线1.8万多公里。全国总人口为14.12亿人（2022年年末，来源《中国统计年鉴2023》），共有56个民族，是以汉族为主体的统一的多民族国家。中国地形复杂、气候多样，自然资源丰富，其中煤、铁、铅、锌、铜、银、汞等的储量均居世界前列，钨、锑、稀土、钼、钒和钛等的探明储量居世界首位；中国水能资源理论蕴藏量近7亿千瓦，是世界上水能资源总量最多的国家；土地类型复杂多样，为农、林、牧、副、渔经营和发展提供了有利条件，但中国戈壁、沙质荒漠合占国土总面积的12%以上，改造、利用的难度大，对中国食物安全至关重要的耕地，所占比重仅为约10%。

2020年，我国生态环境状况指数（EI）值为51.7，生态质量一般。全国森林覆盖率为23.04%，森林蓄积量为175.6亿立方米。我国已建立国家级自然保护区474处，总面积约98.34万平方公里。2020年，国家级自然保护区新增或规模扩大的采矿采砂、工矿企业、旅游设施和水电设施四类重点问题线索分别为162处和229处。初步核算，2020年能源消费总量49.8亿吨标准煤，比2019年增长2.2%；单位GDP二氧化碳排放比2019年下降1.0%。

表3.3和图3.2是1990年、2000年以及2011—2020年我国二氧化碳排放量，可以发现2011—2018年，随着我国对二氧化碳排放量的有效控制，增幅放缓。

表3.3　中国主要年份二氧化碳排放量

| 年份 | 二氧化碳排放量（千吨） |
|---|---|
| 1990 | 2173364.2 |
| 2000 | 3346525.8 |
| 2011 | 9282553.7 |
| 2012 | 9540539.7 |
| 2013 | 9979128.0 |

续表

| 年份 | 二氧化碳排放量（千吨） |
|---|---|
| 2014 | 10021043.4 |
| 2015 | 9859281.2 |
| 2016 | 9860914.0 |
| 2017 | 10089273.2 |
| 2018 | 10567262.0 |
| 2019 | 10762824.0 |
| 2020 | 10944686.2 |

数据来源：世界银行 https://databank.shihang.org/source/world-development-indicators。

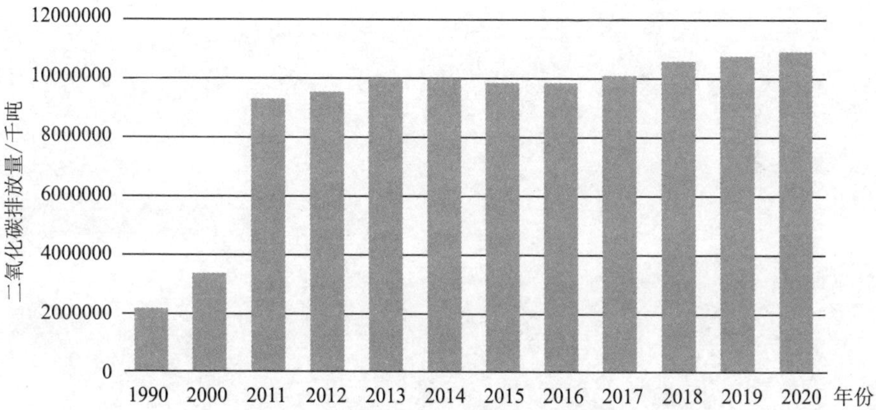


**图 3.2　中国主要年份二氧化碳排放量**

（数据来源：世界银行 https://databank.shihang.org/source/world-development-indicators）

面对生态环境和气候变化问题，我国政府采取了一系列举措以降低碳排放量，优化生态环境，包括：印发《自然保护地生态环境监管工作暂行办法》和《关于加强生态保护监管工作的意见》，建立健全自然保护地生态环境监管制度；印发《中央和国家机关有关部门生态环境保护责任清单》《关于构建现代环境治理体系的指导意见》《生态环境保护综合行政执法事项指导目录

（2020 年版）》，明确执法职责和任务；印发《2020 年挥发性有机物治理攻坚方案》，推进 $PM_{2.5}$ 细颗粒物与臭氧协同控制；印发《土壤污染防治行动计划》并严格执行；印发《碳排放权交易管理办法（试行）》和《2019—2020 年全国碳排放权交易配额总量设定与分配实施方案（发电行业）》等制度文件，正式启动全国碳排放权交易市场第一个履约周期。2021 年 10 月，国务院印发《2030 年前碳达峰行动方案》，聚焦 2030 年前碳达峰目标，对推进碳达峰工作作出总体部署，强调要强化统筹协调，加强监督考核结果应用。《中华人民共和国国民经济和社会发展第十四个五年规划和 2035 年远景目标纲要》提出单位 GDP 能源消耗和二氧化碳排放分别降低 13.5%、18%，森林覆盖率提高到 24.1%，生态环境持续改善，城乡人居环境明显改善。

# 第四章 低碳经济视阈下中国—东盟国家生态协同发展 SWOT 分析

低碳经济顺应全球应对气候变化和发展“资源节约型、环境友好型”社会的要求而提出，其发展评价指标主要有经济、社会、技术、政策等方面。1990—2011 年，全球二氧化碳排放量有明显的上升，增幅达 117430939.2 千吨；2011—2020 年，各国倡导发展低碳经济，人民低碳意识的提高、政府部门的有效减排举措下，全球二氧化碳排放量保持在较低的涨幅（见图 4.1，表 4.1）。尽管全球二氧化碳排放量得到了一定的控制，但排放总量大，且仍有增量，2018 年全球二氧化碳排放量为 322132866 千吨，比 2017 年增加 9101652.3 千吨。二氧化碳排放具有开放性、公共性，全球化背景下，中国—东盟国家区域要发展低碳经济，需在经济、社会、技术、政策等方面发力，共同促进生态协同发展。

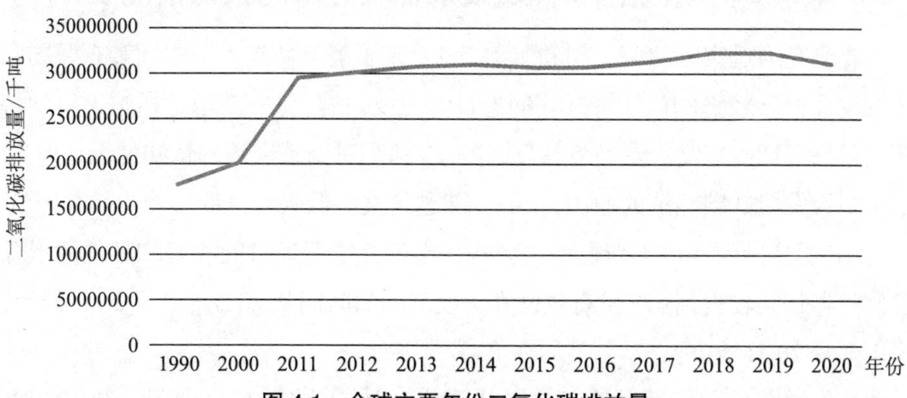


**图 4.1 全球主要年份二氧化碳排放量**

（数据来源：世界银行 https://databank.shihang.org/source/world-development-indicators，Last Updated：07/30/2021）

表 4.1 全球主要年份二氧化碳排放量

| 年份 | 二氧化碳排放量（千吨） |
| --- | --- |
| 1990 | 177544378.7 |
| 2000 | 200442830.7 |
| 2011 | 294975317.9 |
| 2012 | 300129512.4 |
| 2013 | 306754502.3 |
| 2014 | 308432112.6 |
| 2015 | 306171201 |
| 2016 | 307215149.3 |
| 2017 | 313031213.7 |
| 2018 | 322132866 |
| 2019 | 322967976.7 |
| 2020 | 310312430.4 |

数据来源：世界银行 https://databank.shihang.org/source/world-development-indicators（Last Updated：07/30/2021）。

## 一、中国—东盟国家区域发展低碳经济的认知情况

本研究通过实际的调查问卷（附录 1）来了解受调查者对中国和东盟国家区域发展低碳经济的认知情况。问卷设计主要内容：1—3 题是样本人口学特征，包括区域、年龄、受教育程度；4—7 题是对低碳经济的认知情况；8—9 题是是否发展低碳经济的原因；10—12 题是发展低碳经济的影响与相关因素；13—16 题是措施。由于新冠疫情影响，本研究主要通过问卷星和邮件的形式发放问卷，共收集到 612 份有效问卷，发放问卷时间从 2021 年 3 月 26 日开始，同年 4 月 20 日结束。

从区域来看，填写此次问卷的受调查者约 60.84% 来自中国，约 12.38% 来自泰国，约 13.27% 来自越南，约 10.31% 来自柬埔寨，约 3.20% 来自其他

国家 / 区域。从区域来看，还是主要集中在中国。从年龄上看，受调查者的年龄主要集中在 18~40 岁；从受教育程度来看，文化程度集中在大学及以上。

从认知方面可以看出，约 64.71% 的受调查者是在媒体了解到低碳经济的，约 7.84% 通过身边人了解到，约 21.57% 是通过环保机构了解到，也有约 5.88% 从其他方式（课堂和书籍等）了解到，由此可知媒体在宣传低碳经济方面占据比较重要的地位，环保机构也有一定的影响（如图 4.2）。媒体和环保机构就可以充分发挥他们的作用，让更多的社会大众了解到低碳经济。通过身边人、课堂和书籍了解所占的比例较小，但是从中也可以了解更多的宣传知识与动态，可以通过鲜活的形式把低碳经济放到课堂和书籍中宣传。但是对碳排放关注的人为极少数，约 71.24% 的受调查者都只是偶尔关注，只有约 15.69% 的受调查者很关注，约有 13.07% 的受调查者不关注，由此可知大家对碳排放关注度不高，这也是大众不够了解低碳经济的原因，需要各方多加宣传，提高大家对碳排放的关注度（如图 4.3）。约 98.04% 的受调查者认为发展低碳经济是十分必要的（如图 4.4），可以看出来有许多人是十分支持发展低碳经济的。

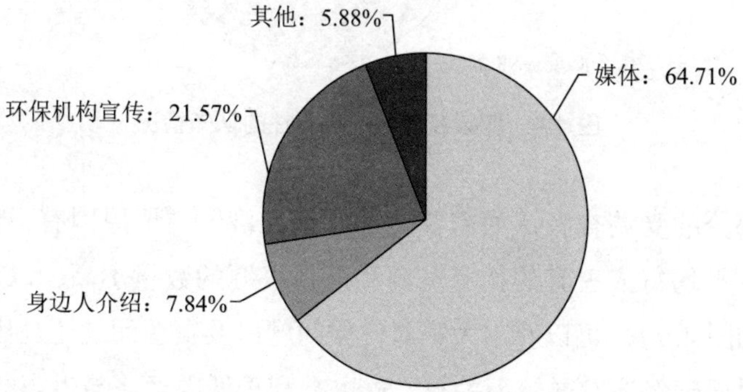


**图 4.2　了解低碳经济的途径**

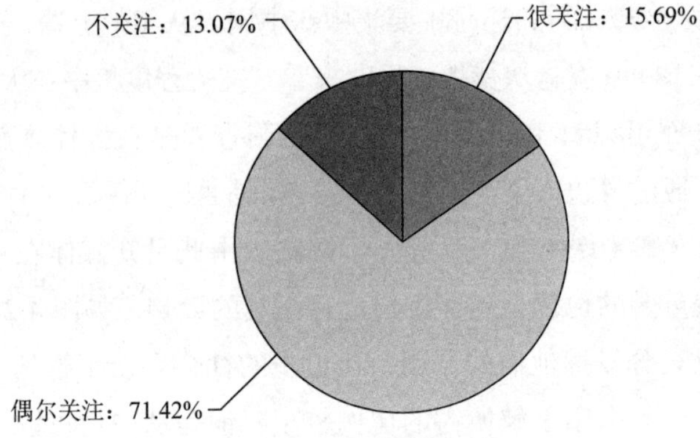


图 4.3　碳排放的关注情况

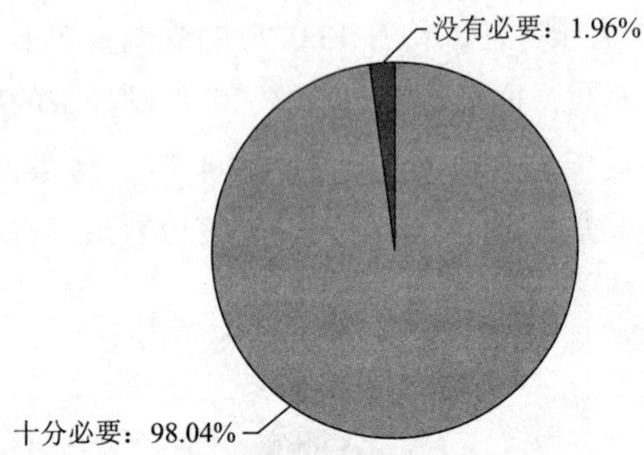


图 4.4　低碳经济发展必要性的认知情况

绝大部分的受调查者认为需要发展低碳经济，主要原因有：世界的气温不断上升，平均每人占有的物资资源和财力资源的数量不高，以及资源利用率不高（如图 4.5）。可以看出大家对气候问题以及资源问题还是比较关心的，可知民众对低碳经济发展较为关心，这也有利于低碳经济与生态的协同发展。少部分调查者认为发展低碳经济没有必要，主要原因为：排放比较高，耗能比较高的工业会被制约发展，不利于经济发展；低碳经济需要的环保能源和一些高新的技术，费用高；约 16.99% 的受调查者则认为该经济模式是贫困的经济；约 29.41% 的受调查者认为这种发展模式不利于提高生活水平；还有约 40.52% 的受调查者认为这种发展模式太遥远了。（如图 4.6）从受调查者的选择来看，他们的担忧确实值得思考，这就需要政府、企业、社会大众等多方面作出共同努力来解决这些问题，在发展低碳经济的同时，能推动产业的发展，使民众生活水平得到提升，使民众觉得低碳经济就在身边，并不遥远。

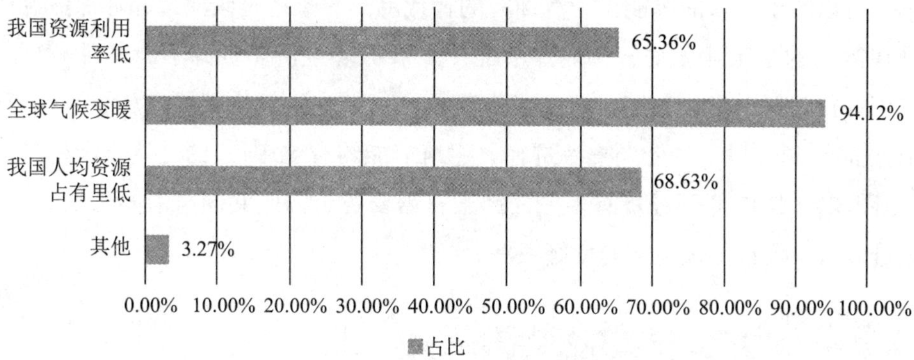


**图 4.5　需要发展低碳经济的原因认知**

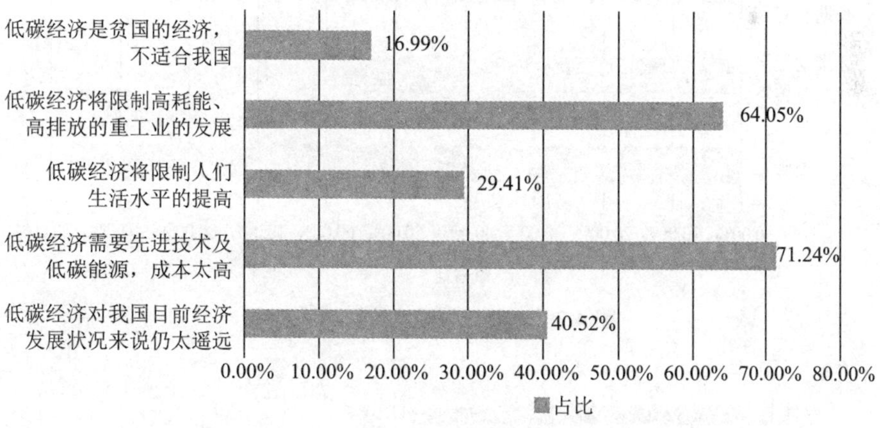


**图 4.6　不需要发展低碳经济的原因认知**

10—12 题是调查影响因素的情况。从调查问卷中可知：认为低碳经济在短期内给经济带来的是负面影响，但是长期是有利的约占 90.2%；认为能促进经济发展的约占 64.5%；认为比较长时期内都会对经济造成影响的占比约 39.22%。（如图 4.7）可以看出，绝大部分受调查者认为低碳经济带来的是有利影响。在减排工作中最为重要的因素中，约 81.7% 和 79.74% 的受调查者选择了政府部门和环保团体，这也证实了政府部门和环保团体在减排方面发挥非常重要的作用，但是商界组织以及社区组织等的作用也不可忽视。（如图 4.8）在影响低碳经济的领域方面，占比例最大的是采用环保能源的新能源汽车，可以看出环保能源能作为汽油等的替代品，大家还是倾向选择环保能源。排在第二的是工业方面，工业要节能，发展循环经济。资源不断循环利用、使用环保设备与节能材料、火力发电需要注意减少二氧化碳的排放量，这三个方面有 60% 以上的受调查者选择。建筑节能约有 52.94% 的受调查者选择。（见图 4.9）影响低碳经济有多方面因素，需要各个方面共同努力降低二氧化碳排放量，促进低碳经济的良好发展。

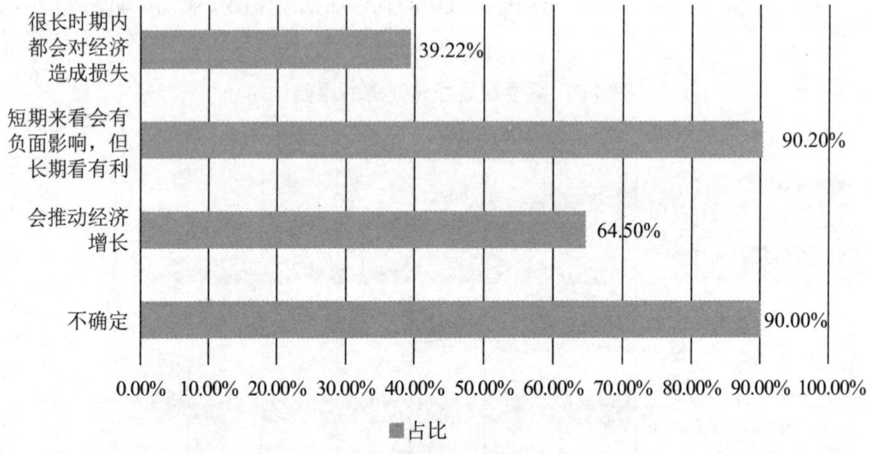


**图 4.7　发展低碳经济的影响认知**

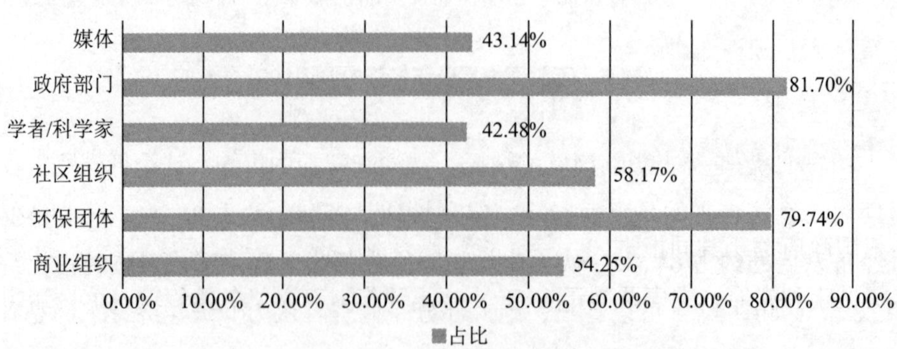


**图 4.8　减排工作中的因素认知**

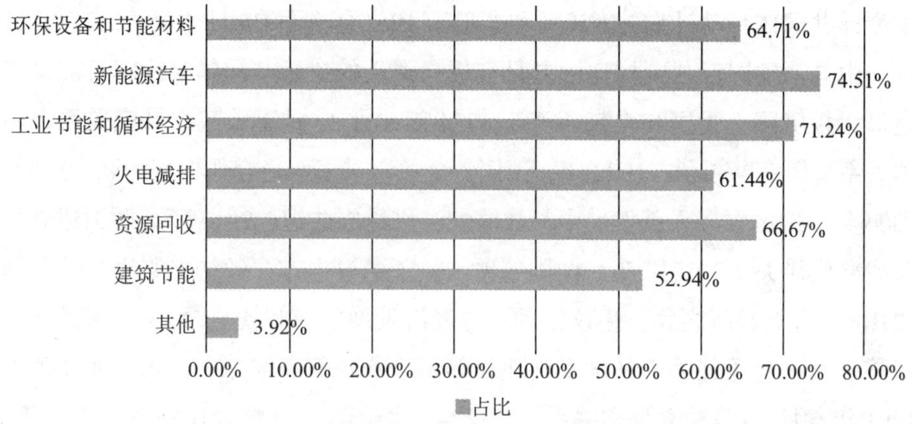


**图 4.9　影响低碳经济的领域认知**

总体上，人们认为我国和东盟国家区域发展低碳经济十分必要。不同区域之间经济发展紧密相关，我国和东盟国家区域低碳经济发展，需要加强技术、资金等的投入，多渠道努力，全社会重视，完善相关的政策，引导低碳经济的发展，通过协同配合，促进我国和东盟国家区域低碳经济发展。

## 二、中国—东盟国家区域低碳经济与生态协同发展 SWOT 分析

### （一）优势（strengths）

我国和越南于 1950 年建交，两国同属社会主义国家，在政治、军事、经济等领域进行了广泛的合作，两国空运、海运、铁路等均已开通，并签署了《共建“一带一路”和“两廊一圈”合作备忘录》。我国与泰国于 1975 年建立外交关系，两国关系保持健康稳定发展，2012 年两国建立全面战略合作伙伴关系，两国政府签署了《中泰关系发展远景规划》《中华人民共和国政府和泰王国政府关于共同推进“一带一路”建设谅解备忘录》，两国已缔结 39 组友好城市和省府。中柬两国于 1958 年正式建交，有着悠久的传统友谊。2010 年 12 月，两国建立全面战略合作伙伴关系。2019 年 4 月，两国签署《构建中

柬命运共同体行动计划》。我国和老挝于1961年4月25日建交，2017年11月，中老一致同意共同构建中老具有战略意义的命运共同体，我国目前是老挝最大投资国。我国和马来西亚于1974年5月31日正式建立外交关系，两国关系总体发展顺利。1999年，两国签署关于未来双边合作框架的联合声明。2004年，两国领导人就发展中马战略性合作达成共识。2013年，两国建立全面战略伙伴关系。2017年，两国签署《关于通过中方“丝绸之路经济带”和“21世纪海上丝绸之路”倡议推动双方经济发展的谅解备忘录》《中国商务部同马来西亚交通部关于基础设施建设领域合作谅解备忘录》。我国和文莱于1991年9月30日建立外交关系。2013年，两国建立战略合作关系。2018年，两国关系提升为战略合作伙伴关系。2017年，两国签署《“一带一路”建设谅解备忘录》《加强基础设施领域合作谅解备忘录》；2018年11月，两国签署《中华人民共和国政府与文莱达鲁萨兰国政府在共同推进“一带一路”倡议框架下的合作规划》。中缅两国于1950年6月8日正式建交，此后双边关系平稳向前发展，进而共同倡导了和平共处五项原则。2011年两国决定建立全面战略合作伙伴关系，到2020年1月，两国领导人宣布构建中缅命运共同体。我国与新加坡于1990年建立外交关系，此后两国高层交往互动频繁，两国始终保持着友好互动的关系。我国与菲律宾于1975年建交，两国关系发展顺利，各领域合作不断，2018年，两国决定建立全面战略合作关系。我国是菲律宾第一大贸易伙伴、第一大进口来源地、第四大出口市场，两国已缔结友好省市34对。我国与印度尼西亚于1950年建交，两国经贸合作发展顺利，并就农业、林业、渔业、矿业、交通、财政、金融等领域的合作签署了谅解备忘录。2021年1月，双方签署《关于中国和印尼“两国双园”项目合作备忘录》。

我国与东盟自1991年开始对话进程，2002年双方签署《中国与东盟全面经济合作框架协议》，2010年中国—东盟自贸区建成，2018年通过《中国—东盟战略伙伴关系2030年愿景》，“21世纪海上丝绸之路”和“一带一路”倡议，进一步拓展中国—东盟合作内涵，丰富交流形式，提升合作水平。2020年，我国与东盟首次互为第一大贸易伙伴。30年来，中国—东盟双边贸易由

1991 年的 83.6 亿美元增长到 2020 年的 6852.8 亿美元，贸易规模扩大了 85 倍。

### （二）劣势（weaknesses）

#### 1. 经济总量较低

泰国经济实力在东盟各国位于中等水平，2020 年 GDP 达 5092 亿美元；越南主要以农产品出口为主，2020 年，越南 GDP3430 亿美元；柬埔寨在东盟各国中为经济发展落后国家，2020 年 GDP267.05 亿美元，目前柬埔寨贫困人口约占总人口的 14%；老挝以农业为主，2020 年 GDP 约 197 亿美元，经济水平偏低制约技术水平、生态保护和环境治理等；马来西亚经济水平虽然在东盟各国处于前列，但主要依赖对外贸易，容易受国际市场需求和价格影响，近年来经济发展增速放缓，2020 年 GDP 约 3362 亿美元，目前马来西亚贫困人口约占总人口的 8.4%；文莱经济以石油天然气为支柱产业，非油气产业均不发达，农业基础薄弱，经济结构单一，低碳经济发展力度不足；缅甸以农业为国民经济的基础，农业产值占 GDP 的 40%，2020 年 GDP 为 798.5 亿美元；新加坡是东盟中唯一的发达国家，属于外贸驱动型经济，2020 年的 GDP 达 3400 亿美元；印度尼西亚虽是东盟最大的经济体，但发展不平衡，2020 年 GDP 约 1.06 万亿美元，且目前贫困人口约占总人口的 10.14%；菲律宾以出口导向型经济为主，2020 年 GDP 约 3622.4 亿美元。

#### 2. 合作贸易不均衡

发展低碳经济符合“既要金山银山，也要绿水青山”的理念和要求；要发展低碳经济，实现生态协同，需要广泛的合作与贸易往来。目前，中国—东盟国家区域合作贸易欠均衡，双边贸易额和年增长情况亦不均衡。2020 年，越南双边贸易额达到 1922.8 亿美元，同比增长 18.7%；泰国双边贸易额 986.3 亿美元，同比增长 7.5%；柬埔寨双边贸易额 95.6 亿美元，同比增长 1.4%；老挝双边贸易额 35.5 亿美元，同比减少 9.2%；马来西亚双边贸易额达到 1311.6 亿美元，同比增长 5.7%；文莱双边贸易额达到 19.1 亿美元，同比增长 72.5%；缅甸双边贸易额为 366.65 亿美元，同比增长 0%，新加坡双边贸易额为 6923.6 亿美元；印度尼西亚双边贸易额为 783.7 亿美元，同比下降 1.7%；

菲律宾双边贸易额611.5亿美元，同比增长0.3%。

3. **技术力量薄弱**

中国—东盟国家区域的大部分国家属于发展中国家，整体上，科技较为落后，信息化进程滞后，新旧动能转换不畅，科技研发和成果转化水平低，以云计算、物联网、人工智能、大数据等为代表的新一代信息技术尚在起步阶段，能源低碳及环保技术落后于发达地区，技术力量薄弱制约中国—东盟国家区域低碳经济与生态协同发展。

### （三）机遇（opportunities）

1. **中国东盟全面战略伙伴关系建立**

2021年是中国—东盟建立对话关系30周年，中国东盟正式宣布建立中国东盟全面战略伙伴关系。习近平主席在《中国—东盟建立对话关系30周年纪念峰会上的讲话》中指出，要全面发挥《区域全面经济伙伴关系协定》的作用，拓展数字经济、绿色经济等新领域合作，共建经贸创新发展示范园区；同时他强调，人与自然和谐共生是实现永续发展的基础，中方愿同东盟开展应对气候变化对话，共同推动区域能源转型，探讨建立清洁能源合作中心，加强绿色金融和绿色投资合作，为地区低碳可持续发展提供支撑。《中国—东盟建立对话关系30周年纪念峰会联合声明——面向和平、安全、繁荣和可持续发展的全面战略伙伴关系》提出，通过“一带一路”绿色发展伙伴关系和生物、循环与绿色经济发展新模式等区域和国家层面的可持续经济模式和倡议，探讨开展低碳、循环和绿色经济合作。

2. **中国—东盟重视绿色和可持续发展**

中国与东盟成立了中国—东盟环境保护合作中心，制定并通过了《中国—东盟环境合作行动计划（2011—2013）》《中国—东盟环境合作行动计划（2014—2015）》以及一系列的《中国—东盟环境合作战略及行动框架》。此外，还举办了中国—东盟环境合作论坛，启动和实施中国—东盟绿色使者计划，开展生物多样性和生态保护合作，开展环境技术与产业合作以及联合开展政策研究。2021年为中国—东盟可持续发展合作年，为加强双方在生态环保、应对气候变化、防灾减灾、减贫等领域合作创造了诸多有利条件，同时举办了中国—东盟绿色与可持续发展高层论坛暨 2021 年中国—东盟环境合作论坛。

**3. 中国—东盟国家区域的政策支持**

中越双方签署了《加快推进中越跨境经济合作区建设框架协议谈判进程的谅解备忘录》《中国农业部和越南农业与农村发展部关于开展北部湾渔业资源增殖放流与养护合作的谅解备忘录》《电力与可再生能源合作谅解备忘录》等；中泰两国建立了中泰经贸合作联委会、科技合作联委会、数字经济合作部级对话等双边合作机制平台，2019 年两国发表《中华人民共和国政府和泰王国政府联合新闻声明》；2020 年，中柬签署双边自贸协定，该协定为柬对外签署的首个双边自贸安排；2017 年，中马两国签署《关于通过中方“丝绸之路经济带”和“21 世纪海上丝绸之路”倡议推动双方经济发展的谅解备忘录》《中国商务部同马来西亚交通部关于基础设施建设领域合作谅解备忘录》。2018 年，中文两国签署《中华人民共和国政府与文莱达鲁萨兰国政府在共同推进“一带一路”倡议框架下的合作规划》。

## （四）挑战（threats）

习近平总书记深刻指出：“当今世界正在经历百年未有之大变局。”绿色贸易投资壁垒依然存在，相关国家贸易投资的摩擦和争端仍不容忽视。产业结构和能源结构的转型，可能加大相关国家的产业竞争力和转变地缘政治格局。

作为发展中国家，经济发展、人口增长以及工业化和城市化进程加快，均会让中国—东盟国家区域环境生态与可持续发展领域面临挑战。气候变化、粮食和能源短缺，以及自然灾害等问题加重了发展中国家实现可持续发展的困难。

全球产业向低碳转型过程中，全球产业链、供应链绿色低碳转型趋势会加快，绿色转型发展所需要的资金、技术、人才等仍是该区域亟须面对和解决的问题。

2020 年以来，受新冠疫情的影响，全球产业受到严重的冲击，中国—东盟国家区域的经济发展、经济贸易亦面临较大挑战。

# 第五章 中国—东盟国家碳排放研究

为更好地梳理我国与东盟十国在低碳经济及生态环境保护所做的努力，本章基于具有全球权威性的世界银行官方数据库，对我国与东盟十国碳排放量数据进行对比研究，并对我国、东盟国家碳排放情况进行综合分析。

## 一、碳排放量的测算

碳排放量，对应的专业术语叫作碳通量（包括碳排放和碳吸收），除了讨论碳排放，还讨论了碳吸收。这是因为作为一个排放主体，如果还参与了植树造林之类的减排工程，是可以抵扣碳排放额度的。碳吸收的测算问题同样重要。碳通量目前主流的计算方法分两种，一种是“自下而上”（bottom-up）的方法，一种是“自上而下”（top-down）的方法。

“自下而上”的方法把碳通量分成主要两部分：人为活动，生态系统活动。人为活动包括化石燃料燃烧等，涵盖了汽车尾气等，主要通过统计数据计算得到，即根据一个地区的燃料消费量，结合各种燃料燃烧的效率计算排放的碳量。具体来说，就是根据国家统计局的地区石油、煤、天然气等的消费量，结合经验公式，计算出相应的排放量。这也是实际上最广泛采用的统计方式。生态系统活动则是生态学的研究内容之一，简单来说，生态系统对大气碳的影响包括两个部分：一是光合作用固碳，这部分固定的碳总量叫作总初级生产力（Gross Primary Productivity，GPP）；二是生态系统呼吸（Re），包含植物自身的呼吸，以及动物食用了植物之后的呼吸。这两个部分相减就是净生态系统交换量（NEE=GPP—Re），也就是我们关注的生态系统碳通量。

为了计算 NEE，通常会把它拆分为 GPP 和 Re 分别计算，二者都跟太阳辐射、降水、湿度、气温等气候因素，以及地表植被覆盖情况有关。结合相应的数据，就能计算出相应的量。除了这两部分外，还有火烧事件（如森林大火、秸秆燃烧等事件，一般通过地方志或者卫星影像来发现）、海洋吸收 / 排放、飞机排放、游轮排放……这些排放量比较小或者不确定性比较低。总之，“自下而上”的方法就是把碳排放分解成若干分量，然后根据各自的特征进行统计，最后求和得到总的碳排放量。

上述计算有一定的误差，基于此，发展了新的方法，叫作“自上而下”。之所以这么叫，是因为这个方法根据大气碳浓度观测，反算地表碳排放。举个例子，如果知道一个地区每个时刻的大气碳浓度，就能知道这个地区一段时间内碳浓度增加或者减少了多少。这段时间的碳变化量由两部分组成：第一部分是大气传输，也就是风吹来的与吹走的；第二部分是当地的碳排放。第一部分通过连续的大气风速、风向观测就能计算出来，做一个减法就能得到第二部分，也就是我们关心的区域碳排放量。不过，实际上的计算过程远比描述的复杂。当然，这个方法也有局限性：一是大气碳浓度观测数据稀缺，二是大气传输量计算误差很大。对于第二个局限，那是大气科学家的努力方向。对于第一个局限，就需要加大观测的投入。现在除了地面观测，大家开始在飞机上安装仪器观测高空碳浓度，甚至发射专门的二氧化碳浓度观测卫星从高空观测。美、日均发射过温室气体观测卫星；我国于 2016 年发射温室气体观测卫星（TanSat），这是国际第三颗温室气体卫星，用于全球大气二氧化碳浓度监测。

总之，在科学界，碳排放量没有国际固定的测算标准（虽然在实际操作中有 ISO 标准遵守），各个国家的科学家和统计部门使用各种方法来测算，互相比较验证，并在这个基础上开展相应的外交谈判。

## 二、中国—东盟碳排放量数据

### （一）中国—东盟人均碳排放量

据世界银行的资料，中国—东盟人均碳排放量如表 5.1 所示。

表 5.1　中国—东盟人均碳排放量

单位：吨 / 人

| 国家 | 2011 | 2012 | 2013 | 2014 | 2015 | 2016 | 2017 | 2018 | 2019 | 2020 |
|---|---|---|---|---|---|---|---|---|---|---|
| 中国 | 6.9013 | 7.0452 | 7.3202 | 7.3047 | 7.1451 | 7.1055 | 7.2262 | 7.5332 | 7.6454 | 7.7561 |
| 文莱 | 18.2630 | 17.9510 | 17.5098 | 16.9932 | 15.1807 | 16.3582 | 16.9431 | 17.3623 | 16.1119 | 21.7058 |
| 柬埔寨 | 0.3680 | 0.3837 | 0.3825 | 0.4567 | 0.5469 | 0.7083 | 0.7997 | 0.8459 | 1.1163 | 1.1376 |
| 印度尼西亚 | 1.9255 | 1.9255 | 1.7704 | 1.8914 | 1.8876 | 1.8483 | 1.9486 | 2.1268 | 2.2453 | 2.0717 |
| 老挝 | 0.4743 | 0.5027 | 0.6304 | 0.6493 | 1.3077 | 2.2785 | 2.7229 | 2.7676 | 2.6582 | 2.6203 |
| 马来西亚 | 6.9353 | 6.9256 | 7.4030 | 7.7194 | 7.6034 | 7.3484 | 7.0398 | 7.4524 | 7.4650 | 7.3837 |
| 缅甸 | 0.1746 | 0.2382 | 0.2684 | 0.3335 | 0.3697 | 0.4213 | 0.6215 | 0.6225 | 0.6409 | 0.6341 |
| 菲律宾 | 0.8568 | 0.8789 | 0.9579 | 1.0049 | 1.0773 | 1.1528 | 1.2503 | 1.2814 | 1.3215 | 1.1897 |
| 新加坡 | 8.6361 | 8.2245 | 8.1332 | 8.1171 | 8.2081 | 8.0199 | 8.4323 | 8.0182 | 7.9184 | 7.6867 |
| 泰国 | 3.4778 | 3.7059 | 3.8041 | 3.7360 | 3.8247 | 3.7945 | 3.7679 | 3.7184 | 3.8490 | 3.7143 |
| 越南 | 1.7654 | 1.7416 | 1.8201 | 1.9806 | 2.1858 | 2.3842 | 2.4446 | 3.0147 | 3.5678 | 3.6764 |

数据来源：世界银行 https://databank.shihang.org/source/world-development-indicators。

表 5.1 数据来源于美国田纳西州橡树岭国家实验室环境科学部二氧化碳信息分析中心，是美国能源部二氧化碳信息分析中心（CDIAC）根据化石燃料消耗数据（来自联合国统计司的世界能源数据集）和世界水泥制造数据（来自美国内政部的地质调查，美国地质调查局）计算的我国和东盟十国 2011—2020 年二氧化碳排放量。由于二氧化碳的排放是化石燃料的燃烧和水泥的生产造成的，故表 5.1 所示数据包括固体、液体、气体燃料和气体燃烧过程中产生的二氧化碳。

## （二）中国—东盟碳排放总量

英国石油公司（bp）资料显示，中国—东盟碳排放量如表 5.2 所示。

表 5.2　中国—东盟碳排放总量

单位：百万吨

| 国家 | 2010 | 2011 | 2012 | 2013 | 2014 | 2015 | 2016 | 2017 | 2018 | 2019 | 2020 | 2021 |
|---|---|---|---|---|---|---|---|---|---|---|---|---|
| 中国 | 8122 | 8793 | 8979 | 9219 | 9257 | 9226 | 9234 | 9445 | 9676 | 9869 | 9974 | 10523 |
| 印度尼西亚 | 433 | 471 | 490 | 461 | 469 | 489 | 488 | 515 | 566 | 613 | 561 | 572 |
| 马来西亚 | 214 | 210 | 228 | 234 | 243 | 247 | 253 | 241 | 251 | 257 | 241 | 239 |
| 菲律宾 | 80 | 81 | 83 | 92 | 97 | 106 | 116 | 129 | 134 | 141 | 127 | 137 |
| 新加坡 | 185 | 193 | 192 | 191 | 191 | 203 | 217 | 229 | 225 | 217 | 212 | 216 |
| 泰国 | 249 | 249 | 267 | 266 | 274 | 281 | 287 | 288 | 293 | 288 | 270 | 269 |
| 越南 | 123 | 132 | 130 | 134 | 151 | 184 | 199 | 200 | 242 | 293 | 276 | 273 |

数据来源：bp https://www.bp.com/。

据 bp 官网陈述，以上统计数据取自国家统计机构、国际组织和其他专有资料。表 5.2 仅反映燃烧相关活动消耗石油、天然气和煤炭的碳排放量，并基于 IPCC 在其《国家温室气体清单指南》（2006 年）中列出了“默认的燃烧二氧化碳排放因素”。这并不包括任何被封存的碳、其他碳排放源或其他温室气体的排放。因此，该数据的官方性、权威性有待商榷。但其仍提供了一定参考与借鉴价值。综上，考虑到数据的可靠性，本研究选择世界银行出具的碳排放量相关数据。

## 三、中国—东盟国家碳排放量数据分析

本研究根据世界银行碳排放量相关数据进行分析。

### （一）中国碳排放量情况

我国在 2011—2020 年这十年间的人均碳排放量较其他东盟国家高，其中 2011—2013 年的人均碳排放量逐年增加，2013—2016 年人均碳排放量有轻微下降，2016—2020 年人均碳排放量又恢复至逐年增加的状态，且在 2020 年达到最大值 7.7561 吨 / 人，历年人均碳排放量波动较小（图 5.1）。

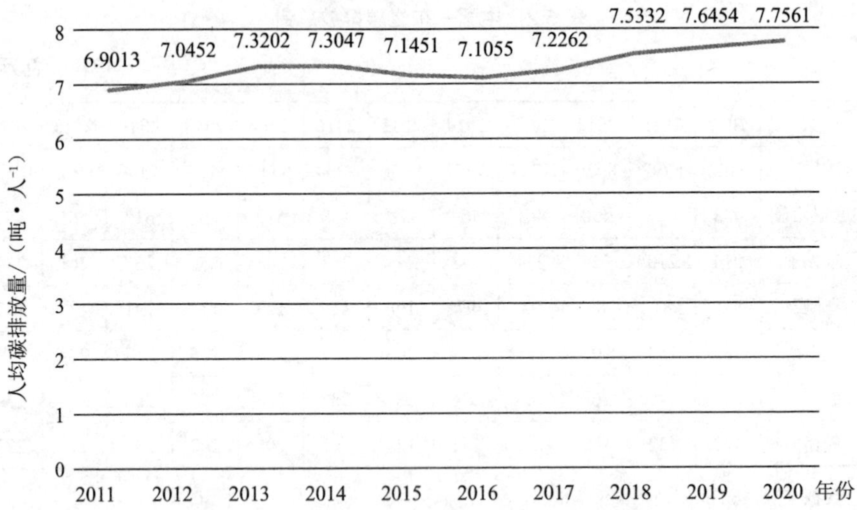


**图 5.1　中国 2011—2020 年人均碳排放量**

人均碳排放量可以反映出国家或地区二氧化碳排放量的实际增速，具体表现为碳排放总量与总人口的比值。根据《中国统计年鉴 2019》，我国在 2011—2019 年间人口总数变化幅度较小，因此我国人均碳排放量与碳排放总量的变动趋势基本一致。从图 5.1 可以看出，我国在 2013 年前后人均碳排放量由升高转变为降低，这与我国 2013 年后开始重视二氧化碳等温室气体的排放有关。随着社会的进步与发展，国家开始转变经济发展模式，不再依托于通过不合理的能源消耗换取经济增长，并于 2013 年开展碳排放权交易试点，开始进入地方碳市场试点阶段，因此在 2013 年后，我国的碳排放曲线开始趋于平缓，人均碳排放量进入平台期。

### （二）文莱碳排放量情况

文莱在 2011—2020 年这十年间的人均碳排放量远高于我国及其他东盟国家，在 2020 年达到最高值 21.7058 吨 / 人，2011—2015 年间人均碳排放量逐年降低，2015 年人均碳排放量达到最低值 15.1807 吨 / 人，2015—2018 年间人均碳排放量逐年升高，2019 年降低至 16.1119 吨 / 人（图 5.2）。

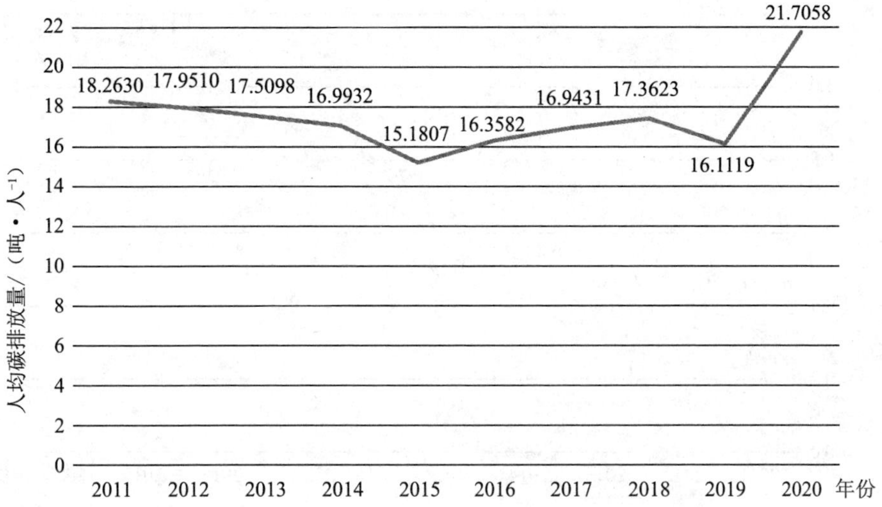


**图 5.2　文莱 2011—2020 年人均碳排放量**

文莱人均碳排放量远高于其他国家，主要原因之一在于该国依赖庞大的石油和天然气开采和出口，产业结构方面工业贡献率最高，该国人均 GDP 在东亚地区位居第二，仅次于新加坡。为减少对油气的过度依赖、实现经济可持续发展，文莱大力实施多元化战略，2012 年以来，文莱成立文莱国家能源研究所，并推出一系列政策鼓励新能源技术研发。2013 年，文莱提出实施可再生能源上网电价（FiT）政策，希望通过实施 FiT 政策增加户用分布式光伏的装机规模，助力文莱可再生能源发展。2014 年，文莱颁布的《文莱能源白皮书》指出，文莱计划到 2035 年实现可再生能源发电量占总发电量的 10%，主攻方向包括太阳能光伏和废弃物发电。

## （三）柬埔寨碳排放量情况

柬埔寨在 2011—2020 年间的人均碳排放量较我国及其他东盟国家低，大致处于逐年上升的状态，有小幅度波动，其中人均碳排放量最低在 2011 年为 0.3680 吨 / 人，人均碳排放量最高在 2020 年达到 1.1376 吨 / 人（图 5.3）。

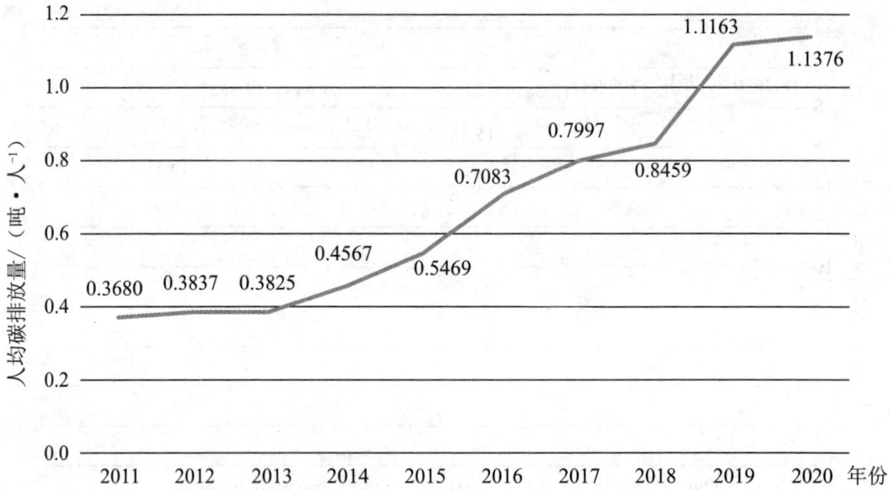


图 5.3　柬埔寨 2011—2020 年人均碳排放量

柬埔寨作为一个经济高速增长的发展中国家，电力缺口大，发展初期以石油、煤炭等化石能源作为电力行业的主要燃料，人均碳排放量在 2011—2020 年间呈现逐年上升趋势。与此同时，柬埔寨采取了一系列措施化解碳排放量的上升，2015 年 12 月 12 日，作为 2015 年《巴黎协定》的一部分内容，柬埔寨与国际社会同意将全球变暖限制为远低于 2℃，最好是限制在 1.5℃。

2016 年开始，柬埔寨国内的三个地方出售了价值 1160 万美元的碳信用，它们分别是 Keo Seima 野生动物保护区、Southern Cardamom 国家公园和 Tatai 野生动物保护区。

### （四）印度尼西亚碳排放量情况

印度尼西亚的人均碳排放量在 2011—2020 年间从最低值 1.7704 吨 / 人升至最高值 2.2453 吨 / 人，人均碳排放量呈现上升趋势，有较小幅度波动，其中 2013 年由 2012 年的 1.9255 吨 / 人降至 1.7704 吨 / 人，2014—2016 年间由 1.8914 吨 / 人降低至 1.8483 吨 / 人（图 5.4）。

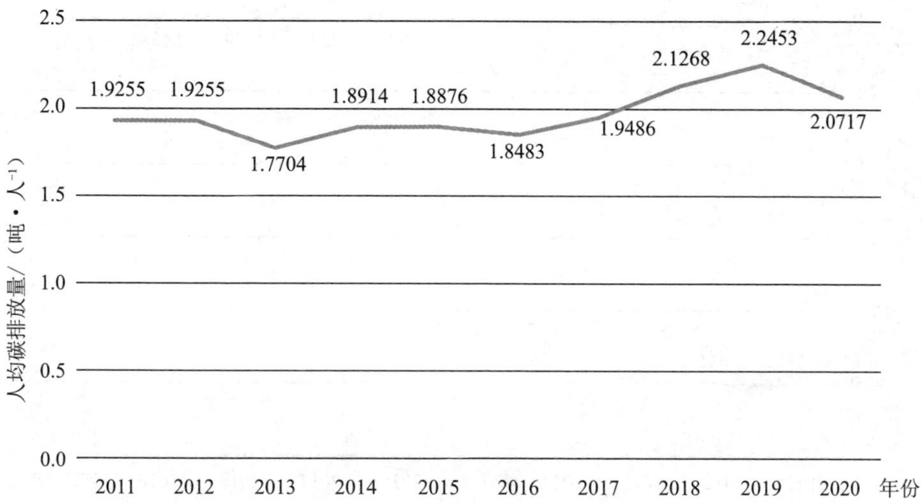


**图 5.4　印度尼西亚 2011—2020 年人均碳排放量**

印度尼西亚的热带雨林覆盖面积居世界第三，同时还是棕榈油生产量最大的国家。在发展初期，印度尼西亚采用粗放的棕榈油种植模式，砍伐热带森林，同时棕榈油生物燃料燃烧产生的碳排放量是柴油的 3 倍。为控制碳排放量的持续增加，印度尼西亚在 2005—2025 年国家长期发展规划中提出“绿色印尼，永续印尼”的目标，践行可持续发展理念，促进企业低碳化生产，进一步完善节能政策。2016 年，印度尼西亚政府已落实《巴黎协定》，作出了减少碳排放的承诺，通过低碳发展找到了持续前进的动力，包括建设可再生能源、规范垃圾的管理和发展绿色工业区等等。

### （五）老挝碳排放量情况

老挝的人均碳排放量在 2011—2014 年间增长缓慢，且历年人均碳排放量均在 1 吨 / 人以下，2014—2017 年出现大幅度增长，在 2018 年达到最大值 2.7676 吨 / 人，2018—2020 年人均碳排放量进入平台期，呈现小幅度下降趋势（图 5.5）。

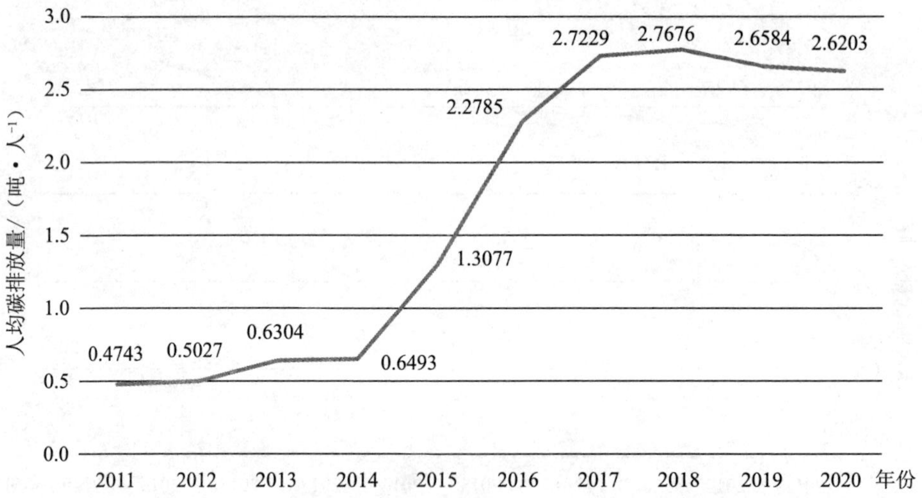


图 5.5　老挝 2011—2020 年人均碳排放量

老挝工业化发展缓慢，因此人均碳排放量相较其他国家处于较低水平，碳排放主要来源包括四个方面：能源消耗、农业生产、林地转用与废物燃烧。老挝大地构造位置处于欧亚板块和印度板块缝合线东侧，活动强烈，矿产储量丰富。近年来，随着工业化程度和进出口贸易水平的提升，矿产开采与开发力度增加，人均碳排放量增加。老挝政府于 2008 年颁布《到 2020 年能源与矿业部门的发展战略》，制定了一系列加强能源与矿业可持续性管理的战略，对碳排放量实现合理控制。

### （六）马来西亚碳排放量情况

马来西亚在 2011—2020 年间的人均碳排放量与东盟其他国家相比处于较高水平，历年人均碳排放量处于 6~8 吨 / 人之间，其中 2012 年达到最低值 6.9256 吨 / 人，2014 年达到最高值 7.7194 吨 / 人（图 5.6）。

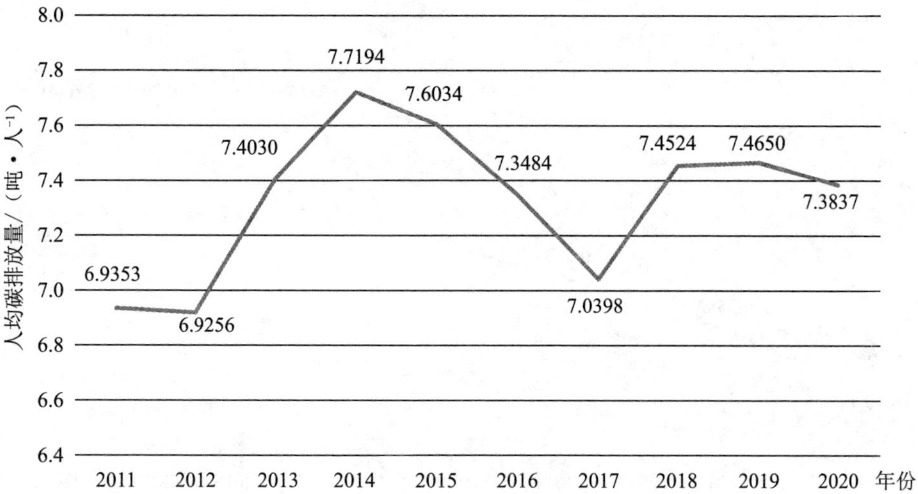


**图 5.6　马来西亚 2011—2020 年人均碳排放量**

与其他东盟成员国相比，马来西亚的基础设施相对完善，拥有较好的营商环境，石油和天然气等化石能源丰富。2019 年，马来西亚化石能源占一次能源消费近 94%，其中石油份额最高，占比达到 36.8%，之后依次是天然气和煤炭，占比分别为 35.7% 和 21.1%。近年来，马来西亚经济基本呈现稳定增长态势，政府重视可再生能源行业发展，推出一系列投资鼓励政策，包括上网电价、税收优惠以及可再生能源拍卖政策等。

### （七）缅甸碳排放量情况

缅甸在 2011—2020 年间的人均碳排放水平远低于我国及其他东盟成员国。人均碳排放量从 2011 年的最低值 0.1746 吨 / 人升至 2019 年的最高值 0.6409 吨 / 人，呈现逐年增长的趋势，其中 2017 年的人均碳排放量增长幅度最大，由 0.4213 吨 / 人增长至 0.6215 吨 / 人（图 5.7）。

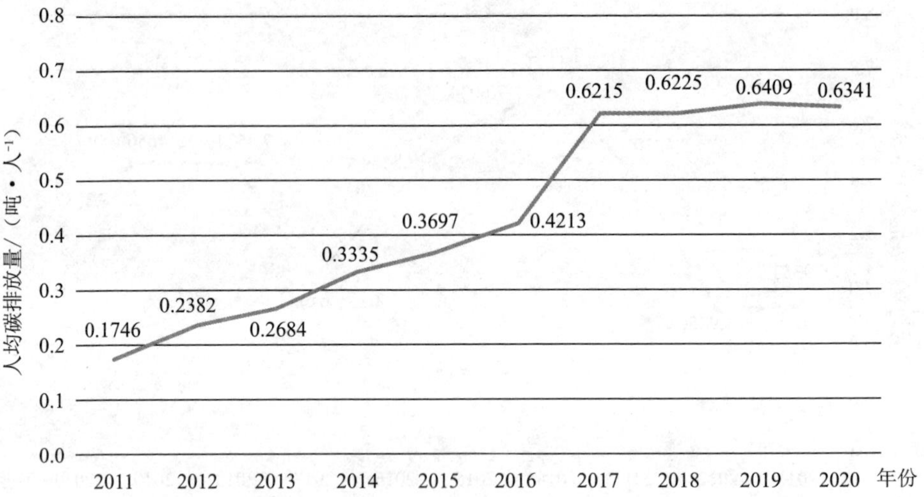


图 5.7　缅甸 2011—2020 年人均碳排放量

缅甸长期以来将近一半的电力来自低碳能源，主要依靠水力发电，因此碳排放量处于较低水平。缅甸同时采取了一系列措施控制碳排放量，2015 年在缅甸勃固省 TBK 村顺利验收通过“基于清洁能源技术应用的缅甸森林保护示范项目”，该项目的实施旨在帮助 TBK 村居民使用节柴炉灶、太阳能电灯、太阳能水泵等清洁能源设备，保护森林资源，减少碳排放，降低污染。缅甸制定了绿色增长路线图，将绿色发展的理念和项目整合到国家发展战略中，全方位、多层次地开展绿色经济建设，并且建立部长级国家绿色增长委员会，将能源利用效率和循环经济写入国家发展战略规划，发展产业绿色化国家战略等。

## （八）菲律宾碳排放量情况

菲律宾在 2011—2020 年的人均碳排放量相对于我国及其他东盟成员国处于较低水平，大致处于逐年递增的状态，由 0.8568 吨 / 人升至最高值 1.3215 吨 / 人，其中最低值在 2011 年为 0.8568 吨 / 人（图 5.8）。

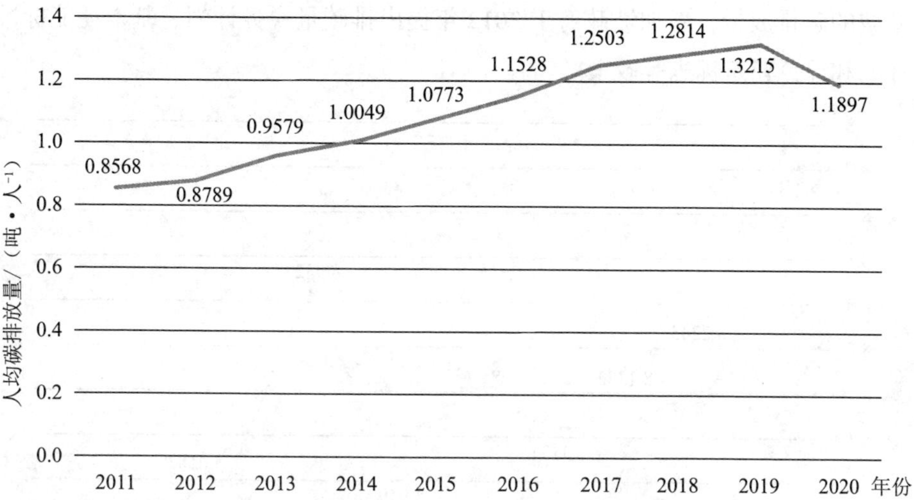


**图 5.8　菲律宾 2011—2020 年人均碳排放量**

菲律宾作为东南亚地区规模较大的新兴工业国家，并且是世界的新兴市场之一，其经济组成以农业及工业为主。2011 年，菲律宾开展首个国家可再生能源计划（NREP）启动仪式，计划在 2030 年将可再生能源的发电能力从 2010 年的 5400 兆瓦提高到 15400 兆瓦。作为群岛国家，菲律宾政府还计划在水电、海洋和潮汐流能源领域开发新的可再生技术。

### （九）新加坡碳排放量情况

新加坡在 2011—2020 年间的人均碳排放量相较于其他东盟成员国处于较高水平。历年人均碳排放量均在 7 吨 / 人以上，其中 2017 年的增长幅度最大，达到最大值 8.4323 吨 / 人，2020 年的人均碳排量达到最小值为 7.6867 吨 / 人。（图 5.9）。

新加坡作为通往东南亚国家联盟的“门户”，世界闻名的金融中心，产业发展历史悠久且水平较高，在一定程度上导致高水平的碳排放量。同时，新加坡面积狭小、资源匮乏，既缺少煤炭资源，可供开采的油气资源也十分匮乏，缺少水力或风力发电的自然条件，化石能源完全依赖进口。为减少部分领域的碳排放量，新加坡政府于 2012 年提出排碳量税务计划、基本耗能标准计划和绿色建筑标志等政策。

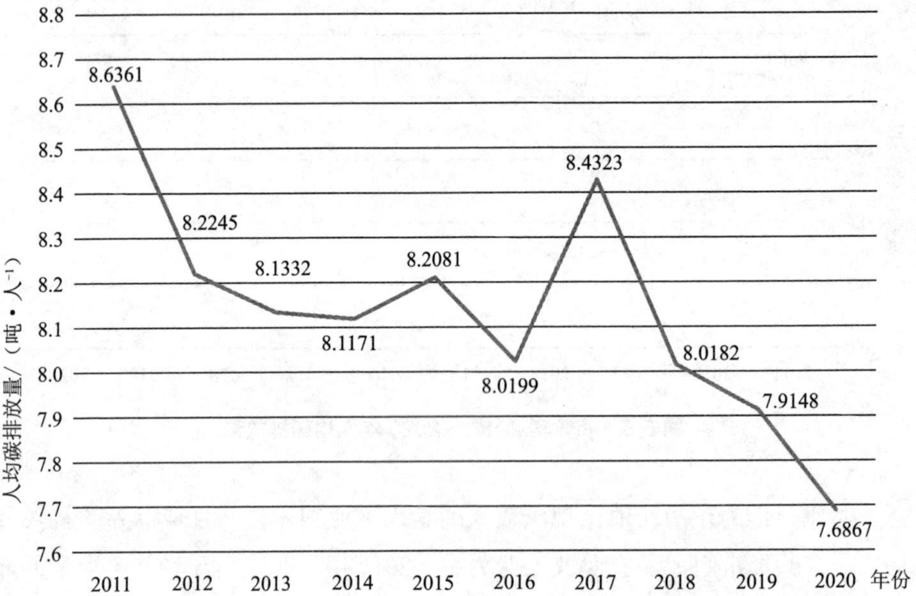


**图 5.9　新加坡 2011—2020 年人均碳排放量**

### （十）泰国碳排放量情况

泰国 2011—2020 年间的人均碳排放水平处于 3~4 吨 / 人之间，整体发展有波动，其中最高值为 2019 年的 3.8490 吨 / 人，最低值为 2011 年的 3.4778 吨 / 人（图 5.10）。

泰国化石能源储量丰富，其中石油和天然气是最主要的能源和矿产资源。在电力生产方面，泰国以天然气发电占比最高，此外还有少部分水力发电，非水力可再生资源发电规模相对较小。在泰国科技部的领导下，泰国温室气体管理机构（TGO）与国家金属和材料科技中心于 2008 年合作推出碳足迹计划，旨在为消费者提供通过购买低碳产品而减少碳排放的途径。

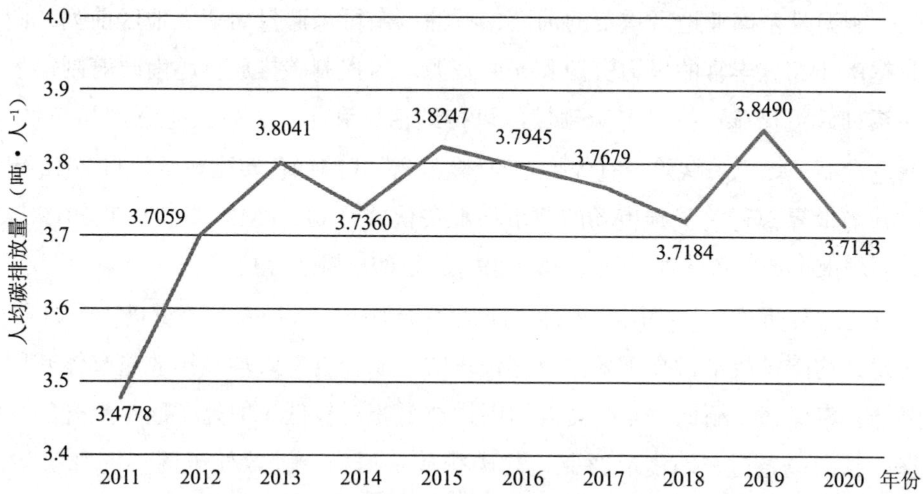


**图 5.10　泰国 2011—2020 年人均碳排放量**

## （十一）越南碳排放量情况

越南在 2011—2020 年呈现出逐年增长的趋势，由 2012 年的最低值 1.7416 吨 / 人增长至 2020 年的最高值 3.6764 吨 / 人（图 5.11）。

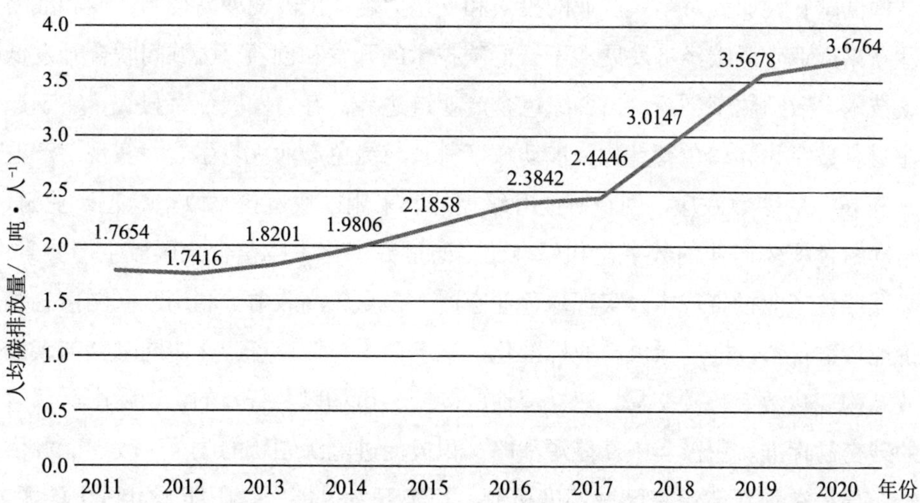


**图 5.11　越南 2011—2020 年人均碳排放量**

越南是东南亚地区重要的油区，石油剩余可采储量居亚太地区前列，同时越南还拥有丰富的风力资源和光照资源。为控制碳排放，越南政府制定了一系列政策措施，推进各个领域的可持续消费和生产，发展生态产品市场、绿色产品、绿色采购等，有效推进整体经济模式的绿色转型。越南自 2012 年已参与世界银行关于碳市场的“市场准备伙伴计划（PMR）”，并于 2015 年开展越南市场准备伙伴计划（VNPMR），目前已顺利完成。

上述分析可知，我国的碳排放曲线趋于平缓，人均碳排放量进入平台期；文莱人均碳排放量远高于我国及其他东盟国家，近年人均碳排放量整体有所降低；柬埔寨、缅甸、菲律宾人均碳排放量相对较低，但处于逐年上升的状态；越南、老挝、印度尼西亚人均碳排放量居中，大致处于逐年上升状态；泰国人均碳排放水平居中，整体排放处于波动状态；马来西亚、新加坡人均碳排放量相较于其他东盟成员国处于较高水平，整体排放处于波动状态。

一直以来，我国与东盟国家区域对资源和能源的依赖程度比较高，为改变现状，须坚持低碳经济和生态协同发展理念和思路，强化生态环境保护，保护植被并重视植树造林；不断优化产业结构，提升生产要素的质量，循环利用生产要素，进一步从粗放型转变为集约型，构建节能降耗型产业体系，促进产业结构低碳化，加大对第三产业的投入和支持力度，积极发展高技术产业和战略性新兴产业。低碳经济发展离不开低碳技术的开发和创新，区域间联合开发低碳技术，激励数字创新，拓展绿色全产业链边界，着力发展数字科技，实现产业绿色数字化和绿色智慧化，推动数字科技与绿色产业无界融合，实现“产业 × 科技”的乘数效应，创新产业升级模式。采用区块链技术改造绿色产业链，驱动绿色实体产业的数字化和标准化，通过数字化手段整合全区域生产要素，降低绿色产业投资成本，实现绿色业态产生多重较高收益。利用互联网信息和价值传输优势，推进绿色产业标准化、学术动态与新视点产业协同融合与碳排放结构变化数字化碳交易，建立流通的碳交易市场以及普及的、国际广泛认可的碳交易标准。积极实施新能源战略，积极促进能源领域的改革，改善能源供给布局，完善新能源跨区域调度机制，积极开发风能、太阳能等可再生能源，减少对化石能源的依赖，建立新型能源供给结构体系，实现能源结构的低碳化。

# 第六章 中国—东盟国家区域碳排放量影响因素与空间溢出效应研究

对低碳发展的研究，必备的一步是厘清影响碳排放量变化的因素，定量分析这些因素对于碳排放量变化的影响，有助于找出关键的影响因素，定位低碳发展的侧重点，为低碳发展和节能减排提出具有针对性的建议。人口数量有多少、经济发展的规模和速度、城镇化的发展水平、生产和生活中消耗的能源等，都是影响碳排放量的重要因素。本章主要运用空间计量方法，构建改良后的 STIRPAT 模型，借用 stata15.1 软件分析中国—东盟碳排放量影响因素，以及碳排放量在区域间的直接效应、间接效应和总溢出效应。

## 一、研究方法

作为计量经济学的一个分支，空间计量经济学与地学统计学和空间统计学相似，特别的是，它的研究内容是如何在横截面数据和面板数据的回归模型中处理空间相互作用和进行空间结构分析，其中，空间相互作用即空间自相关，空间结构即空间的不均匀性。类似计量经济学与统计学的区别，可以从这一角度上解释空间计量经济学与空间统计学之间的不同。当前学者对这一理论的关注，以及计量经济模型的现实应用，使这个领域快速发展。具体多应用于经济政策分析中，例如实产经济、房地产经济和环境资源经济等方面。

空间计量经济学的概念最早由 Paelinck 提出，后经 Anselin 等人的发展，逐步完善空间计量经济学的框架体系。它包括检验空间相关性、建立模型、选择模型三个基本步骤。Anselin（1988）将空间计量经济学定义为：“在区域科学模型的统计分析中，研究由空间引起的各种特性的一系列方法。”Anselin所指的区域科学模型，是综合了区域、位置及与空间相关影响的模型，而且其估计及确定也具有地理意义，它的数据可能来自空间上的点（对应于经纬坐标），也可能来自某些区域（对应于区域之间的相对位置）。

### （一）空间权重矩阵

空间权重矩阵可以反映空间计量中各个地区的联系以及相关性。它能够通过矩阵的形式，将抽象的概念以相对直观的形式反映出事物之间的联系与规律。空间权重矩阵是一个 $n \times n$ 矩阵，假设研究对象为 $n$ 个区域个数，空间权重可以表示为下式：

$$W = \begin{pmatrix} w_{11} & w_{12} & \dots & w_{1n} \\ w_{21} & w_{22} & \dots & w_{2n} \\ \dots & \dots & \dots & \dots \\ w_{n1} & w_{n2} & \dots & w_{nn} \end{pmatrix}。 \quad (6\text{-}1)$$

其中 $w_{ij}$ 代表了 $i$ 地区与 $j$ 地区的空间距离，该矩阵的对角线上的元素 $w_{11}=w_{22}=\cdots=w_{nn}=0$，表示本地区与本地区的距离为 0，即对角线上元素为 0。

在空间权重矩阵构建过程中，目前有三种主要的构建方法。

第一种构造方法是空间邻接矩阵。根据区域 $i$ 与区域 $j$ 是否相邻，即是否有共同边界，如果区域 $i$ 与区域 $j$ 相邻，则 $w_{ij}=1$，否则为 $w_{ij}=0$（如式 6-2）。这是目前我国大部分学者采用的，但缺点是这种构造方法比较简单，并不能有效反映区域之间的相邻关系。该权重矩阵忽视了两地距离的远近，假设不相邻地区权重都为 0，忽视了区域在不同地理距离上受到的不同影响，可能会导致一定的误差。

$$W_{ij} = \begin{cases} 1，区域i与区域j相邻 \\ 0，区域i与区域j不相邻 \end{cases}。 \quad (6\text{-}2)$$

第二种是空间地理权重矩阵，这种构造方法考虑到了各区域在不同地理距离之间受到的影响的不同，对空间邻接矩阵有一定的优化，其公式如下：

$$W=\begin{cases} w_{ij}=\dfrac{1}{d_{ij}}, & \text{if}_i = j \\ w_{ij}=0, & \text{if}_i \neq j \end{cases} 。\tag{6-3}$$

$d_{ij}$ 表示区域 $i$ 与区域 $j$ 的距离，由区域 $i$ 和区域 $j$ 地理中心点的经纬度坐标（$\alpha_1$，$\beta_1$），（$\alpha_2$，$\beta_2$）计算求得，计算公式是：

$d_{ij}=R^*\arccos\left[\cos\beta_1\cos\beta_2\cos(\alpha_1-\alpha_2)+\sin\beta_1\sin\beta_2\right]$，

$R$ 为地球半径。

除了根据实际的地理坐标来计算地理距离，还可以根据经济和社会因素生成更复杂的空间权重矩阵。例如，依据区域间交通运输流、资本流动、人口迁移等数据确定空间权值，计算任意两个地区之间的距离。

因此，常用的第三种构造方法是空间经济距离矩阵。这种空间权重矩阵可以有效反映区域经济之间的相关关系，是在空间地理权重矩阵上的拓展，将地理相邻扩展为经济相邻。这种构造方法认为具有相似经济发展水平的区域之间可能会跨越空间位置产生影响作用。公式如下：

$$W=\begin{cases} w_{ij}=\dfrac{1}{|y_i-y_j|}, \text{if}_i \neq j \\ w_{ij}=0, \text{if}_i = j \end{cases} 。\tag{6-4}$$

其中 $i$=1，2，3……$n$，$j$=1，2，3……$n$，$y_i$ 代表第 $i$ 个城市在某年的国内生产总值（GDP）水平。

### （二）空间自相关

空间自相关，即 spatial autocorrelation，是指一些变量在同一个分布区内的观测数据之间存在的潜在的相互依赖性。Tobler（1970）曾提出“地理学第一定律：任何东西与其他东西之间都是相关的，但距离越近，相关性更强”。空间自相关统计量被描述为：某位置上的数据与其他位置上的数据间的相互依赖程度，即空间依赖（spatial dependence），这也是度量地理数据（geographic data）的基本性质之一。由于地理数据受到空间相互作用和空间扩散的影响，彼此之间可能不再相互独立，而是存在相关性的。

在使用空间计量方法之前，需要判断样本数据是否具有空间自相关性。若存在空间自相关，就可以使用空间计量模型对其进行回归分析，基于空间计量经济学理论方法建立空间计量经济模型，进行空间计量估计和检验；若不存在空间自相关，则用标准的计量方法进行回归分析。判断是否具有空间自相关性的方法常用的有莫兰指数（Moran's I）、吉尔里指数（Geary's C），其中莫兰指数的应用最为广泛。本研究使用莫兰指数（如式 6-5）度量空间自相关性。

$$I=\frac{\sum_{i=1}^{n}\sum_{j=1}^{n}w_{ij}(x_i-\bar{x})(x_j-\bar{x})}{S^2\sum_{i=1}^{n}\sum_{j=1}^{n}w_{ij}}。\tag{6-5}$$

$S^2=\frac{\sum_{i=1}^{n}(x_i-\bar{x})^2}{n}$，表示样本方差，$\sum_{i=1}^{n}\sum_{j=1}^{n}w_{ij}$是所有空间权重之和。在空间计量操作中需要将空间权重矩阵进行标准化，也就是使$\sum_{i=1}^{n}\sum_{j=1}^{n}w_{ij}=n$。此时：

$$I=\frac{\sum_{i=1}^{n}\sum_{j=1}^{n}w_{ij}(x_i-\bar{x})(x_j-\bar{x})}{\sum_{i=1}^{n}(x_i-\bar{x})^2}。\tag{6-6}$$

莫兰指数的取值范围在 -1 到 1 之间。若莫兰指数＞0 时，表示各变量间呈空间正相关；若莫兰指数＜0 时，各变量间表现为空间负相关；当莫兰指数趋近于 0，说明各变量间不存在空间相关性。莫兰指数在测度上分为全域和局域两种情况。式 6-6 计算的是全局莫兰指数（Global Moran's I）。全局空间自相关性用于描述各区域之间在空间上是否存在聚集特性，但并不能确切地描述聚集在哪些区域。而局部空间自相关性可以进一步分析空间对象的空间异质性，反映了各区域与其邻近区域在同一属性上的空间集聚。局域莫兰指数（Local Moran's I）公式为：

$$I_i=\frac{(x_i-\bar{x})}{S^2}\sum_{j=1}^{n}w_{ij}(x_i-\bar{x})。\tag{6-7}$$

若局域莫兰指数＞0 时，表示各变量呈空间正相关；若局域莫兰指数＜0 时，表示各变量呈空间负相关；当局域莫兰指数趋近于 0 时，说明各变量间不存在空间相关性。

### （三）空间计量模型

空间计量经济学模型有多种类型（Anselin，et al，2004）。其中最常用的模型是空间滞后模型（Spatial LagModel，SLM）、空间误差模型（Spatial Error Model，SEM）和空间杜宾模型（Spatial Dubin Model，SDM）三种。

**1. 空间滞后模型**（SLM）

区域行为受到文化环境及与空间距离有关的迁移成本的影响，具有很强的地域性（Anselin，et al.，1996）。当被解释变量之间的空间依赖性对空间自相关性有显著性影响时，即空间滞后模型。参照时间序列自回归模型的叫法，空间滞后模型也被称作空间自回归模型（Spatial Autoregressive Model，SAR）。其表达式为：

$$Y=\rho WY+X\beta+\varepsilon。\qquad（6\text{-}8）$$

式中，$Y$ 为因变量，$X$ 为解释变量矩阵，$\rho$ 为空间回归关系数，反映了样本观测值中的空间依赖作用，即相邻区域的观测值对本地区观察值的影响方向和程度；$W$ 为 $n\times n$ 的空间权值矩阵，$WY$ 为空间滞后因变量，反映了空间距离对区域行为的作用，$\varepsilon$ 为随机误差项向量。

**2. 空间误差模型**（SEM）

空间扰动项和空间总体相关，某一空间的扰动会随空间效应影响到其他空间。当模型的误差项表现出空间自相关性时，为空间误差模型，其表达式为：

$$y=X\beta+u。\qquad（6\text{-}9）$$

扰动项 $u$ 表达式为：

$$u=\rho Mu+\varepsilon,\varepsilon\sim N(0,\sigma^2 I_n)。\qquad（6\text{-}10）$$

$M$ 是空间权重矩阵，所以该扰动项存在空间依赖性。这说明对被解释变量有影响的遗漏变量存在空间相关性。式中，$\rho$ 为空间误差相关系数，度量了邻近个体关于被解释变量的误差冲击对本个体观察者影响程度。若 $\rho$ 等于 0，空间误差模型则变成了普通的标准线性回归模型。

3. **空间杜宾模型**（SDM）

空间杜宾模型（Spatial Dubin Model，SDM）是空间滞后模型和空间误差模型的扩展形式，还考虑了因变量和自变量的自相关性。因为空间杜宾模型将自变量、因变量的空间效应都纳入模型中，可以更好地解释空间变量之间的关系，所以在空间计量模型的实际应用中占据主要比例。其表达式如下：

$$Y=\rho W_1 Y+X\beta+W_2 X\delta+\varepsilon。 \tag{6-11}$$

$W_1$ 是被解释变量的空间权重矩阵，$W_2$ 是解释变量的空间权重矩阵，$\delta$ 为对应的自变量空间自回归系数。因为空间杜宾模型既考虑了空间滞后的解释变量，又研究了被解释变量对解释变量的共同影响，作为唯一能得到无偏系数估计的模型，是空间滞后模型及空间误差模型的一般形式，可以更好地估计个体产生的溢出效应和测算空间溢出效应。

4. **模型的选择与检验**

判断地区间创新产出行为的空间相关性是否存在，选择 SLM 模型和 SEM 模型哪个更为恰当，一般可通过包括 Moran’s I 检验、两个拉格朗日乘数（Lagrange Multiplier）形式 LMERR、LMLAG 及其稳健（Robust）的 R-LMERR、R-LMLAG）等方式来进行检验。由于事先无法根据经验推断在 SLM 和 SEM 模型中是否存在空间依赖性，有必要构建一种判别准则，以决定哪种空间模型更加符合客观实际。

对此，Anselin 和 Florax（1995）提出了判别准则：如果在空间依赖性的检验中发现 LMLAG 相比 LMERR 在统计上更加显著，且 R-LMLAG 显著而 R-LMERR 不显著，则认为适合的模型是空间滞后模型；相反地，如果 LMERR 比 LMLAG 在统计上更加显著，且 R-LMERR 显著，而 R-LMLAG 不显著，则可以断定使用空间误差模型更为恰当。除拟合优度 $R^2$ 检验以外，常用的检验准则还有：自然对数似然函数值（Log likelihood，LogL）、似然比率（Likelihood Ratio，LR）、赤池信息准则（Akaike information criterion，AIC）、施瓦茨准则（Schwartz criterion，SC）。对数似然值越大，AIC 和 SC 值越小，模型拟合效果越好。这几个指标也用来比较普通最小二乘法（ordinary least squares，OLS）估计的经典线性回归模型、SLM 和 SEM，其中似然值的自然对数最大的模型最好。

借助图 6.1 和图 6.2 可以更好地理解空间滞后模型（SLM）、空间误差模型（SEM）和空间杜宾模型（SDM）三个模型之间的关系，以及模型间的转化。

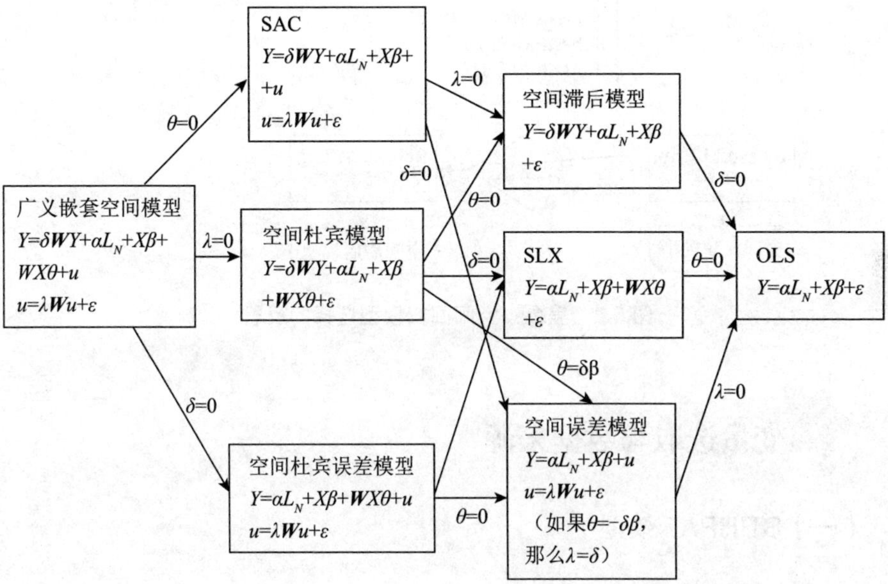


**图 6.1　横截面数据的不同空间依赖模型之间的关系**

（资料来源：Halleck Vega and Elhorst，2012）

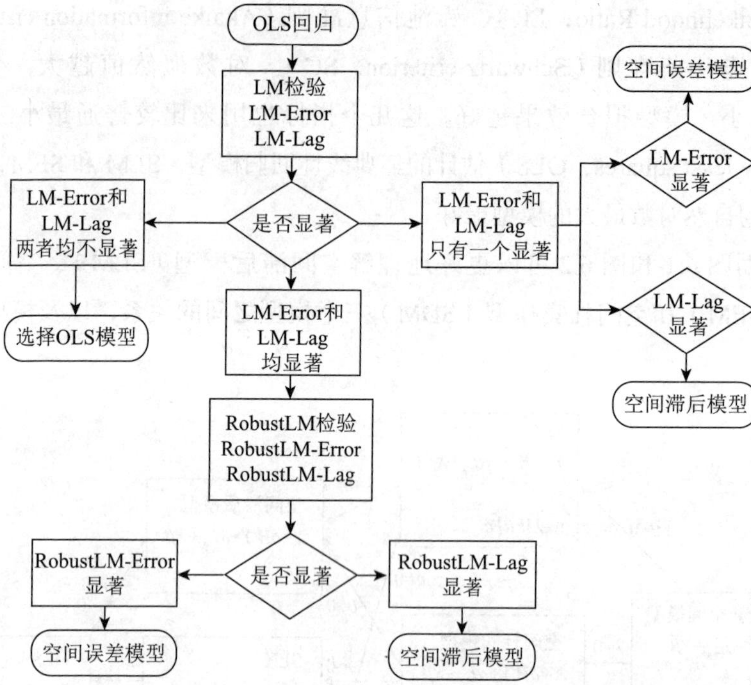


图 6.2　姜磊：空间回归模型选择的反思

## 二、变量选取与数据来源

### （一）STIRPAT 模型

STIRPAT 模型是 IPAT 方程的随机模型。Ehrlich 和 Holdren 建立的环境影响评估（IPAT）理论是分析人文因素对环境影响的重要方法，表明了人口、经济、技术三者共同作用对环境的影响，其一般表示为：$I=P\times A\times T$。其中 $I$ 代表环境压力、$P$ 代表人口数量、$A$ 代表经济水平、$T$ 代表技术水平。IPAT 方程结构简单、易于操作，已在能源与环境经济领域得到广泛应用，但它存在一些问题，如仅考量人口、经济、技术的影响，忽视了其他影响环境的因素，还认为人口、经济、技术等比例影响环境，这与现实情况并不相符。因此，Dietz and Rosa（1997）在 IPAT 的基础上扩展出了 STIRPAT 模型。STIRPAT

模型表示为：

$$I_{it}=aP_{it}^{\alpha_1}A_{it}^{\alpha_2}T_{it}^{\alpha_3}e\text{。}\tag{6-12}$$

其中，$i$ 代表国家，$t$ 代表年份，$\alpha_1$，$\alpha_2$，$\alpha_3$ 分别代表人口总量、经济发展水平、技术水平的弹性系数，$e$ 是随机误差。指数的引入，使得模型可用于分析人口、经济、技术三者非等比例对环境压力的影响。此外，STIRPAT 模型具有良好的可加性，模型可扩展添加更多的变量来分析这些因素对环境的影响。此后，国内外学者均对 STIRPAT 模型进行了扩展与优化。例如，孙敬水等（2011）引入单位能耗碳排放量、工业增加值（占 GDP 的百分比）、能源消费结构、城市化水平、国际贸易分工等变量对 STIRPAT 模型进行扩展。

实证中一般将 STIRPAT 模型转换成对数形式，这可以减弱各变量指标数据中存在的异方差现象，也便于计算参数值，公式为：

$$\mathrm{Ln}I_{it}=a+\alpha_1\mathrm{Ln}P_{it}+\alpha_2\mathrm{Ln}A_{it}+\alpha_3\mathrm{Ln}T_{it}+e\text{。}\tag{6-13}$$

### （二）相关数据说明

综合上述研究成果，结合本研究区域实际，本研究选取被解释变量为人均碳排放量，解释变量为人口密度、经济水平、工业增加值（占 GDP 的百分比）、高科技出口、城市化水平、对外开放水平，因此，构建面板数据模型为：

$$\mathrm{Ln}I_{it}=a+\alpha_1\mathrm{Ln}P_{it}+\alpha_2\mathrm{Ln}Y_{it}+\alpha_3\mathrm{Ln}S_{it}+\alpha_4\mathrm{Ln}HT_{it}+\alpha_5\mathrm{Ln}U_{it}+\alpha_6\mathrm{Ln}OP_{it}+e\text{。}\tag{6-14}$$

$P$ 代表人口密度，$Y$ 代表经济水平，$S$ 代表工业增加值（占 GDP 的百分比），$HT$ 代表高科技出口，$U$ 代表城市化水平，$OP$ 代表对外开放水平。（表 6.1）

**表 6.1　变量定义**

| | 变量 | 符号 | 具体指标 |
|---|---|---|---|
| 被解释变量 | 碳排放 | $I$ | 人均碳排放量 |

续表

| | 变量 | 符号 | 具体指标 |
|---|---|---|---|
| 解释变量 | 人口规模 | *P* | 人口密度 |
| | 经济水平 | *Y* | 人均 GDP |
| | 工业增加值（占GDP的百分比） | *S* | 工业增加值（占 GDP 的百分比） |
| | 高科技出口（现价美元） | *HT* | 高科技出口（现价美元） |
| | 城市化水平 | *U* | 城镇人口（占总人口比例） |
| | 对外开放水平 | *OP* | 外国直接投资净流入（占 GDP 的百分比） |

数据来源：世界银行 https://data.worldbank.org.cn/。

人口规模（*P*）。人口规模是 STIRPAT 模型的重要影响因素，人类的生产生活产生了大量的碳排放。人口规模越大，产生的碳排放量越高。但是，人口越为聚集，经济发展水平也就越高，科技水平也就越高，因此带来技术溢出，进而有效降低碳排放量。人口规模对碳排放量既有正向影响，也有负影响。人口规模的绝对衡量指标是人口数量，相对衡量指标是人口密度。为了使研究成果更为准确，本研究使用人口密度作为衡量指标。

经济水平（*Y*）。随着全球工业化的发展，经济水平不断提高，但与此同时，工业碳排放量正逐渐上升，导致环境恶化，影响可持续发展。在此用人均 GDP 代表各国家经济发展水平。

工业增加值（占 GDP 的百分比）（*S*）。一般针对碳排放量的研究，多通过第二产业占比这一指标来反映区域碳排放增长的情况。在此用工业增加值（占 GDP 的百分比）来体现该指标。

高科技出口（现价美元）（*HT*）。高科技出口的增加代表着一个国家或地区的产业升级和技术创新能力。高科技产业通常涉及更高效和环保的先进生产技术，而技术进步不仅可以减少本区域的碳排放量，还可能存在技术溢出效应，会对周边的区域产生辐射影响，进而使得其他区域的碳排放量得以下降。结合研究实际，在此用高科技出口（现价美元）来反映技术溢出。

城市化水平（*U*）。已有学者研究证明，城市化是碳排放量持续增长的

Granger 原因，但碳排放却不是城市化水平提升的 Granger 原因。在此用城镇人口（占总人口比例）这一指标反映中国和东盟国家的城市化水平。

对外开放水平（*OP*）。有研究表明，对外开放程度接近的区域存在碳排放的集聚效应，贸易对碳排放的影响处在环境库兹涅茨倒 U 形曲线右端。借助 EKC 曲线分析外商直接投资和环境污染之间的非线性关系，结果表明，两者之间的确存在复杂的非线性联系。当前学者普遍认可对外开放与碳排放存在相关性。本研究用外国直接投资净流入（占 GDP 的百分比）体现十一国的对外开放水平。

### （三）描述性统计

根据世界银行公布的数据，可以发现：2010—2020 年，人均碳排放量这一指标中，文莱最多，遥遥领先于其他国家，其次是新加坡、马来西亚和中国三国，然后是泰国、越南以及印度尼西亚，最后是老挝、菲律宾、柬埔寨、缅甸四国，人均碳排放量较小；人口密度最高为新加坡，其次是菲律宾、越南、中国、印度尼西亚、泰国，接着是马来西亚、柬埔寨、文莱、缅甸，老挝人口密度最低；对于人均 GDP，第一档是新加坡和文莱两国，位于第二档的是马来西亚、中国以及泰国，位于第三档的是印度尼西亚、菲律宾、越南和老挝，第四档是柬埔寨和缅甸；工业增加值（占 GDP 的百分比）文莱最高，其次是中国、印度尼西亚、马来西亚、泰国、越南、缅甸、菲律宾、老挝、柬埔寨、新加坡；高科技出口（现价美元）这一指标，由高到低依次是中国、新加坡、马来西亚、越南、泰国、菲律宾、印度尼西亚、老挝、缅甸、柬埔寨、文莱；城镇人口（占总人口比例）方面，最高为新加坡，100% 的城市化率，其次为文莱、马来西亚、中国、印度尼西亚、泰国、菲律宾、越南、老挝、缅甸、柬埔寨；外国直接投资净流入（占 GDP 的百分比），新加坡第一，柬埔寨第二、老挝第三、越南第四、缅甸第五、马来西亚第六、文莱第七、中国第八、印度尼西亚第九、泰国第十、菲律宾第十一。

使用 stata15.1 对 11 年十一国各个指标数据进行描述性统计分析，结果如表 2 所示：人均碳排放量的均值为 4.718 吨 / 人，最小值为 0.165 吨 /

人，最大值为 21.706 吨 / 人；人口密度平均值为 831.411 人 / 平方公里，最小值 27.398 人 / 平方公里，最大值 7965.878 人 / 平方公里；人均 GDP 均值 11936.26 美元 / 人，最小值 765.242 美元 / 人，最大值 66836.54 美元 / 人；工业增加值（占 GDP 的百分比）均值 36.834%，最小值 21.869%，最大值 73.673%；高科技出口（现价美元）均值为 895.94 亿美元，最小值为 0.0006 亿美元，最大值为 7574.589 亿美元；城镇人口（占总人口比例）平均值为 52.058%，最小值为 20.294%，最大值为 100%；外国直接投资净流入（占 GDP 的百分比）均值为 5.841%，最小值为 −1.321%，最大值为 29.761%。

表 6.2　描述性统计分析结果

| Variable | Obs | Mean | Std. Dev. | Min | Max |
|---|---|---|---|---|---|
| *I* | 121 | 4.718 | 4.929 | 0.165 | 21.706 |
| *P* | 121 | 831.411 | 2188.508 | 27.398 | 7965.878 |
| *Y* | 121 | 11936.26 | 17598.43 | 765.242 | 66836.54 |
| *S* | 121 | 36.834 | 10.756 | 21.869 | 73.673 |
| *HT* | 121 | 895.94 | 1811.672 | 0.0006 | 7574.589 |
| *U* | 121 | 52.058 | 22.591 | 20.294 | 100 |
| *OP* | 121 | 5.841 | 6.254 | −1.321 | 29.761 |

## 三、中国—东盟碳排放量的空间溢出效应

### （一）空间相关性检验

#### 1. 全局空间自相关性

在空间计量模型回归之前，首先要对因变量进行全域空间自相关分析，描述空间单元的某个要素的观察值与相邻空间单元元素的观察值是否相近。本研究基于我国与东盟国家的地理位置关系，使用空间地理矩阵的构建方法用 GeoDa 构建空间权重矩阵 *w*，再使用 stata15.1 软件，计算 2010—2020 年 11 年间我国与东盟十国人均碳排放量的莫兰指数，结果如表 6.3 所示。

表 6.3　空间地理矩阵的莫兰指数

| Variables | year | I | E（I） | sd（I） | *z* 值 | *p* 值 * |
|---|---|---|---|---|---|---|
| I | 2010 | 0.263 | −0.100 | 0.204 | 1.782 | 0.037 |
| I | 2011 | 0.270 | −0.100 | 0.206 | 1.799 | 0.036 |
| I | 2012 | 0.264 | −0.100 | 0.206 | 1.771 | 0.038 |
| I | 2013 | 0.277 | −0.100 | 0.209 | 1.800 | 0.036 |
| I | 2014 | 0.298 | −0.100 | 0.212 | 1.877 | 0.030 |
| I | 2015 | 0.294 | −0.100 | 0.218 | 1.808 | 0.035 |
| I | 2016 | 0.231 | −0.100 | 0.210 | 1.728 | 0.048 |
| I | 2017 | 0.206 | −0.100 | 0.207 | 2.075 | 0.038 |
| I | 2018 | 0.201 | −0.100 | 0.206 | 1.998 | 0.046 |
| I | 2019 | 0.194 | −0.100 | 0.211 | 2.076 | 0.046 |
| I | 2020 | 0.130 | −0.100 | 0.189 | 2.242 | 0.012 |

从表 6.3 可以看出，2010 年到 2020 年 11 年数据的 $z$ 值通过了 1.65 的临界值，9 年碳排放的莫兰指数通过 5% 的显著性水平检验，且均为正，这表示我国与东盟十国在 2010 年到 2020 年间碳排放存在显著的正向空间自相关。

**2. 局部空间自相关性**

使用 stata15.1 软件得出 2010 年、2014 年、2017 年和 2020 年十一国的二氧化碳排放的莫兰散点图（如图 6.3），综合 11 年间数据，在局部空间自相关的 4 种类型中：马来西亚、新加坡位于第一象限（除 2020 年文莱），第一象限（高—高）表示高值区域被高值区域包围，即本地区碳排放水平高，周边地区碳排放水平也较高。柬埔寨与印度尼西亚位于第二象限，第二象限（低—高）表示低值区域被高值区域包围，即本地区碳排放水平低而周边地区碳排放水平较高。柬埔寨、缅甸、越南、老挝和泰国为第三象限，第三象限（低—低）表示低值区域被低值区域包围，即本地区碳排放水平低，周边地区碳排放水平也较低。中国为第四象限，第四象限（高—低）表示高值区域被低值区域包围，即本地区碳排放水平较高而周边地区碳排放水平较低。总之，大多数国家位于第一、第三象限，这表明我国与东盟的区域碳排放的空间聚集性特征较为明显。

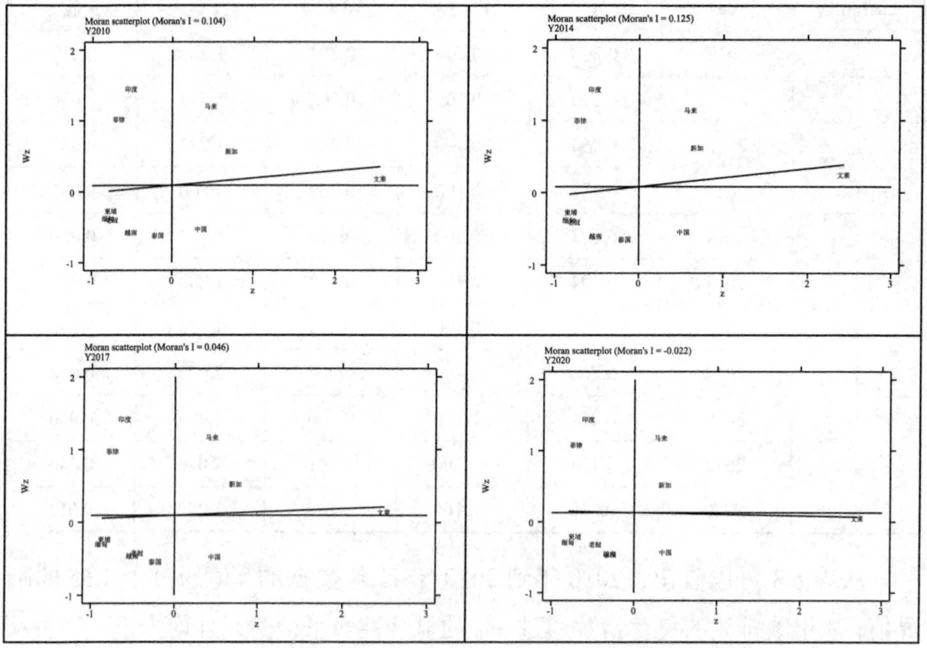


图 6.3　2010 年、2014 年、2017 年、2020 年碳排放莫兰散点

## （二）空间计量模型实证分析

### 1. 模型选择

首先，通过 LM 检验来判别是选择空间滞后模型（SAR）还是空间误差模型（SEM）。LM 检验结果（表 6.4）显示，$p$ 值通过显著性水平 5% 的显著性检验在 SAR 的模型测试中显著，在 SEM 的模型测试下不显著，拒绝混合 OLS 估计，使用空间计量模型，SDM 模型可以退化为 SAR 模型。

其次，通过 Hausman 检验进行固定效应和随机效应的选择。Hausman 检验结果显示（表 6.4）统计量的值为 27.55，模型在 1% 的显著性水平下拒绝使用随机效应的原假设，因此模型选用固定效应模型。

表 6.4　检验结果显示

| 检验类型 | | 统计量 | $p$ 值 |
|---|---|---|---|
| LM 检验 | LM LAG | 35.099 | 0.000 |
| | Robust LM LAG | 38.923 | 0.000 |
| | LM ERR | 0.074 | 0.786 |
| | Robust LM ERR | 3.898 | 0.048 |
| Hausman 检验 | | 27.55 | 0.0001 |
| LR-spatial-lag | | 28.41 | 0.0001 |
| LR-spatial-error | | 74.68 | 0.0000 |
| Wald 检验 | | 19.01 | 0.0041 |

最后，要通过 LR 检验和 Wald 检验来进一步判断空间杜宾模型（SDM）是否能退化为空间滞后模型（SAR）或空间误差模型（SEM）。空间杜宾模型可以既考虑到其他区域被解释变量对本区域被解释变量的影响，又考虑到其他区域因变量对本区域被解释变量的影响，它能够反映更多的解释信息，因此该优先考虑空间杜宾模型。结果显示，通过比较时间固定、个体固定、双固定效应下的模型拟合度，发现时间固定效应模型的估计结果更优，以及时间固定效应下模型 LR 检验显著性均通过了 1% 的检验标准，Wald 检验结果通过显著性水平 1% 的显著性检验，因此空间杜宾模型（SDM）不用退化为空间滞后模型（SAR）和空间误差模型（SEM），故选用时间固定效应空间杜宾模型（SDM）研究碳排放量在区域间的空间溢出效应。

**2. 空间计量模型回归结果分析**

为了使模型选择正确，在此对 OLS 模型、空间滞后模型（SAR）、空间误差模型（SEM）、空间杜宾模型（SDM）回归结果进一步实证研究，结果见表 6.5。首先，可以发现各变量系数的符号在各个模型中均为正号或负号，表示回归结果较为准确。其次，比较模型拟合优度，发现空间杜宾模型的拟合效果最好，进一步确定接下来的研究更适合使用空间杜宾模型进行。

表 6.5 各模型回归结果

| VARIABLES | OLS | SAR | SEM | SDM |
|---|---|---|---|---|
| *P* | −0.00209***<br>（0.00024） | −0.00195***<br>（0.00018） | −0.00219***<br>（0.00025） | −0.00242***<br>（0.00027） |
| *Y* | 0.00026***<br>（0.000031） | 0.00017***<br>（0.000027） | 0.00026***<br>（0.000033） | 0.0001001***<br>（0.000028） |
| *S* | 0.09762***<br>（0.02915） | 0.11332***<br>（0.02247） | 0.07806**<br>（0.03040） | 0.05683**<br>（0.02380） |
| *HT* | 0.00034***<br>（0.000066） | 0.000056<br>（0.000061） | 0.00034***<br>（0.000061） | 0.000104**<br>（0.000072） |
| *U* | 0.08410***<br>（0.01265） | 0.16291***<br>（0.01393） | 0.08739***<br>（0.01444） | 0.22027***<br>（0.01870） |
| *OP* | 0.14374***<br>（0.04401） | 0.19081***<br>（0.03456） | 0.15969***<br>（0.04522） | 0.26730***<br>（0.04457） |
| W*P* |  |  |  | −0.00177**<br>（0.00076） |
| W*Y* |  |  |  | −0.000059<br>（0.000067） |
| W*S* |  |  |  | −0.11239*<br>（0.06533） |
| W*HT* |  |  |  | 0.00032<br>（0.00067） |
| W*U* |  |  |  | 0.16188***<br>（0.03469） |
| W*OP* |  |  |  | 0.14735**<br>（0.11267） |
| R-squared | 0.939 | 0.977 | 0.953 | 0.988 |

注：① *** $p<0.01$，** $p<0.05$，* $p<0.1$。

②表中括号内值在 OLS 模型下对应的是 t 统计值，在空间面板模型下对应的是 Z 统计值。

分析各解释变量对被解释变量碳排放量的影响，发现：人口密度在 1% 的显著性水平下为负，表示人口密度显著负向影响碳排放量，人口密度越低，碳排放量越高；经济水平系数为正，也通过了 1% 的显著性水平检验，表明经济水平显著正向影响碳排放量，经济发展水平越高，碳排放量越高；工业增加值（占 GDP 的百分比）在 5% 的显著性水平下为正，即工业增加值（占 GDP 的百分比）越高，碳排放量越高；技术进步和城市化水平系数在 1% 的显著性水平下为正，同样正向显著影响碳排放量，一个地区高科技出口（现价美元）越高，碳排放量越高，城市化水平越高同样区域碳排放量越高；对外开放水平也较为显著地正向影响碳排放量。另外，在空间杜宾模型中，既可以观察到解释变量对本地区碳排放量的影响，也可以发现解释变量对外地碳排放量的影响。

表 6.6　空间杜宾模型回归结果

| VARIABLES | 时间固定 SDM | 个体固定 SDM | 双固定 SDM |
|---|---|---|---|
| *P* | −0.00242***<br>（0.00027） | −0.00028<br>（0.00123） | −0.00059<br>（0.00121） |
| *Y* | 0.0001***<br>（0.000028） | −0.000027<br>（0.000027） | −0.000032<br>（0.000029） |
| *S* | 0.05683**<br>（0.02380） | 0.04483*<br>（0.02678） | 0.05785**<br>（0.02854） |
| *HT* | 0.000104**<br>（0.000072） | 0.000068<br>（0.00028） | 0.00015<br>（0.00031） |
| *U* | 0.22027***<br>（0.01870） | 0.22641**<br>（0.09226） | 0.17947<br>（0.11119） |
| *OP* | 0.26730***<br>（0.04457） | 0.09903***<br>（0.03291） | 0.11008***<br>（0.03753） |
| W**P* | −0.00177**<br>（0.00076） | −0.00355<br>（0.00348） | −0.00783<br>（0.00505） |
| W**Y* | −0.00059<br>0.000067） | 0.000017<br>（0.000047） | 0.000046<br>（0.000052） |
| W**S* | −0.11239*<br>（0.06533） | −0.02113<br>（0.05956） | −0.00975<br>（0.06614） |
| W**HT* | −0.0003242<br>（0.0006745） | 0.00285**<br>（0.00132） | 0.00293*<br>（0.00156） |
| W**U* | 0.16188***<br>（0.03469） | 0.13714<br>（0.10665） | −0.48354<br>（0.43034） |

续表

| VARIABLES | 时间固定 SDM | 个体固定 SDM | 双固定 SDM |
|---|---|---|---|
| W*$OP$ | −0.14735**<br>（0.11267） | −0.10298*<br>（0.05978） | −0.04537<br>（0.10042） |
| R−squared | 0.963 | 0.561 | 0.104 |

注：* 表示在 $p<0.1$ 下显著；** 表示在 $p<0.05$ 下显著；*** 表示在 $p<0.01$ 下显著。

表 6.6 回归结果显示，通过比较时间固定、个体固定、双固定效应下的空间杜宾模型拟合度及变量的显著性，发现时间固定效应模型估计结果更优。另外，时间固定效应下模型 LR 检验显著性均通过了 1% 的检验标准，Wald 检验结果通过显著性水平 1% 的显著性检验，空间杜宾模型（SDM）因此不用退化为空间滞后模型（SAR）和空间误差模型（SEM），故选用时间固定效应空间杜宾模型（SDM）研究碳排放在区域间的空间溢出效应。

**3. 空间效应研究**

上文模型选择结果显示，应选用时间固定效应空间杜宾模型（SDM）对区域间碳排放的空间溢出效应进行研究。继续运用 stata15.1 计算时间固定下的空间杜宾模型（SDM）总效应、直接效应、间接效应（见表 6.7）。

**表 6.7　时间固定下的空间杜宾模型（SDM）直接效应、间接效应和总效应**

| Variance | 直接效应 | | 间接效应 | | 总效应 | |
|---|---|---|---|---|---|---|
| | 系数 | $z$ 值 | 系数 | $z$ 值 | 系数 | $z$ 值 |
| $P$ | −0.00236*** | −2.57 | −0.00044 | −0.77 | −0.00280*** | −3.76 |
| $Y$ | 0.0001111*** | 4.35 | −0.000087* | −1.84 | 0.000024 | 0.43 |
| $S$ | 0.07387*** | 3.52 | −0.10604** | −2.25 | −0.03216 | −0.56 |
| $HT$ | 0.000074 | 0.86 | 0.00023 | 1.89 | 0.00030 | 0.64 |
| $U$ | 0.21472*** | 11.07 | −0.04137* | 0.20 | 0.25610*** | 10.40 |
| $OP$ | 0.26745*** | 6.45 | −0.01468 | 0.44 | 0.28214*** | 3.31 |

结果显示，人口密度对本地区碳排放量具有显著的抑制作用，而溢出效应并没有通过显著性检验，从总效应来说，呈现显著的负向影响。经济水平

对本地碳排放量有显著正向影响，对周边地区碳排放量具有较显著的负向影响，但总效应表现出不显著的正向影响。工业增加值（占 GDP 的百分比）显著正向影响本地碳排放量，但对周边地区碳排放量有一定显著的负向影响。高科技出口（现价美元）对本地区和周边地区碳排放量均有不显著的正向影响，因此总效应也为不显著的正向影响。城市化水平对本地区碳排放量影响最大，对周边地区产生显著的负向抑制作用，但正向影响远大于负向影响，因此总效应仍为显著的正向影响。对外开放水平的回归系数显示，对外开放水平显著正向影响本地区碳排放量，但对周边地区具有不显著的抑制作用，总体效应呈现显著的正向影响。

本章运用 2010—2020 年我国与东盟国家的统计数据，以 STIRPAT 模型为基础，构建空间计量模型并借助 stata15.1 软件来研究碳排放量的影响因素，以及区域间溢出效应，验证发现：人口规模、经济水平、工业增加值、城市化水平、对外开放水平等因素对本区域碳排放量有显著影响，对周边地区碳排放量亦产生一定影响；城市化水平对本区域碳排放量影响最大，但对周边地区产生显著的负向抑制作用。

# 第七章　中国—东盟国家区域低碳旅游发展研究

旅游业是环境友好型产业，但随着旅游业的蓬勃发展，其对全球气候的变化产生了较大影响。原联合国世界旅游组织（UNWTO）在第二届气候变化和旅游国际大会上提出，旅游业排放的二氧化碳占全球总排放的4%~6%，并且在未来30年内这个数量预计将会增长1.5倍，旅游业所产生的碳排放及其随之而来的环境问题必须得到人们的广泛关注。本章主要研究低碳经济与生态协同发展在旅游业的应用，探讨低碳经济视域下中国—东盟国家区域低碳旅游发展问题。

## 一、低碳旅游的概念与发展低碳旅游的理解

### （一）低碳旅游概念

低碳经济是一种在低能耗、低污染的基础上发展起来的绿色经济。低碳经济需要依据环保理念，发展经济要在保护生态环境的基础上进行，经济和生态二者不能分割。低碳经济所涉及的产业较多，旅游业便包含在其中。生态性、创新性和集约性是低碳旅游的主要特点。低碳发展有一个不能忽视的先决条件：对环境的保护以及二氧化碳排放量的减少，这是生态性的要求。创新性有两个方面：一方面是技术上，低碳经济发展过程中，低碳技术为其提供技术支撑；另一个方面是政策的创新可为低碳经济创造积极的发展环境。粗放型发展方式是能耗高、污染高、排放高的方式，这与低碳的理念不符。

因此集约型是发展低碳路径的重要选择，能耗不高、污染不高、排放不高的特点有益于推进低碳经济的发展。

2009 年 5 月，在达沃斯论坛（WEF）一份《走向低碳的旅行及旅游业》的报告中，最早正式提出了低碳旅游的概念。低碳旅游，就是游客在游览过程中，树立低碳意识，将各种旅游消费行为的碳排放控制在适宜水平，尽量减少碳排放量的一种新型旅游消费模式。发展旅游时，环境污染与破坏等活动都需要在生态环境能承受的范围内进行，不能超出生态环境能承受的范围。低碳旅游是能够促进旅游健康发展的方式，这个过程，就是一种尽可能减少二氧化碳排放量的旅游过程。也就是说，在旅游的整个过程中，应该选择一些低碳、环保的方式进行。低碳旅游是具有现实性的发展方式，需要旅游涉及的各方协同努力来实现。同时，可通过创建低碳的旅游景点、从低碳角度进行旅游基础设施和配套设施建设等方面来实现。

对低碳旅游的定义有多个角度。从旅游者的角度看，郑琳琳（2010）等认为低碳旅游就是在旅游活动过程中，践行低碳行动，尽可能减少二氧化碳排放量的新型旅游消费形式。低碳旅游可以贯穿旅游活动中的吃、住、行等方面，在这些方面中起着主要作用的就是低碳意识。从低碳经济角度看，低碳经济大背景下，黄文胜（2009）认为低碳旅游是一种新的旅游发展方式，是旅游业持续发展的目标。我国许多学者认为发展低碳旅游具有必要性，马驰（2009）等从低碳经济理念着手，并分析旅游业往低碳方向发展是必需的，认为旅游资源粗放式的开发，对旅游资源带来的破坏非常大，发展低碳旅游十分迫切。秦志红（2017）认为北京旅游快速发展过程中暴露出许多问题，因此需要坚持低碳旅游，坚持可持续发展的道路。至于实现低碳旅游的方法，杜婧怡（2018）针对沈阳市发展旅游的过程中存在的问题提出加大宣传及树立低碳旅游观念等建议。在低碳旅游的发展模式研究中，郑琳琳（2010）等认为可以通过创建不同的旅游主体相互融合的模式，即旅游管理部门、旅游目的地、旅游的相关企业和旅游消费者四者共同发力推动低碳旅游的发展。

### （二）解读发展低碳旅游

低碳经济需要在坚持可持续发展的前提下，尽可能降低对碳排放量较高的能源的需求，如石油和煤炭等，目的在于促进生态与经济的共同发展。由于以二氧化碳为主的温室气体排放量日益增加，导致气候问题加剧，减少碳排放和维持经济增长成为世界上所有国家共同追求的主要目标。2015年12月，195个与会国家和欧盟代表一致通过了《巴黎协定》，携手对抗气候变化。我国在《巴黎协定》下提出，到2030年单位GDP的二氧化碳强度比2005年下降60%~65%。达沃斯论坛《走向低碳的旅行及旅游业》报告指出，低碳旅游将成为旅游发展的新趋势。同时，新冠疫情的暴发，使人们更加重视与生态环境之间的和谐相处。

目前，全球气候变暖情况日益严重，在低碳经济的背景下，低碳旅游是适应时代发展的新途径。现有的研究为探索低碳旅游的发展奠定了基础，探析低碳旅游，有利于旅游业的可持续发展。食、住、行、游、购、娱是旅游过程中重要的组成部分，旅游过程中不可避免地涉及能源使用的问题，会产生大量的碳排放（见表7.1）。

表7.1　旅游相关产业碳排放标准统计

| 类别 | 内容 | 碳排放量 |
| --- | --- | --- |
| 旅游交通中的碳耗标准单位量 | 飞机 | 0.28kg $CO_2$/km |
| | 火车 | 0.01kg $CO_2$/km |
| | 轮船 | 0.01kg $CO_2$/km |
| | 地铁 | 0.1kg $CO_2$/ 站 |
| | 公共汽车 | 0.04kg $CO_2$/km |
| | 低油耗小轿车（油耗小于8L/100km的经济型轿车） | 0.16kg $CO_2$/km |
| | 中油耗小轿车（油耗介于8~12L/100km的舒适型轿车） | 0.25kg $CO_2$/km |
| | 高油耗小轿车（油耗大于12L/100km的豪华型轿车） | 0.33kg $CO_2$/km |

续表

| 类别 | 内容 | 碳排放量 |
|---|---|---|
| 能源消耗的碳排放标准单位量 | 电 | 0.79kg $CO_2$/（kw·h） |
| | 煤气 | 0.71kg $CO_2/m^3$ |
| | 煤炭 | 1.97kg $CO_2$/kg |
| | 集中供暖（录入建筑面积来计算居民住宅 / 旅游住宿区每年供暖耗燃料所产生的二氧化碳量）：燃煤供暖 | 47.65kg $CO_2/m^2$ |
| | 天然气 | 2.17kg $CO_2/ m^3$ |
| 装修能耗的碳排放标准单位量 | 装修用木材 | 6.43kg $CO_2/ m^3$ |
| | 装修用铝材 | 24.7kg $CO_2$/kg |
| | 装修用钢材 | 1.9kg $CO_2$/kg |
| | 装修用陶瓷 | 15.4kg $CO_2/ m^2$ |
| 饮食类碳排放标准单位量 | 肉类消费 | 1.4kg $CO_2$/kg |
| | 粮食消费 | 0.94kg $CO_2$/kg |
| | 白酒 | 2kg $CO_2$/kg |
| | 啤酒 | 0.2kg $CO_2$/ 瓶 |
| 购物类碳排放标准单位量 | 衣物 | 6.4kg $CO_2$/ 件 |
| | 塑料袋 | 0.1g $CO_2$/ 个 |
| | 包装物 | 3.5kg $CO_2$/kg |
| 其他 | 洗衣粉 | 0.72kg $CO_2$/kg |

数据来源：国家发改委能源研究所官方网站 http://zfxxgk.ndrc.gov.cn/Public ItemFrame.aspx.

低碳旅游是旅游业可持续发展的一种方式，旅游时，“食”是不可或缺的一部分，此时就可以选择低碳饮食。比如：由表 7.1 可以看出来肉类消费二氧化碳排放量相对较高，可以选择尽量少吃肉类，宜选择食用应季以及当地的蔬菜、水果等食材，反季节果蔬所采取的种植方式能源消耗较大，选择食用当地的食材就可以减少从其他地方运输的过程。旅行时还可以自带餐具，这样能够减少一次性餐具的使用，用一次性餐具特别是塑料的餐具就会消耗更多石化产品，这些产品很难降解，对环境的影响破坏较大。这个过程也需要相关的旅游企业推动，在旅游过程中多加宣传，引导游客选择低碳饮食，并提供令游客满意的低碳食品。

对于“住”，可以选择低碳类住宿，不同的酒店碳排放量不同，可以选择一些相对低碳的住宿方式，如经济型酒店、民宿等。游客还可以自己带洗漱用品，减少对酒店一次性洗漱用品的使用，能减少一定的二氧化碳排放量。相关的酒店也需要把低碳的理念贯穿其中，住宿建筑和装修采用低碳环保材质；减少一次性用品的提供，可以选择提供一些环保材料制作的用品，还可以利用太阳能、风能等清洁能源，尽量减少对煤炭、石油等传统能源的消耗。旅行社安排酒店也可以选择相对低碳的酒店，并向游客宣传低碳行为的好处，这些都有利于减少二氧化碳排放量。

“行”方面，可选择一些低碳的出行方式。交通工具不同产生二氧化碳排放量也不同，由表 7.1 可以看出，火车、轮船及公共汽车二氧化碳排放量相对较低，因此在旅游过程中可以选择火车、轮船、公共交通等二氧化碳排放量相对较小的交通工具出行；如果是比较短途的旅游，可以选择公共汽车、自行车或者徒步，不仅有利于减少碳排放量，也有利于旅游者的身心健康。相关的旅游企业如旅行社，可以设计低碳线路，鼓励旅游者选择相对低碳的出行方式，尽量地减少私家车、飞机等二氧化碳排放量相对较高的交通工具。

“游”可以在游玩时选择低碳游览的方式，旅游过程中注重环保，并尽可能减少垃圾的产生。还可以参加类似植树造林的有益的旅游活动。导游或者景区讲解员在旅游过程中也可以多向旅游者宣传低碳旅游的理念以及优点。

购物时可以选择购买用低碳环保的材料做的旅游纪念品，从表 7.1 也可以看出，包装物的碳排放量也是较大的，因此建议旅游过程中购买尽量减少包装的商品并少用塑料袋；旅游者可以购买当地的土特产；还可以自带水杯，尽量不买或者少买瓶装水。旅游企业也要运用低碳技术，开发低碳的旅游产品。

在娱乐活动方面，可以减少对一些耗能比较高的娱乐设施的使用。同时，旅游企业可以多利用太阳能、风能、水能等清洁能源，减少对二氧化碳排放量较高的能源的使用，并多开发一些低碳的娱乐设施。

旅游碳排放量随着旅游经济的增长也在不断地增加，推进低碳旅游的转型，应以低碳交通为先导，尽可能在保证旅游质量的同时，着重打造低碳型酒店，旅游企业也应发展低碳产品，对游客进行低碳旅游行为的宣传，促进旅游者低碳意识的形成。

## 二、中国—东盟国家区域低碳旅游发展

东盟是目前全球经济发展较富有活力的区域之一，10 个成员国大小不同，发展水平相异，但旅游资源多、种类全，历史、文化、宗教及民族等也极其丰富，是我国乃至全球游客主要目的地之一。我国民众对东盟一直情有独钟，从 20 世纪 90 年代较早的新马泰之旅到今天各种旅游产品的目不暇接，东盟一直是国人出国观光、休闲度假和访古探幽热门目的地之一。2017 年，我国和东盟双向游客近 5000 万人次，彼此已成为重要的旅游合作伙伴。我国与东盟国家地域相近，文化相通，在低碳旅游的合作与发展方面有很多共同点，特别是在“一带一路”倡议的基础上，“低碳旅游”成为我国与东盟深化合作的新机遇。

2017 年，途牛旅游网列出我国游客选择出境游目的地排名前 10 位的国家，其中有 5 个是东盟成员国。我国游客选择周边国家的主要原因之一是地理位置相邻，文化相近。生态旅游凭借强大的发展后劲与活力，正使我国与东盟旅游健康发展。生态旅游不仅改变了传统意义上的旅游过度开发，还将自然资源与环境保护结合起来，降低了旅游对环境的负面影响。2017 年是中国—东盟旅游年，双方为推动生态旅游做了很大努力。在双方合作下，自然资源和文化资源得以更加全面且完整地保存下来。生态旅游的发展还吸引了旅游从业者与游客的到来，有利于推动地区经济的发展。我国与东盟大多属于发展中国家，实现经济增长是发展生态旅游的切实目标。当前，我国与东盟国家合作开发了主题旅游项目，如湄公河发现之路等。为提高我国与东盟国家生态旅游合作，我国与部分东盟国家还签署了关于加强旅游市场监管合作的文件，并根据生态旅游开发情况，召开会议，提升双方生态旅游的合作。东盟旅游网以绿色旅游作为理念，主要致力于为国内与东盟十国的游客提供平台服务。2017 年，由东盟旅游网和英国碳能公司共同举办的内蒙古绿色之旅，以绿色为主题，费用完

全以以太碳币支付，是以太碳币在旅游中首次支付应用。以太碳币支付创导绿色低碳出行，这也是我国首例以数字资产为支付手段的环保之旅，把区块链以太坊技术创造性应用于环保领域，通过“以太碳币”在旅游市场的流通应用，达到积极发展绿色经济、践行保护环境的目的。

我国与东盟国家旅游合作被纳入“一带一路”建设，并驶入快车道，我国与东盟已互为最大海外旅游目的地和客源地，我国已是泰国、越南、柬埔寨、印度尼西亚最大旅游客源国。我国与东盟国家间的优越地理位置，具有发展跨境旅游业的优势，低碳旅游的发展是发展低碳经济重要的方向。

### （一）中国—东盟国家区域低碳旅游发展基础

从表 7.2 可以看出，2016—2021 年间东盟各成员国的入境游客数量，2016—2019 年保持持续上升，2020 年由于新冠疫情的影响，入境游客人数骤降。从国家和地区来看，泰国、马来西亚入境游客数量保持前二，新加坡、印度尼西亚、越南也占有较大的市场份额。

表 7.2　2016—2021 年东盟各成员国的入境游客

单位：人次

| 东盟国家 | 2016 | 2017 | 2018 | 2019 | 2020 | 2021 |
|---|---|---|---|---|---|---|
| 文莱 | 218809 | 258955 | 278136 | 333244 | 62325 | 3543 |
| 柬埔寨 | 5011712 | 5602157 | 6201077 | 6610592 | 1306143 | 196495 |
| 印度尼西亚 | 11519275 | 14039799 | 15810305 | 16106954 | 4052923 | 1557530 |
| 老挝 | 4239047 | 3868838 | 4186432 | 4791065 | 886447 | |
| 马来西亚 | 26757392 | 25948459 | 25832354 | 26100784 | 4332722 | 134728 |
| 缅甸 | 2907207 | 3443133 | 3549428 | 4364101 | 903343 | 130947 |
| 菲律宾 | 5967005 | 6620908 | 7127678 | 8260913 | 1482535 | 163879 |
| 新加坡 | 16403595 | 17424611 | 18508302 | 19113842 | 2742443 | 330059 |
| 泰国 | 32529588 | 35591978 | 38178194 | 39916251 | 6702396 | 427869 |
| 越南 | 10012735 | 12922151 | 15497791 | 18008591 | 3686779 | 3500 |
| 合计 | 115566365 | 125720989 | 135169697 | 143606337 | 26158056 | 2948550 |

数据来源：ASEAN（东盟秘书处）https://data.aseanstats.org/。

**1. 文莱发展低碳旅游的基础**

一是旅游资源基础。文莱旅游业以自然环境、民俗文化和宗教传承为依托，形成“文化、遗产、自然风景、当代亚洲”四大旅游产品支柱。主要旅游区域有首都斯里巴加湾市、白拉奕县、马来奕县、淡布隆县。著名旅游景点有世界上最大的水上村庄文莱水上村、东南亚最大最豪华的购物中心YAYASAN百货、王室礼仪陈列馆、文莱博物馆、独具风格的阿里赛义夫丁清真寺、堪称拥有东南亚最大游乐场的杰鲁东公园等。努洛伊曼皇宫是世界最大的皇宫，是文莱苏丹的住所，金碧辉煌的宫殿十分华贵，每当傍晚时刻，金黄色的宫顶和皇宫河畔都是游客取景拍摄的好地点。

二是旅游业成为文莱新的经济增长点。文莱旅游业起步较晚，但由于方向正确以及目标市场潜力大，已取得一些不错的成绩。图7.1为文莱2016—2021年入境游客数据。2016—2019年，文莱旅游迅猛发展，入境游客人数一路攀升。游客市场以亚太地区为主，来自东盟其他国家的游客最多。2019年，入境游客达到历史新高，约33万人次，但受2021年新冠疫情影响，入境游客跌至0.35万人次。

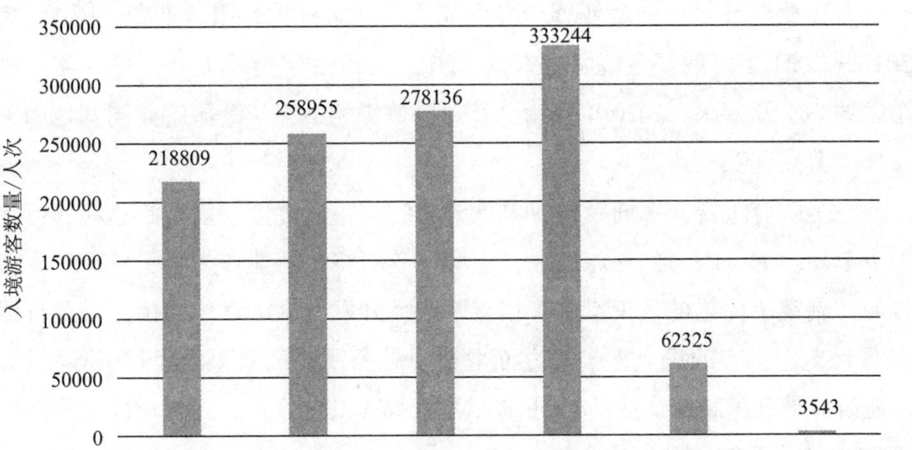


**图7.1　2016—2021年文莱入境游客人数**

（数据来源：ASEAN https://data.aseanstats.org/）

三是政府重视。早在 2005 年，文莱政府就成立了文莱旅游管理委员会，促进文莱旅游业发展，保证旅游发展效率。文莱政府积极加入原联合国世界旅游组织（UNWTO），并成为“旅游活动全球领导者”之一。文莱政府十分重视开拓我国旅游市场，为两国旅游合作和人文交流提供新平台，文莱和我国启动了 2020 年“中国文莱旅游年”。

2. **柬埔寨发展低碳旅游的基础**

一是资源特色。柬埔寨有较为典型绮丽的喀斯特溶洞地貌；湄公河穿越柬埔寨，沿途有美丽的原生态风光；其最重要的人文历史景观为被誉为世界七大奇迹之一的吴哥窟，不仅是其国家民族的象征，更是游客到柬旅游的必游之地。柬埔寨主要旅游城市包括首都金边和暹粒，拥有中南半岛最大的淡水湖——洞里萨湖。白马海滨、波哥市、基里隆市、洞里萨湖等均为柬埔寨知名的度假区。

二是旅游业是支柱性服务产业。2000 年来，柬埔寨政府大力推行“开放天空”政策，支持、鼓励外国航空公司开辟直飞金边和吴哥游览区的航线。此后，柬埔寨政府加大对旅游业的资金投入，加紧修复古迹，开发新景点，改善旅游环境。旅游业逐步发展成为柬埔寨支柱性服务产业。图 7.2 为 2012—2021 年柬埔寨入境游客人数，2012—2019 年持续上升，2019 年入境游客约 661 万人次。2020 年开始受新冠疫情影响，柬埔寨旅游业同其他国家一样，遭受重创。

三是政府重视。柬埔寨设有单独的旅游部，旅游部下设旅游总局和行政财务总局。为了大力发展旅游业，柬埔寨政府将旅游业作为吸引外资的重点领域，制定了优惠的政策措施，在旅游产品开发、旅游宣传促销，以及自然资源和文化遗产的重点保护等方面取得了较为明显的效果。经过多年发展，由旅游业带动的相关产业的 GDP 贡献率远高于其他产业，是亚洲地区旅游业占 GDP 百分比最高的国家之一。

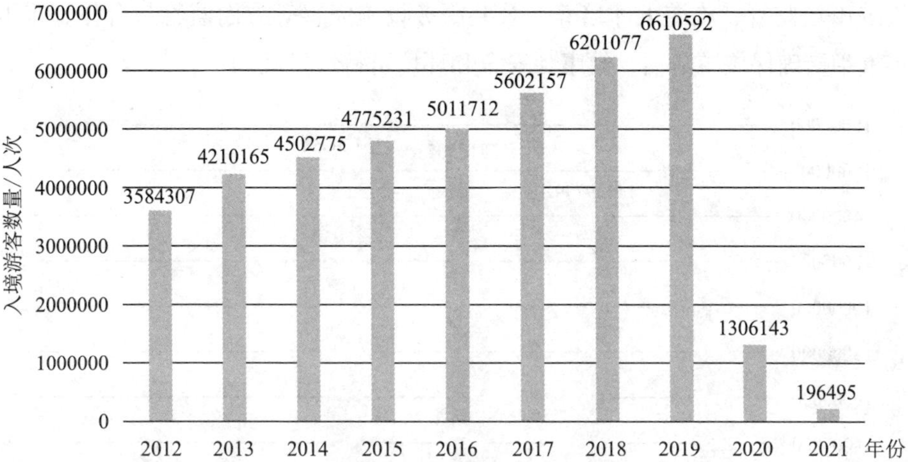


**图 7.2　2012—2021 年柬埔寨入境游客人数**

（来源：柬埔寨规划部国家统计局、ASEAN https://data.aseanstats.org/）

### 3. 印度尼西亚发展低碳旅游的基础

一是旅游资源丰富。印度尼西亚拥有良好的自然资源和文化资源，如桑吉兰早期人类化石遗址、苏门答腊热带雨林、乌戎库隆国家公园等世界自然和文化遗产，旅游主要景点有巴厘岛、雅加达缩影公园、日惹婆罗浮屠佛塔、普兰班南神庙、苏丹王宫、北苏门答腊多巴湖等，其中，2015 年，巴厘岛被美国著名旅游杂志《旅游 + 休闲》评为世界上最佳的岛屿之一。

二是良好的旅游业基础。印度尼西亚旅游业是优先发展的支柱型产业，已经成为印度尼西亚非油气行业的第二大创汇行业。图 7.3 是印度尼西亚 2016—2021 年入境游客数据，2016—2019 年，印度尼西亚旅游发展保持上升阶段，2019 年入境游客约 1611 万人次，2020 年开始受新冠疫情影响，印度尼西亚旅游业遭受重创，入境游客仅有约 405 万人次，其中，马来西亚、中国、新加坡、东帝汶和澳大利亚为印度尼西亚前五大游客来源国。

三是政府重视。政府长期重视开发旅游景点，兴建饭店，培训人员和简化入境手续。2019 年，印度尼西亚旅游部结合千禧年代出生人群旅游需求，推出旅游 4.0 政策。印度尼西亚政府推行发展可持续性旅游的相关理念，加大旅游市场监管、旅游人才培养、公共服务设施完善等方面监管与合作，采取多重举措确保旅游清洁、健康、安全和环境可持续发展。

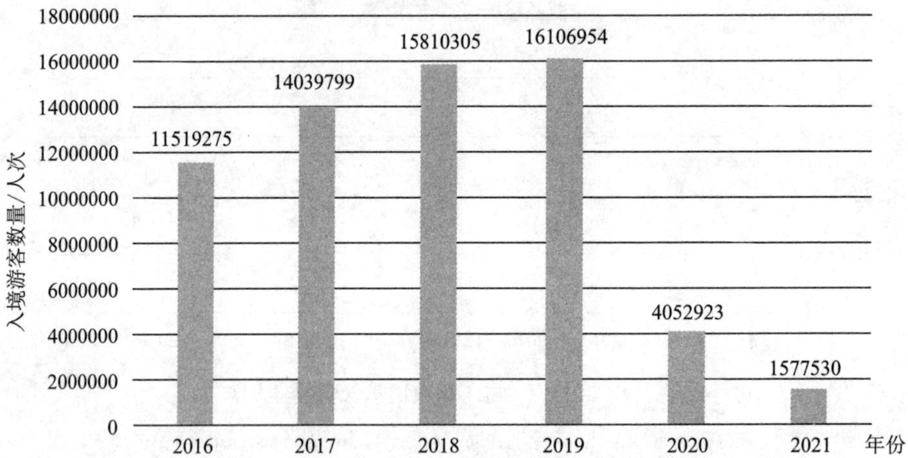


图 7.3　2016—2021 年印度尼西亚的入境游客人数

（数据来源：ASEAN https://data.aseanstats.org/）

**4. 老挝发展低碳旅游的基础**

一是旅游资源基础。如老挝巴色县瓦普寺、琅勃拉邦、川圹石缸平原被列入世界文化遗产名录，著名景点有首都万象的凯旋门、塔銮、玉佛寺，琅勃拉邦省的国家博物馆、迈佛寺、香通寺、维春寺和关西瀑布，占巴塞省的孔阜平瀑布、瓦普神庙建筑群等。2013 年，老挝被欧盟理事会评为“全球最佳旅游目的地”。

二是旅游业成为老挝经济发展的新兴产业。图 7.4 是老挝 2016—2020 年入境游客数据。2017 年老挝共接待游客 386.9 万人次；2018 年接待 418.6 万余人，其中，前三大游客来源国为泰国、越南和中国；2019 年为中老旅游年，全年我国赴老游客 100 万人次，同比增长 25%；2020 年，受新冠疫情影响，共接待游客约 88.6 万人次，同比约减少 81.5%。

三是党和政府重视。老挝党和政府非常重视发展旅游业，在老挝人民革命党的历届大会政治报告以及各种重要政治会议中特别谈及旅游业的发展。

近年来，老挝加大旅游基础设施投入，放宽边境旅游手续，减少签证费；开放 15 个国际旅游口岸，与超过 500 家国外旅游公司签署合作协议。

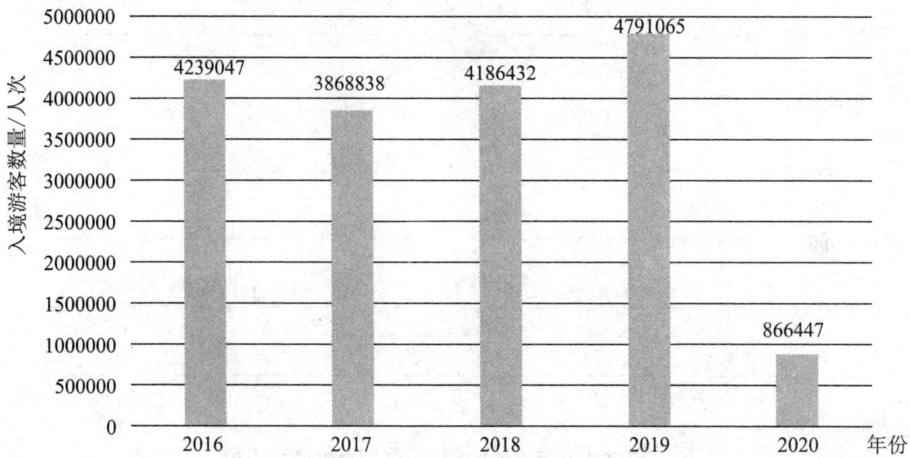


图 7.4　2016—2020 年老挝入境游客人数

### 5. 马来西亚发展低碳旅游的基础

一是旅游资源基础。马来西亚阳光充足、气候宜人，拥有很多高质量的海滩、海岛、原始热带丛林、珍贵的动植物、千姿百态的洞穴、古老的民俗民风、悠久的历史、文化、遗迹，以及现代化的都市。马来西亚海岸绵延长达 4800 公里，有美丽的岛屿及海滩，也有缤纷多姿的珊瑚礁及丰富的海洋生物。马来西亚主要旅游城市有吉隆坡、沙巴、北海、兰卡威，拥有东南亚第一高峰京那巴鲁山，以及可以在世界最大的森林保护区零距离接触婆罗洲人猿，欣赏世界上最大的花卉——大王花；主要景点有云顶、双塔大楼、吉隆坡唐人街、西必洛人猿保护中心、哥曼洞、西陵安海龟岛、丹浓谷自然保护区、马廖盆地和沙巴博物馆等。

二是旅游业是马来西亚国民经济的重要组成部分。自 20 世纪 90 年代以来，马来西亚蓬勃发展的旅游业就受到全世界瞩目。旅游业现已成为马来西亚第二大外汇收入来源、第三大经济支柱。图 7.5 为马来西亚 2016—2021 年入境游客数据。2016—2019 年，马来西亚旅游业稳定发展，入境游客人数仅低于泰国，在东盟国家位居第二。2020年受新冠疫情影响，马来西亚旅游业同样遭受重创。

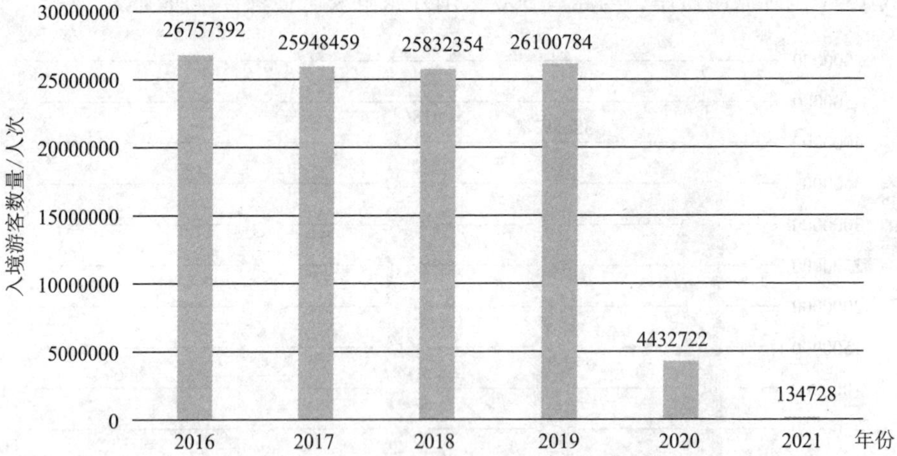


**图 7.5　2016—2021 年马来西亚入境游客人数**

（数据来源：ASEAN https://data.aseanstats.org/）

三是政府重视。马来西亚实行政府主导型的旅游发展模式，出台和制定了多项旅游政策，在历次“五年计划”中对发展旅游业提出了明确的发展目标和措施、政府投资方向等内容。2017 年，马来西亚国会通过了 2017 年旅游税法案。为吸引我国等国家的游客，政府致力于简化程序，推出电子签证及网上免签登记系统，对我国持公务护照人员实行免签政策。

**6. 缅甸发展低碳旅游的基础**

一是缅甸属于热带季风气候，风景优美。缅甸具有浓郁热带风光，伊洛瓦底江从南到北贯穿全境，两岸风光秀丽，海岸线绵长。著名景点有莱茵湖水上村庄和额不里海滩等。

二是缅甸人文旅游资源丰厚，名胜古迹众多。缅甸 90% 的民众信奉佛教，佛教文化浓厚，无论是在城区还是在乡村郊野，到处是佛塔。缅甸现有历代建造的佛塔 10 万多座，被誉为“佛塔之国”，著名的景点有信光大金塔、文化古都曼德勒、万塔之城蒲甘等。此外，缅甸有 135 个民族，民族文化丰富多彩，民族特色浓郁，有名的“长颈族”就是其中之一。

三是政府对旅游业的重视和扶持。为了发展旅游业，缅甸政府积极吸引外资，大力建设国内的旅游设施。此外，为了吸引旅游者，扩大在我国的客源市场，缅甸政府宣布持有普通护照短期赴缅甸旅游的我国公民，从仰光、曼德勒和内比都国际机场进入缅甸时，可办理落地签证，签证费降低为 50 美元 / 人，停留期限延长至 30 天。

**7. 菲律宾发展低碳旅游的基础**

一是资源丰富。菲律宾世界遗产资源丰富，有图巴塔哈群礁海洋公园、巴洛克教堂、科迪勒拉水稻梯田、维甘历史古城等，其中，巴洛克教堂被列入《世界遗产名录》。2012 年，菲律宾古城维甘被联合国教科文组织世界遗产中心授予“世界遗产保护区管理最佳实践奖”，主要旅游点有：百胜滩、蓝色港湾、碧瑶市、马荣火山、伊富高省原始梯田等。

二是旅游业外汇收入重要来源之一。图 7.6 为菲律宾 2016—2021 年入境游客数据。2015—2019 年，菲律宾旅游发展平稳保持上升阶段，2019 年访菲游客量达到 826 万人次，同比增长 15.9%，其中韩国游客人数最多，我国位居第二。2020 年开始，新冠疫情使菲律宾旅游业遭受重创。

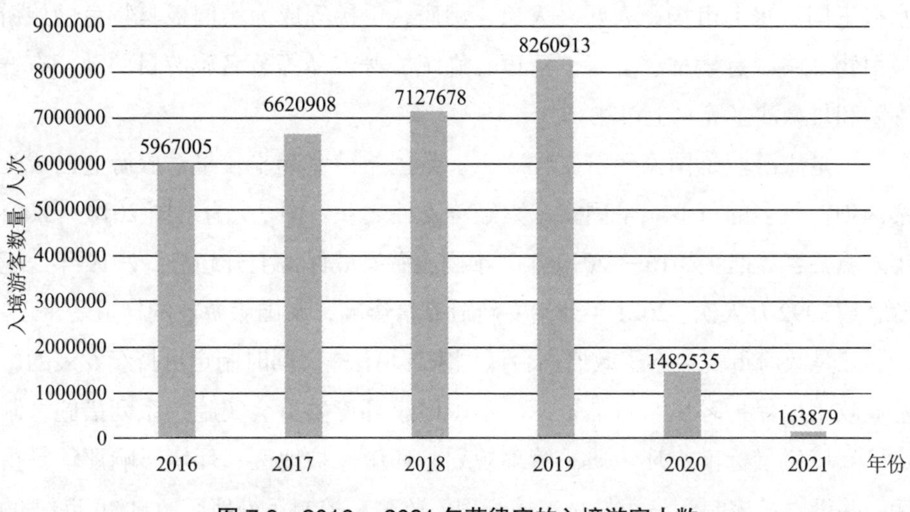


**图 7.6　2016—2021 年菲律宾的入境游客人数**

（数据来源：ASEAN https://data.aseanstats.org/）

三是政府重视。菲律宾政府出台《2009年旅游法》，并制定一系列优惠政策，扶持新兴旅游企业，增加对旅游业的投资，改善旅游交通条件，提高菲律宾旅游业的国际竞争力。作为“千岛之国”，菲律宾各主要岛屿间都有航班，确保旅游业稳定有序发展。菲律宾国家旅游局注重环境可持续发展，倡导游客绿色旅行、可持续旅行以保护生态自然环境，发展绿色旅游，尤其是原生态旅游。

**8. 新加坡发展低碳旅游的基础**

一是新加坡是以旅游为外汇主要来源之一的国家，并且国内绿化、生态环境保持良好，因此发展低碳旅游的基础相较于其他东盟国家较好。国内主要的旅游景点有：滨海湾、圣淘沙岛、植物园、夜间动物园等。

二是新加坡作为世界重要的转口港及航空中心，交通发达，基础设施便利，便于各国游客的往返游玩。目前，新加坡旅游客源市场众多，游客主要来自我国、东盟国家、澳大利亚、印度和日本。

**9. 泰国发展低碳旅游的基础**

一是丰富而有特色的旅游资源。泰国是大象故里、黄袍佛国、佛庙之都、水果王国、水上市场，人妖、大象、佛庙、千佛等成为泰国极具特色的旅游吸引物。泰国有素林、曼谷、清迈、佛统、普吉岛等著名旅游目的地，有赛寺院和丹嫩沙多等水上市场。

二是旅游业是国家经济支柱之一。泰国旅游业起步较早，旅游业已成为泰国创汇最多的行业，是国家三大经济支柱之一。图7.7为泰国2016—2021年入境游客数据。2016—2019年，泰国旅游发展保持上升趋势，2019年入境游客约3992万人次。2021年开始受新冠疫情影响，泰国旅游业同样遭受重创。

三是政府重视。泰国政府出台《国家环境法》，同时制定可持续发展的旅游业政策以保护环境与自然资源。泰国国家环境委员会实施一系列措施，制定了环境质量标准、环境质量管理规划、环境保护地区、环境影响评估等指标，并设立了控制污染委员会直接管理、监测、控制污染地区。自20世纪90年代中期起，泰国开始在一些旅游景点实行名为“有责任心的、讲究生态和社会效益的旅游”的项目试点，取得了良好成效。泰国发展绿色环保旅游项目，提出绿色之心、绿色物流、绿色景点、绿色社区、绿色活动、绿色服务、更多绿色等绿色概念，不断推出各种绿色主题的活动，发展生态旅游，尤其是民族生态旅游。泰国发展低碳旅游具有先天优势和良好基础。

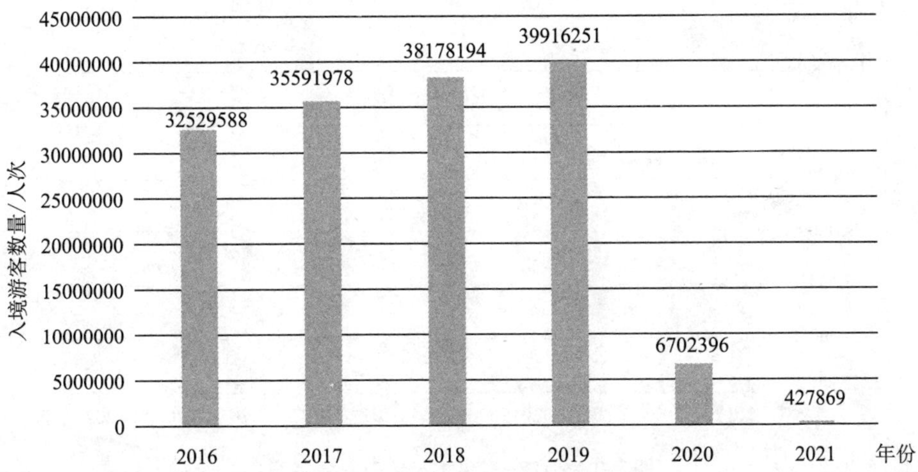


**图 7.7　2016—2021 年泰国的入境游客人数**

（数据来源：ASEAN https://data.aseanstats.org/）

### 10. 越南发展低碳旅游的基础

一是良好的旅游资源。越南拥有良好的自然资源和文化资源，下龙湾等风景名胜被联合国教科文组织列为世界自然和文化遗产，旅游景点主要有河内市的胡志明陵墓、还剑湖、文庙，胡志明市的统一宫、莲潭公园、芽龙港口、古芝地道以及广宁省的下龙湾等。同时，国家旅游业的旅游安全指数在东南亚各国中排在前列，越南旅游对国内外旅游者有着强大的吸引力。

二是良好的旅游产业基础，旅游业逐渐形成越南的国民经济发展重点。图 7.8 为越南 2012—2021 年入境游客数据。2012—2019 年，越南旅游发展保持上升趋势，特别是 2016—2019 年间，保持较高水平的涨幅，2019 年入境游客约 1801 万人次。2020 年开始，新冠疫情使越南旅游业遭受重创。

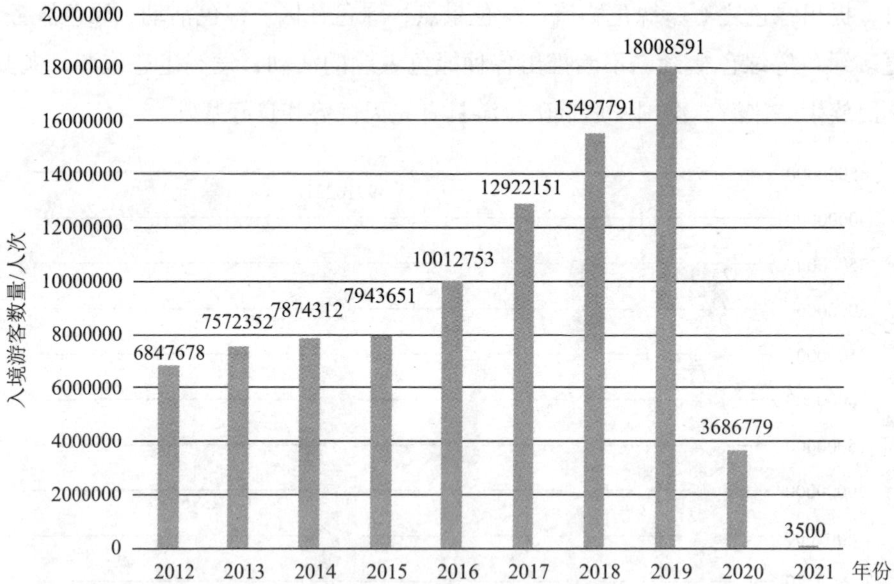


**图 7.8　2012—2021 年越南入境游客**

（数据来源：ASEAN https://data.aseanstats.org/）

三是政府较为重视。越南党中央委员会指出：可持续发展的目标与基本观点主要是在保护生态环境的同时，合理使用资源进行发展，两者达到平衡；越南政府颁布实施《环境保护法》《旅游法》，强调发展旅游必须从合理结合现代与将来的需求两个角度出发；旅游发展要稳定，并保证经济社会环境的和谐发展。根据可持续生产消费的理念，越南政府着重推动 ISO 14000 环境管理系列标准的执行和清洁生产的实施。越南具有森林、海洋、河流、山、沙滩、湖、瀑布等丰富的生态资源，发展低碳旅游，基础好，潜力大。

### （二）中国—东盟国家区域发展低碳旅游的认知

本研究通过调查问卷对低碳旅游认知、低碳旅游行为意向以及低碳旅游实施进行调查。（见附录 2）问卷主要内容有 4 个方面，1—3 题是样本人口学特征，4—8 题是低碳旅游认知调查，9—19 题是低碳旅游行为意向调查，20—23 题是发展低碳旅游相关内容调查。由于新冠疫情影响，与上文中国—

东盟国家区域发展低碳经济的认知调查问卷一道，通过问卷星和邮件的形式发放问卷，共收集到415份有效问卷。发放问卷时间从2021年3月26日开始，同年4月20日结束。

从区域来看，填写此次问卷的受调查者62.32%来自我国，13.08%来自泰国，12.11%来自越南，9.39%来自柬埔寨，3.1%来自其他国家/区域。从年龄上看，受调查者主要集中在18—40岁。从受教育程度来看，文化程度集中在大学及以上。

从低碳旅游了解情况（如图7.9）可以看出，60.5%的受调查者都只是听说过，不怎么了解；了解的受调查者只有6%，由此可知，对低碳旅游了解的人并不多。63.5%的受调查者都是从媒体了解到低碳旅游，15.5%是通过身边人了解到，19.5%是通过环保机构了解到，由此可知，媒体在宣传低碳旅游方面占据比较重要的地位（如图7.10）。在旅游发展的宣传工作中，媒体可以充分发挥作用，让更多的社会大众了解到低碳旅游，从而有利于低碳旅游的发展。但是对碳排放关注的人为少数，有87.5%的受调查者只是偶尔关注，只有4.5%的受调查者很关注，由此可知，大家对碳排放关注度不高，所以在旅游过程中较难想到可以用自己的行动减少$CO_2$排放量（如图7.11）。这也是大众不够了解导致的，需要各方多加宣传，提高大家对碳排放的关注度。有79.5%的受调查者认为低碳旅游在一定程度会影响正常的旅游活动，可知受调查者对低碳旅游还存在着一定的担忧，因此需要各方共同努力，让旅游者真正了解低碳旅游，并积极参与到低碳旅游的活动中。有72%的受调查者愿意了解低碳旅游的相关知识，27.5%的受调查者选择可以考虑（如图7.12）。71.5%的受调查者愿意实践低碳旅游的活动，28.5%表示可以考虑（如图7.13）。可知绝大部分受调查者还是愿意了解并在旅游过程中实践低碳旅游的，这为中国—东盟国家区域低碳旅游的发展提供了比较好的基础。

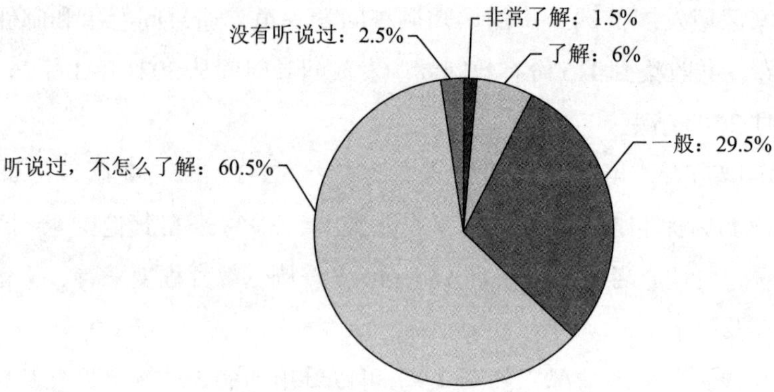


图 7.9　低碳旅游认知情况

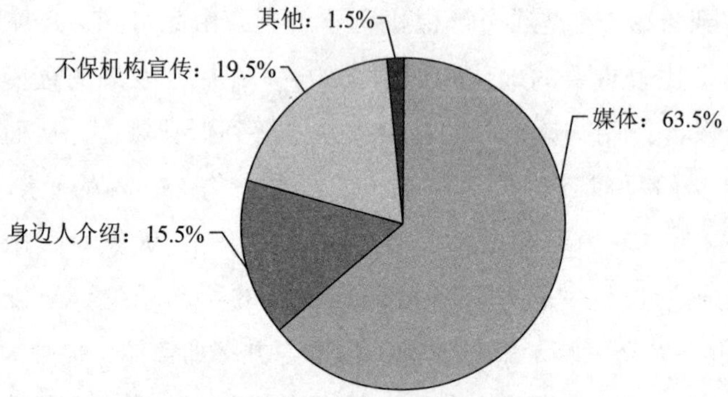


图 7.10　了解低碳旅游的途径

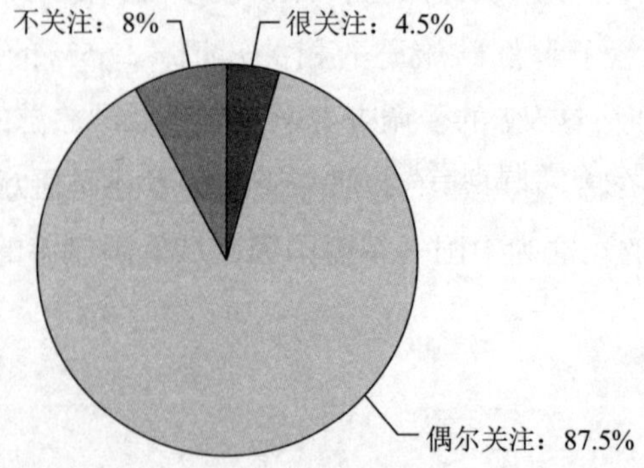


图 7.11　关注碳排放的情况

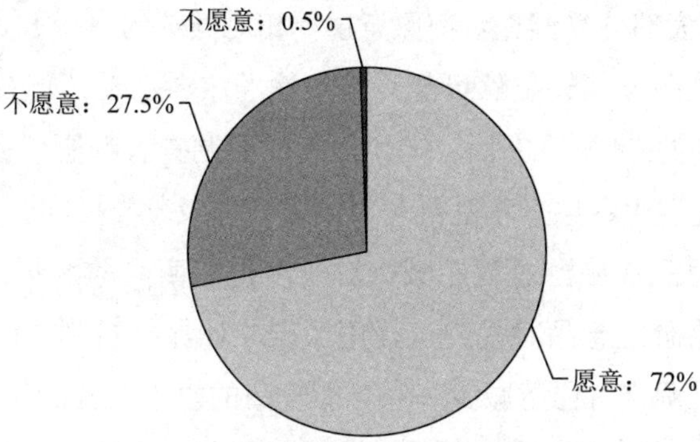


图 7.12　了解低碳旅游相关知识的意愿

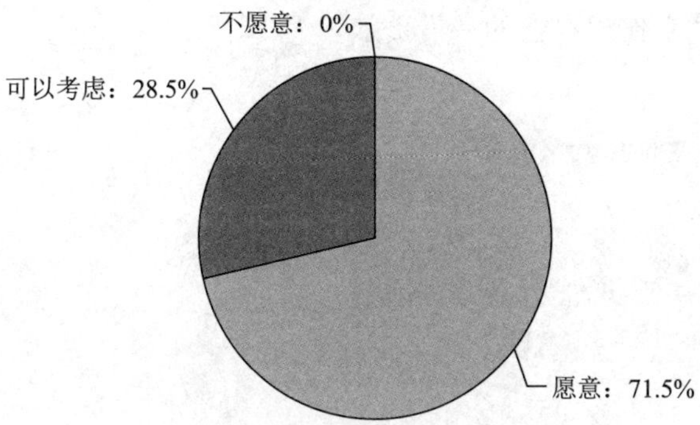


图 7.13　低碳旅游实践的情况

低碳旅游行为意向调查，主要从吃、住、行、游、购、娱六个方面进行调查。“吃”方面，86% 的受调查者选择了愿意选择低碳饮食，14% 选择了可以考虑（如图 7.14）。可知绝大部分受调查者都是愿意在旅游活动过程中选择相对低碳的饮食方式的，如选择应季以及当地的果蔬等食材，少吃烧烤。“住”方面，85% 的受调查者愿意选择相对低碳的住宿方式，如经济型酒店和民宿等，15% 选择可以考虑（如图 7.15）。80% 以上的受调查者都愿意暂时不使用空调、电视等电器时主动关闭，并且愿意减少更换被单和毛巾的次数。可知绝大部分受调查者愿意在住宿方面做出一些力所能及的减少二氧化碳排放量的行动。“行”方面，选择徒步的受调查者有 27.5%，选择自行车、公交车/大巴、新能源汽车的调查者都是90% 以上，有 73% 的调查者选择火车（如

图 7.16）。可知大部分受调查者都愿意选择相对低碳的出行方式，还有受调查者愿意选择徒步的方式，虽然可能只是短途的旅游活动，但是对促进低碳旅游发展也是有利的。“游”方面，90% 以上的受调查者都愿意在旅游过程中维护旅游地的环境卫生；愿意不乱扔垃圾，做好垃圾分类。“购”方面，80% 以上的受调查者愿意在旅游过程中减少对过度包装商品的购买，69.5% 的受调查者愿意购买旅游纪念品时优先选择用低碳、环保材料制作的纪念品。“娱”方面，59% 的受调查者愿意减少一些耗能较高的娱乐设施的使用，如摩天轮、水上游乐设施等，40% 的受调查者选择可以考虑。从这六个方面的调查中可知，绝大部分的受调查者都十分愿意在旅游活动过程中选择一些比较低碳的行为方式，以此来作出自己的一份贡献。

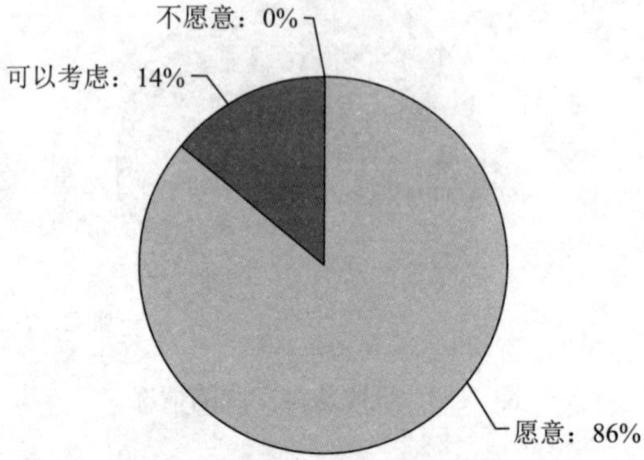


图 7.14　选择低碳饮食的意愿

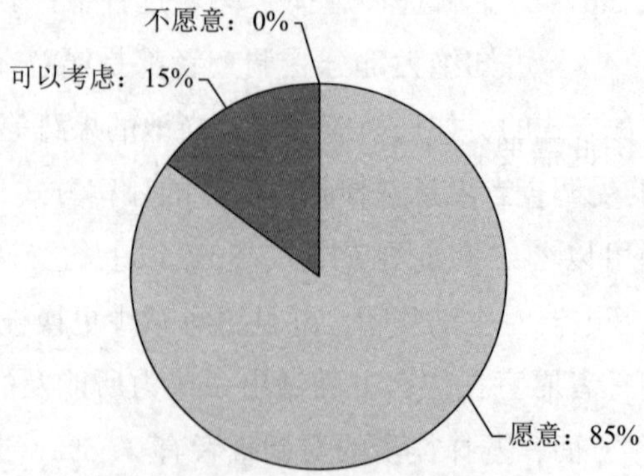


图 7.15　选择低碳住宿的意愿

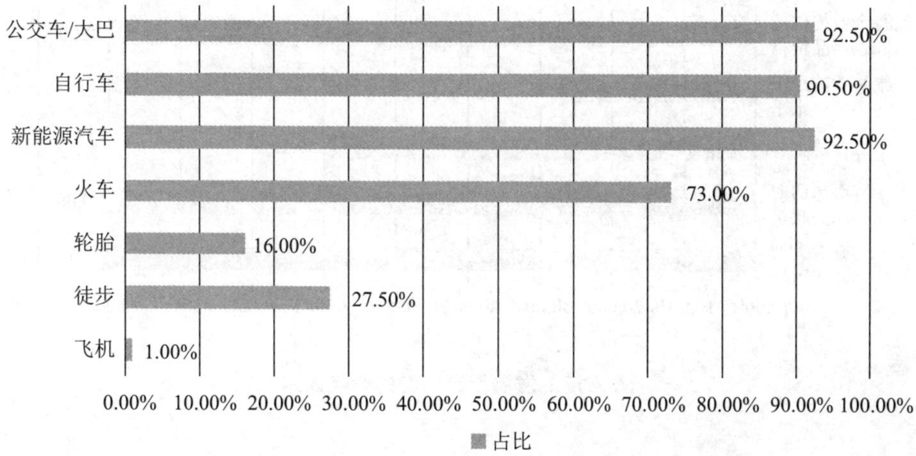


**图 7.16　低碳旅游的出行方式**

发展低碳旅游方面。关于发展低碳旅游过程中哪些方面是比较重要的问题，政府政策、旅游企业低碳产品的价格和旅游者的低碳意识等三个方面都有 90% 以上的受调查者选择，说明可以重点从这三方面采取针对性措施。59.5% 的受调查者选择了媒体宣传，因此媒体的宣传也是不可忽视的。还有 27.5% 的受调查者选择旅游者的经济水平。（如图 7.17）有 87% 的受调查者认为应该大力发展低碳旅游。（如图 7.18）针对发展低碳旅游的难点在哪里，86.5% 选择了低碳技术研发能力的限制，85% 选择了没有相关的法律保障，79.5% 选择了政策不够完善，78% 选择了需要巨额资金的投入，59.35% 和 50.32% 的受调查者分别选择了没有示范区起带头作用和低碳旅游的观念与旅游的享受性存在冲突。（如图 7.19）可以看出，受调查者认为发展低碳旅游的难点是多方面的，因此需要各方共同努力克服难点。针对可以通过哪些措施加速低碳旅游建设进程，每一个选项都有 70% 以上的受调查者选择，因此可以通过提高研发投入、发展低碳产品、建立健全法律保障、完善相关的政策、确立低碳旅游示范区、培养游客的低碳意识、开发低碳的旅游设施等举措推动中国—东盟国家区域低碳旅游的发展。（如图 7.20）

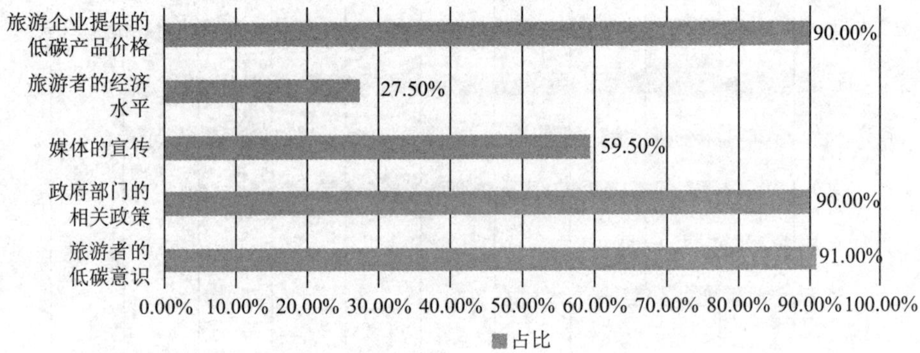


图 7.17　发展低碳旅游的影响因素

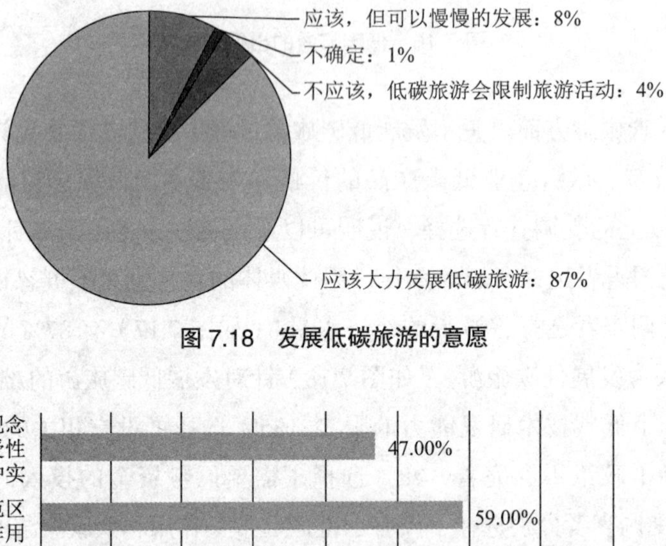


图 7.18　发展低碳旅游的意愿

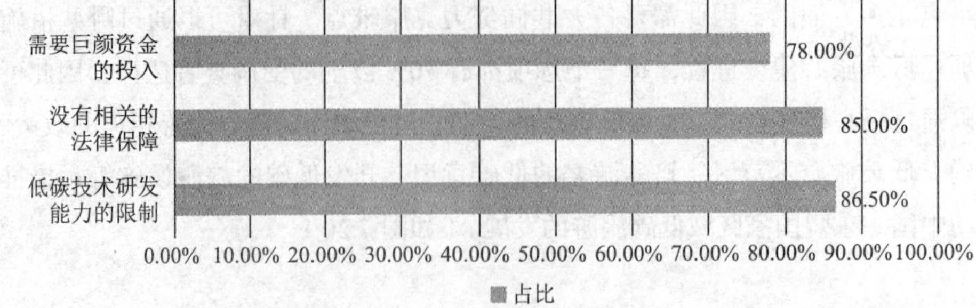


图 7.19　发展低碳旅游的难点

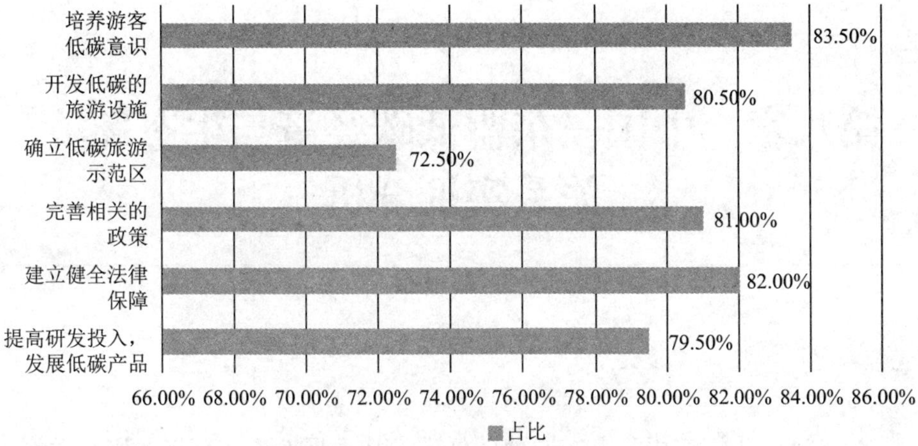


**图 7.20　发展低碳旅游的措施**

## （三）中国—东盟国家区域发展低碳旅游存在的问题

中国—东盟国家区域拥有较好的低碳旅游发展基础。通过问卷分析可知，大部分受调查者愿意了解低碳旅游并愿意践行低碳旅游。与此同时，本区域发展低碳旅游亦存在一定的问题。一是碳排放量高，人们的低碳旅游认知尚须提高。由问卷调查可知，60% 以上受调查者认为不怎么了解低碳旅游，因此短时间改变消费观念，降低碳排放总量有一定挑战。二是技术研发能力的限制，所需资金投入大。由问卷发现，技术研发能力的限制以及需要巨额资金的投入，是发展低碳旅游的难点，旅游的相关企业最主要还是以营利为主，而研发低碳技术投入资金大、短期盈利不明显，由此限制了旅游企业应用低碳技术发展相关的低碳产品。三是缺少低碳示范区起带头作用。中国—东盟国家区域旅游资源丰富，分布较广，但是优势没有充分发挥出来，缺少“领头羊”带领低碳旅游的发展，缺少示范区的带头。四是低碳旅游设施较少。旅游设施涉及整个旅游活动过程，旅游活动的相关设施、旅游出行所需的交通工具、旅游服务的设施等，都是旅游活动过程中的重要依托，这些设施在旅游过程中占据重要的地位，但目前低碳的旅游设施相对较少。五是跨区域协同发展所需的政策和法律保障不足。通过问卷也发现，法律保障和政策支持是非常重要的影响因素，这是目前本区域协同发展的瓶颈。

# 第八章　中国—东盟低碳经济与生态环境关系实证分析

为了进一步探究中国—东盟地区低碳经济发展对生态环境的影响关系，本研究选用2010—2020年中国—东盟十国的低碳经济系统和生态环境系统的相关指标数据建立评价指标体系，引用波动率、契合度谱系图的主要思路，对中国—东盟低碳经济与生态系统的影响关系进行实证分析，探究两个系统之间的发展契合度。

## 一、建立指标体系

本研究借鉴低碳经济与生态环境相关的参考文献，分别从低碳经济系统、生态环境系统各选取了5个指标。（表8.1）

### （一）低碳经济指标

低碳经济是经济发展到一定阶段的产物，是一种新兴的生活方式，不应以降低生活质量的贫困化来换取环境的改善。因此，人均GDP作为衡量人们生活质量的重要指标之一，是低碳经济发展程度的指标。工业实际上是由能源支撑进行生产，以促进整个社会经济的发展，能源和能源结构会影响碳排放，可通过大力发展可再生能源来实现能源转型的调整，进而达到低碳增长的目标。工业增加值和可再生能源消耗占比是一个国家低碳经济发展程度的重要指标。碳生产率是指GDP增长需要以二氧化碳排放量作为代价的程度，二氧化碳排放量是低碳经济发展程度的最终衡量标准。

## （二）生态环境指标

森林覆盖率是衡量一个地区生态环境好坏的一个重要指标，该指标值与生态环境水平呈正相关。根据既有的生态环境研究文献，本研究选取了耕地面积占比和水产养殖产量分别作为土壤生态和水环境的衡量指标。两者与生态环境质量呈正相关关系。中国—东盟国家区域多为典型的农业大国，农业生产是甲烷和一氧化氮（NO）的主要来源之一，而甲烷是导致温室效应的气体之一，一氧化氮的排放显著影响着大气环境和地球生态环境，且甲烷和一氧化氮的排放量与生态环境质量呈负相关关系。

表 8.1　中国—东盟“低碳经济 – 生态环境”契合关系评价指标体系

| 一级指标 | 二级指标 | 指标关系 |
|---|---|---|
| 低碳经济 | 人均 GDP（现价美元） | 正 |
| | 可再生能源消耗占比（占最终能源消耗总量的百分比） | 正 |
| | 碳生产率 | 正 |
| | 工业增加值（占 GDP 的百分比） | 负 |
| | 二氧化碳排放量（千吨） | 负 |
| 生态环境 | 森林覆盖率（占土地面积的百分比） | 正 |
| | 耕地面积占比（占土地面积的百分比） | 正 |
| | 水产养殖产量（公吨） | 正 |
| | 甲烷排放量（千吨二氧化碳当量） | 负 |
| | 一氧化氮排放量（千吨二氧化碳当量） | 负 |

## （三）数据来源

为了科学严谨地评价中国—东盟各国低碳经济与生态环境发展的契合度及相互影响程度，保证数据来源的可靠性和准确性，本研究所用数据均来自世界银行（https://data.worldbank.org.cn/）所发布的最新数据。

## （四）研究方法

### 1. 数据处理及波动率计算

本研究采用波动率的计算公式来评价各指标的发展程度，取系统中 5 项指标发展程度的平均值作为该系统的综合波动率。具体公式为：

$$V = \frac{X_{ij} - X_{ij-1}}{X_{ij-1}}, \tag{8.1}$$

$$E_{xj} = \frac{\sum_{j=1}^{n} \pm V_{ij}}{n}。 \tag{8.2}$$

公式（8.1）中，$V$ 为各指标值的波动率，$X_{ij}$ 某指标某年的值；公式（8.2）中 $E$ 为该系统 2010—2020 年间的综合波动率，正向指标的波动率相加（+），减去负向指标的波动率（-），$n$ 为第 $n$ 年。

### 2. 构建契合度谱系图

为了准确测度低碳经济系统对生态环境系统的影响程度以及两者之间的契合度，在此引入契合度计算公式，计算公式为：

$$I = \frac{E_{xj}}{E_{yj}}。 \tag{8.3}$$

公式（8.3）中，$I$ 表示低碳经济系统对生态环境系统的影响指数，即两者间的契合度，$E_{xj}$ 为低碳经济系统的综合波动率，$E_{yj}$ 为生态环境系统的综合波动率。

本研究参考已有研究所采用的契合程度评价数值范围，并结合实际进行一定程度的修改，使其更符合本研究的两个子系统和评价指标的性质。本研究“低碳经济 - 生态环境”契合度情况分为引领、完全契合、高度契合、中度契合、低度契合和不契合，其中“引领”的数值范围是 $I>1$ 或者当低碳经济综合指数为正向而生态环境系统指数为负数时，“完全契合”的数值范围是 $I=1$，“高度契合”的数值范围是 $0.8 \leqslant I<1$，“中度契合”的数值范围是 $0.3 \leqslant I<0.8$，“低度契合”的数值范围是 $0<I<0.3$，“不契合”的数值范围是 $I \leqslant 0$。

## 二、中国低碳经济与生态环境实证分析

### （一）实证结果分析

从时间序列来看（见表 8.2 和图 8.1），2010—2020 年间我国的低碳经济近年来一直处于小幅波动的状态，波动率在 2014 年达到峰值 0.04731。生态环境在这 11 年间也一直处于小幅波动状态，波动区间稳定在 -0.00847~0.01460 之间，其中 2010、2011 和 2018 年处于负增长状态，2014—2016 年间处于正向提升状态，其中 2016 年的波动率达到峰值 0.01460。

从契合度来看（见表 8.2 和图 8.2），在 2010—2020 年间我国的低碳经济均处于引领状态，低碳经济处于正向提升状态，生态环境在大趋势上也有所提升，形成协同发展的良性局势。

结合我国的国家概况，我国长期以来坚持走绿色发展的道路，在 2010—2020 年间，我国的生态环境在大趋势上有所提升，其中森林面积波动率一直为正，耕地波动率一直为负，这与我国长期以来坚持的退耕还林政策有密切关联。我国的煤炭储备相对其他国家来说资源丰富，所以我国的社会经济发展能源使用多以煤炭为主要原料，在工业发展时期，一氧化氮和甲烷的排放量长期呈正增长趋势，一氧化氮排放量在 2017 年开始逐步下降。

### （二）契合度现状分析

2010 年 7 月，国家发展改革委发布了《关于开展低碳省区和低碳城市试点工作的通知》，确立了包括广东、辽宁、云南、天津、重庆、深圳等 5 省 8 市为首批低碳试点，可再生能源消耗量出现阶段性降低。自 2011 年起，低碳技术提升显著，交通运输部在天津、重庆、深圳、厦门、杭州、南昌、贵阳、保定、武汉、无锡 10 个城市开展了首批低碳交通运输体系建设城市试点。从建设低碳交通基础设施到推广应用低碳型交通运输设备，低碳逐渐深入到我们的交通出行领域，时至今日，共享交通工具在各城市街道随处可见。2013 年，深圳启动了全国首个碳交易市场。深圳是全国 7 个碳排放权交易试点城

表 8.2 我国“低碳经济 – 生态环境”契合度关系

| 年份 | 2010 | 2011 | 2012 | 2013 | 2014 | 2015 | 2016 | 2017 | 2018 | 2019 | 2020 |
|---|---|---|---|---|---|---|---|---|---|---|---|
| 低碳经济波动率 | 0.01547 | 0.03908 | 0.04685 | 0.03257 | 0.04731 | 0.04279 | 0.01805 | 0.03464 | 0.03780 | 0.01997 | 0.01469 |
| 生态环境波动率 | −0.00790 | −0.00847 | 0.00520 | 0.00087 | 0.00083 | 0.00115 | 0.01460 | 0.00373 | −0.00036 | 0.00580 | 0.00277 |
| 契合度指数 | −1.95830 | −4.61065 | 9.00788 | 37.24946 | 56.44719 | 36.89479 | 1.23633 | 9.26766 | −103.78846 | 3.43985 | 5.28806 |
| 结论 | 引领 | 引领 | 引领 | 引领 | 引领 | 引领 | 引领 | 引领 | 引领 | 引领 | 引领 |

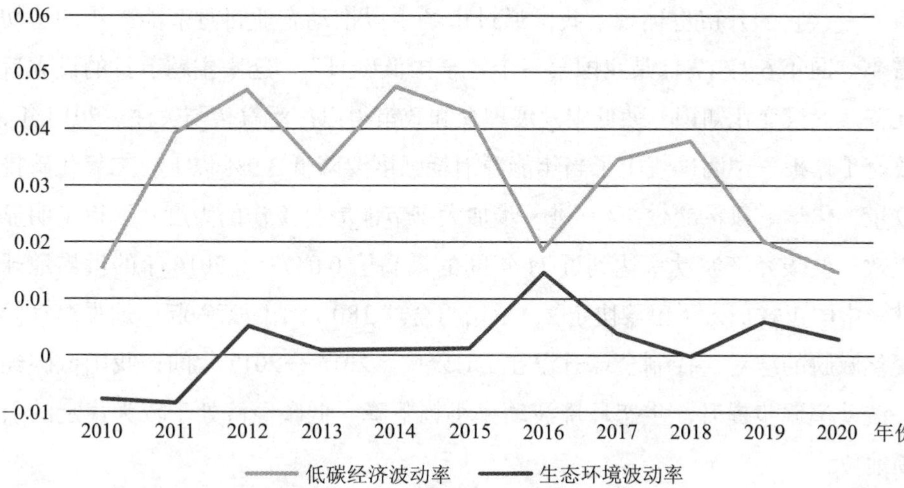


**图 8.1　我国“低碳经济 – 生态环境”契合度谱系**

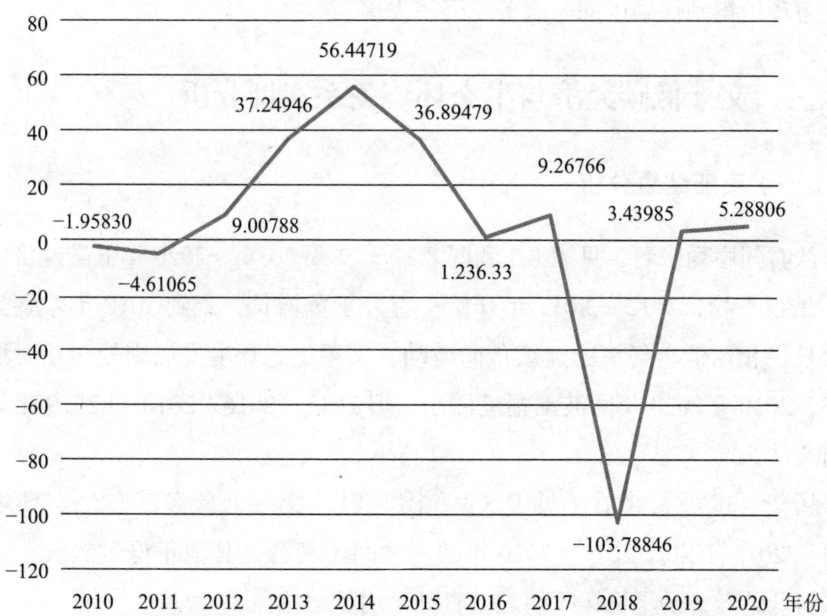


**图 8.2　我国“低碳经济 – 生态环境”契合度指数**

市之一，它的开市也体现了我国通过市场手段推动企业自觉节能减排的迫切需要，同年6月17日是我国第一个“全国低碳日”，这一主题节日的设立旨在普及气候变化知识，使低碳发展理念和政策得以广泛宣传与关注。2014年，政府工作报告中明确规定了当年能源消耗强度要降低3.9%以上，二氧化硫排放量、化学需氧量减少2%，进一步加大了节能减排工作的力度，取得了明显成效，低碳经济波动率达到近11年间的最高值0.04731。2016年的世界地球日，中国正式加入《巴黎协定》，承诺与全球180余个国家一起，加强对气候变化威胁的应对，控制全球升温在2℃以内。2016—2017年间，我国低碳经济波动率逐步提升，生态环境波动率小幅下降，低碳经济处于较为稳定的引领地位。

综上，在工业发展初期，发展中国家的经济发展往往以生态环境的破坏为代价，政府的宏观干预对调节好低碳经济与生态环境的关系具有积极作用，在生态环境得到保障的同时服务于经济发展。

## 三、文莱低碳经济与生态环境关系实证分析

### （一）实证结果分析

从时间序列来看（见表8.3和图8.3），文莱2010—2020年低碳经济的波动不是很平稳，2012—2017年开始一直处于负增长，直到2018年才翻盘为正增长。相比低碳经济的连续负向波动，文莱生态环境发展则处于相对稳定状态，2010—2020年间波动幅度微小，但2012、2016、2018和2019年呈现负向波动。

从契合度分析来看（见表8.3和图8.4），文莱低碳经济和生态环境在2013—2015年以及2017、2020年两者之间不契合，其他年份虽然没有契合关系但低碳经济的平稳运行使之一直处于引领地位。

表 8.3　文莱“低碳经济－生态环境”契合度

| 年份 | 2010 | 2011 | 2012 | 2013 | 2014 | 2015 | 2016 | 2017 | 2018 | 2019 | 2020 |
|---|---|---|---|---|---|---|---|---|---|---|---|
| 低碳经济波动率 | 0.14014 | 0.11182 | −0.08669 | −0.01025 | −0.01107 | −0.04466 | −0.06822 | −0.00369 | 0.01933 | 0.02406 | −0.15286 |
| 生态环境波动率 | 0.01501 | 0.00886 | −0.01060 | 0.01001 | 0.06161 | 0.08087 | −0.01126 | 0.13870 | −0.05353 | −0.04036 | 0.52947 |
| 契合度指数 | 9.33147 | 12.61098 | 8.17740 | −1.02416 | −0.17975 | −0.55226 | 6.05381 | −0.02665 | −0.36119 | −0.59606 | −0.28871 |
| 结论 | 引领 | 引领 | 引领 | 不契合 | 不契合 | 不契合 | 引领 | 不契合 | 引领 | 引领 | 不契合 |

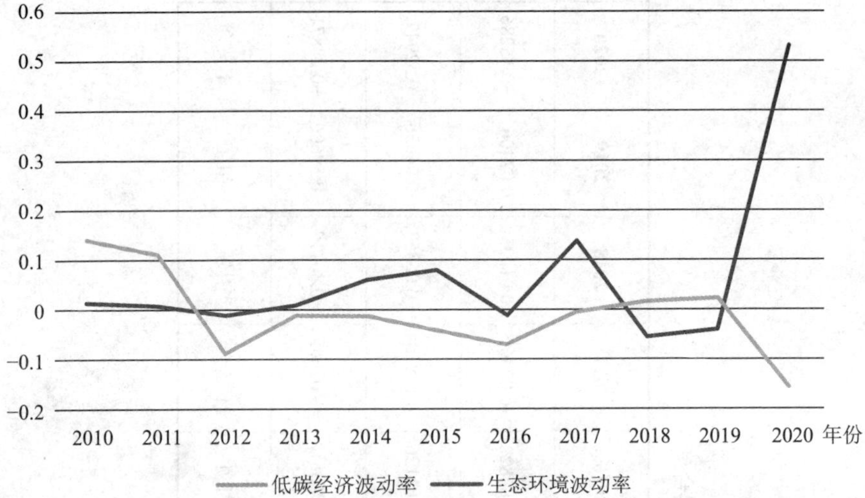


**图 8.3　文莱“低碳经济 – 生态环境”契合度谱系**

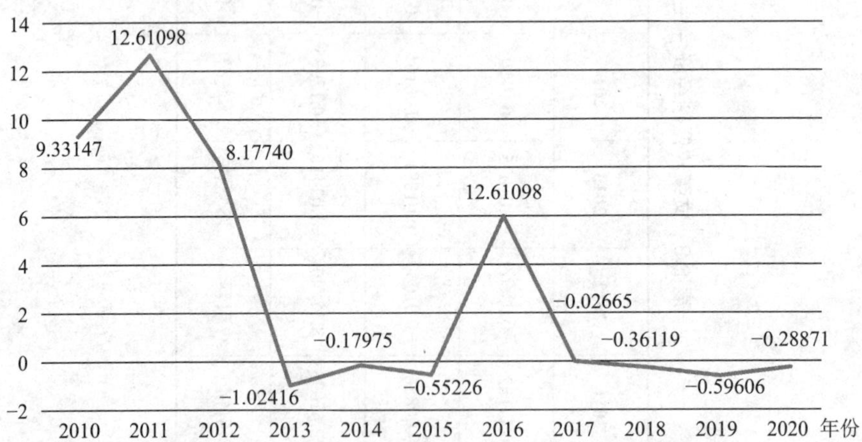


**图 8.4　文莱“低碳经济 – 生态环境”契合度指数**

## （二）契合度现状分析

2010 年，在国际经济逐步回暖的大背景下，文莱克服国际金融危机的影响，经济出现逐步复苏的局面，因此 2010 年和 2011 年文莱低碳经济发展势头较好，波动均实现超过 0.1% 的正向波动，这两年文莱的低碳经济能够引领生态环境的发展。2012 年是文莱实施第十个国家发展规划的第一年，该规划主要是为推动文莱经济重心从油气产业转移，摆脱单一经济束缚，实现经济多元化发展。所以近年来文莱政府大力发展油气下游产业、非油气产业、伊斯兰金融及清真产业、物流与通信科技产业、旅游业等，加大对农、林、渔业以及基础设施建设投入，积极吸引外资，推动经济向多元化方向发展。在这种经济导向下，文莱的低碳经济本应该有所发展，但由于文莱依靠油气作为经济支柱的格局没有变化，国际油价的不断下滑导致文莱对外贸易效益不佳，经济受到极大影响。据文莱经济策划发展局于 2017 年 3 月 30 日发表的数据，2013、2014、2015 和 2016 年文莱经济分别萎缩了 1.8%、2.3%、0.6% 和 2.5%。因而在这种情况下，文莱低碳经济的波动也受到了影响，连续 4 年出现负向波动，从而限制了低碳经济的发展速度。2017 年，文莱初级资源与旅游部部长在第 13 届立法会议上表示，将加大发展第一产业的力度，提高农业、渔业和林业部门的产值，力争到 2020 年对 GDP 的贡献率达到约 4%~5%（2015 年约为 1%）。在此契机下，低碳经济在 2018 年摆脱连续 5 年的负向波动，实现了正向增长。

生态环境方面，文莱对森林的保护做到了极致，一直保持森林覆盖率 70% 以上，实行“砍一棵树，种四棵树”的政策以及每年 10 万立方米限额伐木政策。文莱近年来为打造低碳生活、应对气候变化制定了十大策略：减少工业排放并制定国家长期工业减排目标；增加森林覆盖率，目标是到 2035 年完成种植 50 万棵树木；普及电动汽车，减少陆路交通碳排放量；利用可再生能源，打造区域可再生能源发展中心；加强电源管理，提高能源效率，减少电力部门的碳排放；等等。这一系列的措施都为生态环境良好发展作出了积极的贡献，因此文莱生态环境每年波动率都较为平稳，为可持续发展提供了一个稳定的发展环境。

通过以上分析，可以看出文莱经济以石油、天然气为支柱产业，经济结构单一且高度依赖石油、天然气出口，非油气产业并不发达。为摆脱经济过分依赖石油、天然气，文莱政府采取了一系列的刺激政策和措施促进经济多元化发展，打造可持续发展环境。未来应加大低碳经济的发展力度，早日实现与生态环境的高度契合。

## 四、柬埔寨低碳经济与生态环境关系实证分析

### （一）实证结果分析

从时间序列上看（见表 8.4 和图 8.5），柬埔寨低碳经济从 2014 年开始一直处于经济下行阶段，连续 4 年出现负增长，直到 2018 年才恢复正向波动，但波动率才 0.008，近乎接近 0，且 2019 年又开始负增长，可见柬埔寨低碳经济发展不平稳。而柬埔寨的生态环境数年间波动幅度微小且都是呈正向波动趋势，说明每年的生态环境都有所好转，处于低速稳定好转的状态。

从契合度来看（见表 8.4 和图 8.6），柬埔寨的低碳经济与生态环境之间在 2012、2013 和 2018 年有一定的契合关系，2011 年低碳经济对当年生态环境有一定的引领作用。由于柬埔寨低碳经济在下滑而生态环境保持低速发展，导致其余年份均没有契合关系。

### （二）契合度现状分析

柬埔寨经济以农业为主，工业比重低于农业和服务业，工业基础薄弱且结构单一，仅成衣业和建筑业发展较快，而制造业、电子信息等产业则处于起步阶段，因此柬埔寨的经济发展水平总体过低，这也直接影响了低碳经济的发展水平和速度。

2006 年，柬埔寨政府批准实行《国家发展战略计划 2006—2010》（NSDP 2006—2010），主要目的是消除贫困及提升国家经济增长率。由于 2008 年爆发的全球金融危机导致柬埔寨出口的需求大幅减缓，为推动各领域经济进一步发展，实现新千年发展目标，2010 年柬埔寨政府公布了《2009—2013 年国家战略计划（修正案）》，希望在 2013 年实现人均 GDP 达到 964 美元的目标。

表 8.4　柬埔寨“低碳经济 – 生态环境”契合度

| 年份 | 2010 | 2011 | 2012 | 2013 | 2014 | 2015 | 2016 | 2017 | 2018 | 2019 | 2020 |
|---|---|---|---|---|---|---|---|---|---|---|---|
| 低碳经济波动率 | −0.01550 | 0.02996 | 0.00511 | 0.01806 | −0.06136 | −0.07729 | −0.09608 | −0.03170 | 0.00888 | −0.11327 | −0.04021 |
| 生态环境波动率 | 0.03825 | 0.01407 | 0.01405 | 0.03519 | 0.06336 | 0.02137 | 0.03975 | 0.00703 | 0.04217 | 0.03926 | 0.05966 |
| 契合度指数 | −0.40538 | 2.12958 | 0.36362 | 0.51343 | −0.96858 | −3.61677 | −2.41700 | −4.50940 | 0.21065 | −2.88457 | −0.67407 |
| 结论 | 不契合 | 引领 | 中度契合 | 中度契合 | 不契合 | 不契合 | 不契合 | 不契合 | 低度契合 | 不契合 | 不契合 |

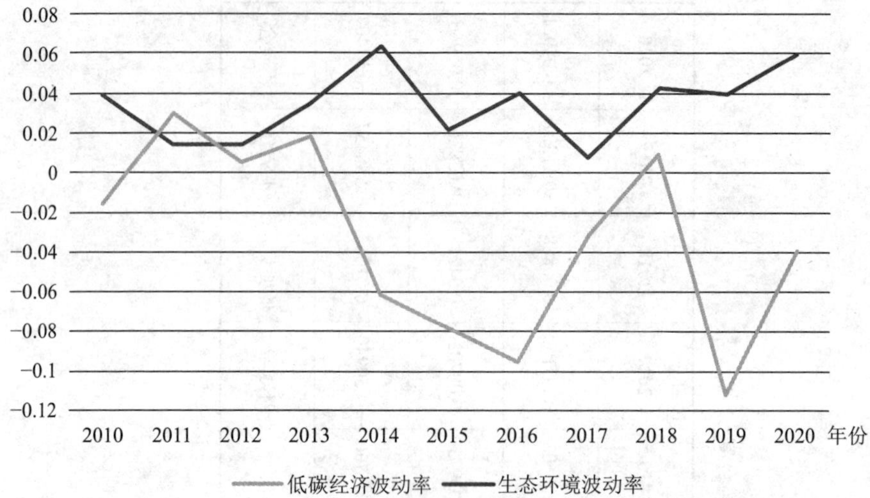


图 8.5　柬埔寨“低碳经济 – 生态环境”契合度谱系

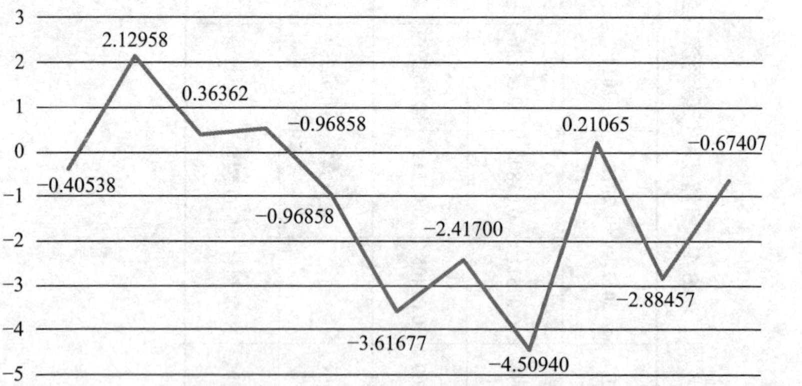


图 8.6　柬埔寨“低碳经济 – 生态环境”契合度指数

在全球经济回暖、欧美市场需求逐渐复苏的背景下，2010 年柬埔寨传统支柱性产业——制衣业取得不错的发展，但由于当年二氧化碳排放量波动率高于碳生产率的波动率，加上可再生能源消耗波动率为负向波动，因此 2010 年低碳经济最终呈负向波动，与正向波动的生态环境之间没有契合关系。

由于2011年柬埔寨进出口总额114.78亿美元，同比增长38%，成为拉动经济增长的引擎，低碳经济波动率也借此得以高于生态环境的波动率，因此对生态环境发展具有一定的引领作用。为进一步扩大国家经济基础，加快国家经济发展，柬埔寨政府先后制定《柬埔寨愿景2030》、《国家发展战略计划2014—2018》（NSDP2014—2018）、《2015—2025年国家工业发展政策》（IDP 2015—2025）等一系列发展工业以寻找新的经济增长点，提高经济生产力的计划。这些计划的实施明显地促进了柬埔寨工业的发展，通过数据分析可知，柬埔寨的工业增加值占GDP增加值比例由2009年的21.66174%提高到2020年的34.56006%。工业增加值比例的不断提高限制了低碳经济的发展，因此在2014—2017年间低碳经济一直处于负向波动的态势，与生态环境完全没有契合的关系。

生态环境方面，柬埔寨虽然2010—2020年间生态环境都呈正向波动态势，但事实是森林面积一直在减少。数据显示，柬埔寨的森林覆盖率由2009年的60.09748%一直下降到2020年45.70796%，这可能是由于城市化进程的加快、农业发展以及商业砍伐等原因造成的。

通过以上分析，可以看出柬埔寨目前还处于经济发展的基础阶段，经济发展的重心仍在于提高生产力，提升综合国力的竞争力，低碳经济的发展力度不足，因此柬埔寨低碳经济发展一直没有太大的起色。加上柬埔寨城市化进程加快和森林砍伐导致森林面积一直在减少，生态环境没有得到很好的维护。因此，未来柬埔寨在发展经济的时候应该注重低碳经济的发展，加强对生态环境的保护，争取早日实现低碳经济与生态环境的高度契合。

## 五、印度尼西亚低碳经济与生态环境实证分析

### （一）实证结果分析

从时间序列来看（见表8.5和图8.7），2010—2020年间印度尼西亚的低碳经济波动起伏较大，由2010年的0.13408下降到2020年的0.05074，其中自2011年起便呈倒“W”形发展，虽然在此期间曾先后于2013、2020年出

表 8.5 印度尼西亚“低碳经济－生态环境”契合度

| 年份 | 2010 | 2011 | 2012 | 2013 | 2014 | 2015 | 2016 | 2017 | 2018 | 2019 | 2020 |
|---|---|---|---|---|---|---|---|---|---|---|---|
| 低碳经济波动率 | 0.13408 | −0.01581 | 0.01157 | 0.05308 | −0.02646 | −0.01709 | 0.04610 | −0.01283 | −0.04165 | −0.01479 | 0.05074 |
| 生态环境波动率 | 0.06357 | 0.03385 | 0.03277 | 0.07822 | −0.00107 | 0.01826 | 0.01174 | −0.01763 | −0.02354 | −0.00640 | −0.01560 |
| 契合度指数 | 2.10926 | −0.46711 | 0.35317 | 0.67862 | 24.58002 | −0.93578 | 3.92445 | 0.72816 | 1.76871 | 2.30751 | −3.25148 |
| 结论 | 引领 | 不契合 | 中度契合 | 中度契合 | 引领 | 不契合 | 引领 | 中度契合 | 引领 | 引领 | 引领 |

现两次波峰，但均未能超过 2010 年的峰值，到 2018 年更是直达波谷，表明近年来，印度尼西亚的低碳经济发展一直处于明显下降趋势。而印度尼西亚的生态环境虽然也呈下降趋势，但整体相对稳定，波动幅度较小，只在 2013 年出现一次明显的增长波峰值 0.07822，随后便趋于相对平稳状态。

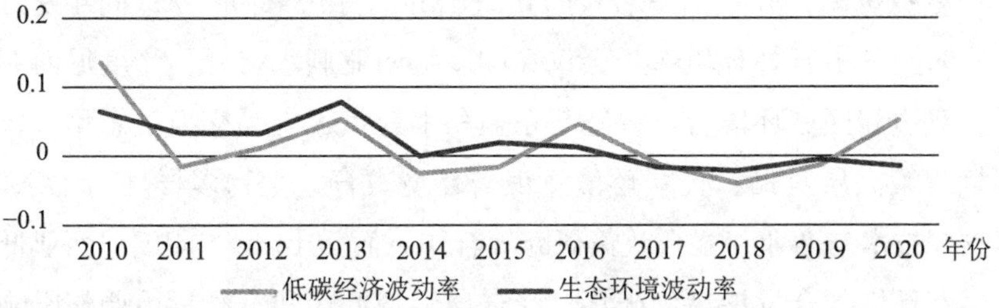


**图 8.7　印度尼西亚"低碳经济 – 生态环境"契合度谱系**

从契合度来看（表 8.5 和图 8.8），印度尼西亚的低碳经济与生态环境 2011、2015 年处于不契合状态，2012、2013 和 2017 年为中度契合，其他年份低碳经济处于引领地位。

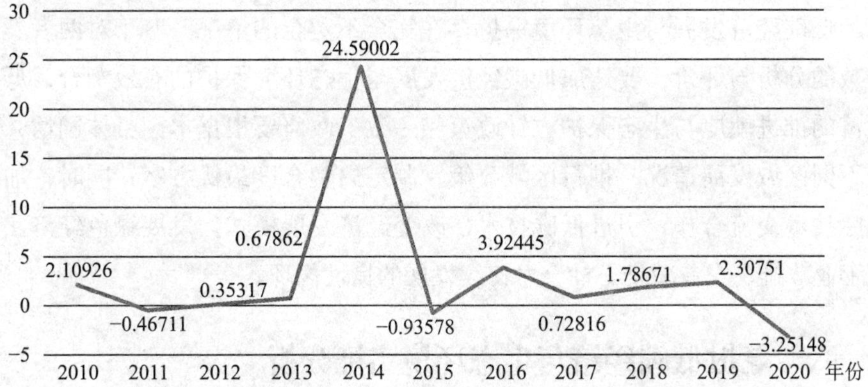


**图 8.8　印度尼西亚"低碳经济 – 生态环境"契合度指数**

### （二）契合度现状分析

从国情上分析印度尼西亚低碳经济与生态环境契合、不契合的发展情况，

2012、2013 和 2017 年是两者发展较为契合的三年，2013 年印度尼西亚国内形势良好，推出一系列经济政策刺激中小型企业，使得其经济增长率在 G20 国家中稳居第二，并积极活跃外交关系，尤其与东盟各国合作关系中影响巨大。2013 年 6 月，印度尼西亚政府就雾霾以及空气污染问题，与邻国共同设立治理雾霾机制，并承诺签署《防止跨国界烟雾污染协议》；同年 9 月，第十二届东盟—中日韩环境部长会议在印度尼西亚泗水召开，印度尼西亚环境部长就双边和区域环境合作议题与东盟秘书处负责人等交换了意见，旨在加强环境政策高层对话、公众环境意识与环境教育、生物多样性与生态保护、环境友好技术与产业、联合政策研究等合作。而 2014 年，印度尼西亚低碳经济与生态环境契合发展遭到破坏。受全球经济低迷和美联货币调整影响，印度尼西亚经济出现负增长，无力转变印度尼西亚落后的农业科技，导致耕地流失严重，无法实现粮食自给自足，影响了印度尼西亚的经济发展；同时，国内政党争权风波耗费了大量的人力、物力和财力，导致印度尼西亚政府在发展低碳经济和保护生态方面压力倍增。

综合分析印度尼西亚低碳经济与生态环境契合现状，可以看出印度尼西亚的低碳经济发展与生态环境保护存在完全不契合的情况。鉴于对两者契合系数的分析与评价，要达成低碳经济发展与生态环境保护的有效契合，低碳经济的推进就应与生态保护方针政策相一致。政府要根据本国具体国情，结合不同区域发展情况，推行区域政策，制定出契合度最优方案；同时，加强国际技术交流合作，引进低碳技术，改变经济发展模式，发展绿色经济，实现工业减排、农业减排、社会可持续发展的良性循环。

## 六、老挝低碳经济与生态环境实证分析

### （一）实证结果分析

从时间序列来看（见表 8.6 和图 8.9），2010—2020 年间老挝的低碳经济有 5 年时间处于负增长状态，波动区间处于 -0.29736~0.05624 之间，波动幅度较大，其中在 2015 年出现大幅下降，波动率达到最低仅 -0.29736，此后开

表 8.6　老挝“低碳经济 - 生态环境”契合度关系

| 年份 | 2010 | 2011 | 2012 | 2013 | 2014 | 2015 | 2016 | 2017 | 2018 | 2019 | 2020 |
|---|---|---|---|---|---|---|---|---|---|---|---|
| 低碳经济波动率 | −0.01739 | 0.05624 | 0.01678 | −0.03735 | 0.03156 | −0.29736 | −0.22543 | −0.07389 | 0.00341 | 0.01454 | 0.00128 |
| 生态环境波动率 | −0.01058 | 0.05538 | −0.01873 | −0.00010 | −0.03253 | −0.00590 | −0.00112 | −0.00131 | 0.00952 | −0.01929 | −0.02422 |
| 契合度指数 | 1.64342 | 1.01560 | −0.89605 | 357.54230 | −0.97013 | 50.39980 | 199.56916 | 56.29238 | 0.35898 | −0.75350 | −0.05290 |
| 结论 | 引领 | 引领 | 引领 | 引领 | 引领 | 引领 | 引领 | 引领 | 中度契合 | 引领 | 引领 |

始逐渐回升，但仍连续2年处于负增长状态，直到2018年恢复正向增长状态。而老挝的生态环境在较长时间处于负增长状态，只有2011、2018年是正向增长状态，2011年达到峰值0.05538。

从契合度的角度来看（见表8.6和图8.10），老挝的低碳经济和生态环境契合程度只有在2018年达到中度契合，其他年份低碳经济处于引领地位。

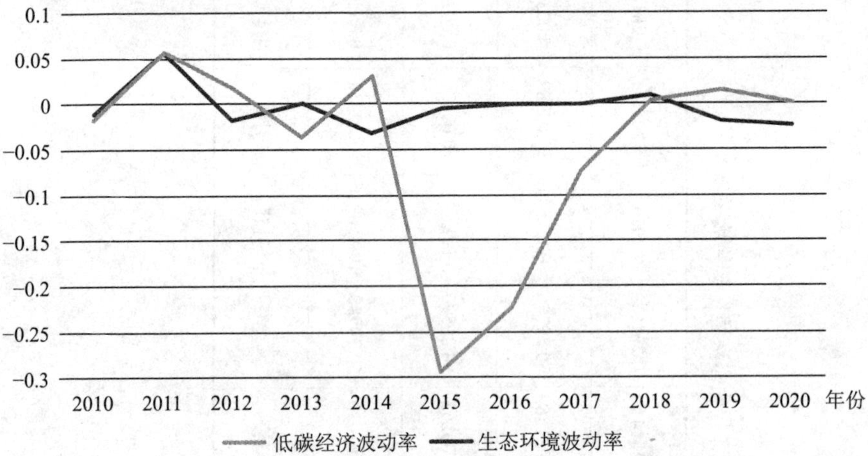


图8.9 老挝“低碳经济－生态环境”契合度谱系

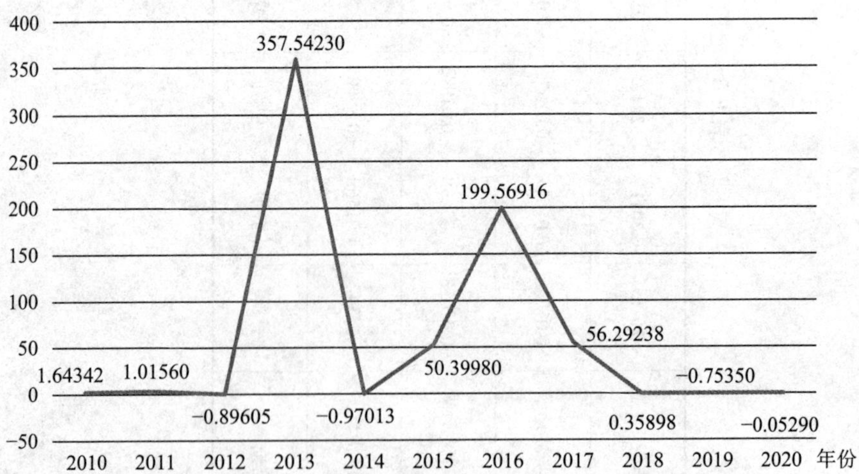


图8.10 老挝“低碳经济－生态环境”的契合度指数

### （二）契合度现状分析

结合老挝的国家概况，老挝由于地处亚洲大陆与东南亚群岛之间陆桥位置，受热带季风气候的影响，终年雨水充足，土壤肥沃，森林资源十分丰富，被誉为“丛林王国”。老挝的森林资源是分布最广和最具重要性的自然资源，但在 2009—2020 年期间，老挝的森林覆盖率占土地面积的比例逐年下降，主要原因则是由于社会经济发展和人口增长等因素共同驱动，其中老挝人民普遍的贫困和游耕或轮垦的农耕活动是老挝森林覆被变化的最主要驱动力。在利益的驱动下，较多的老挝农民和商人从事砍伐树木的走私贸易行为，对森林植被造成了严重的破坏。

2011 年，老挝正式成立政府自然资源与环境部，加大力度对诸多环境问题的治理与规划进行调整，低碳经济与生态环境均呈幅度接近的正向增长，两者达到基本契合。2012 年，老挝颁布了《国家环境标准法令》，开始意识到由上而下地进行生态环境保护的重要性，低碳经济呈现正增长，但由于工业发展需求，一氧化氮和甲烷的排放没有得到有效遏制，导致生态环境呈负增长趋势。2015 年是老挝“七五”计划的收官之年，工业化进程加快，基础设施建设也取得巨大进展。至 2015 年底，老挝机动车保有量近 30 万辆，其中，汽车占比约 70%，一系列变化引发了碳排放量的大幅增加，在 2015 年低碳经济波动率陡降，此后缓慢回升但仍处于负向增长状态，主要由于森林和耕地面积减少，以及一氧化氮和甲烷的排放量未能得到有效管控，难以达到契合状态。

综上，受社会经济发展和人口增长等因素驱动，老挝在发展初期生产方式较为粗放，环境保护工作起步也较晚，这种不可持续的发展模式背后往往潜伏着巨大的危机。因此，要实现经济的健康发展，需要掌握低碳技术，调整能源消费结构，实现产业结构的优化升级。

## 七、马来西亚低碳经济与生态环境关系实证分析

### （一）实证结果分析

从时间序列来看（见表 8.7 和图 8.11），马来西亚低碳经济指标 2010—2020 年间波动率较为平稳，虽然在 2013、2014、2020 年低碳经济波动率为负向波动，但整体呈正向波动且幅度较小，可见马来西亚的低碳经济一直处于低速但较为稳定的增长态势。相比低碳经济的平稳增长，马来西亚生态环境的波动率则是明显在正负波动间反复振荡但波动幅度微小，因此在一定程度上能够说明马来西亚 2010—2020 年生态环境发展也是较为稳定的。

从契合度分析来看（见表 8.7 和图 8.12），马来西亚低碳经济和生态环境在 2013 年、2014 年为低度契合状态，其余年份低碳经济均引领生态环境的发展。

### （二）契合度现状分析

2008 年爆发的世界金融危机对以外向型经济为主的马来西亚冲击很大。以电子产品为主的马来西亚制造业受到严重冲击，进出口贸易出现负增长，直接影响了其 GDP。2010 年，在全球经济普遍好转的情况下，马来西亚经济也随之强势回升，进出口贸易又恢复正增长。同年 6 月 10 日，马来西亚出台第十个五年计划，实行新经济模式促进经济转型。新经济模式的目标之一，就是在不牺牲后代利益的条件下，保持经济的可持续发展，以及通过大力发展替代能源加强国家能源安全。在这种目标引导下，马来西亚 2010—2011 年低碳经济获得较好发展，能够引领生态环境的发展。但受美国经济疲软、欧洲债务危机、日本大地震和泰国洪水灾害等影响，电子等工业产品出口需求萎缩。此外，由于马来西亚政府大力发展服务业，第三产业占比不断提高，2013 年开始工业增加值占比就不如以往，这对于低碳经济的正向波动起到了促进作用，该年份两者处于低度契合状态。

表 8.7　马来西亚“低碳经济 – 生态环境”契合度关系

| 年份 | 2010 | 2011 | 2012 | 2013 | 2014 | 2015 | 2016 | 2017 | 2018 | 2019 | 2020 |
|---|---|---|---|---|---|---|---|---|---|---|---|
| 低碳经济波动率 | 0.05660 | 0.08469 | 0.03903 | −0.01224 | −0.00136 | 0.00143 | 0.08546 | 0.07224 | 0.00127 | 0.02474 | −0.01153 |
| 生态环境波动率 | 0.00714 | −0.02240 | 0.02907 | −0.04834 | −0.02028 | −0.00105 | −0.04374 | 0.01336 | −0.00864 | 0.00211 | −0.00426 |
| 契合度指数 | 7.92597 | −3.78020 | 1.34261 | 0.25319 | 0.06741 | −1.35246 | −1.95386 | 5.40613 | −0.14803 | 11.70320 | 2.70616 |
| 结论 | 引领 | 引领 | 引领 | 低度契合 | 低度契合 | 引领 | 引领 | 引领 | 引领 | 引领 | 引领 |

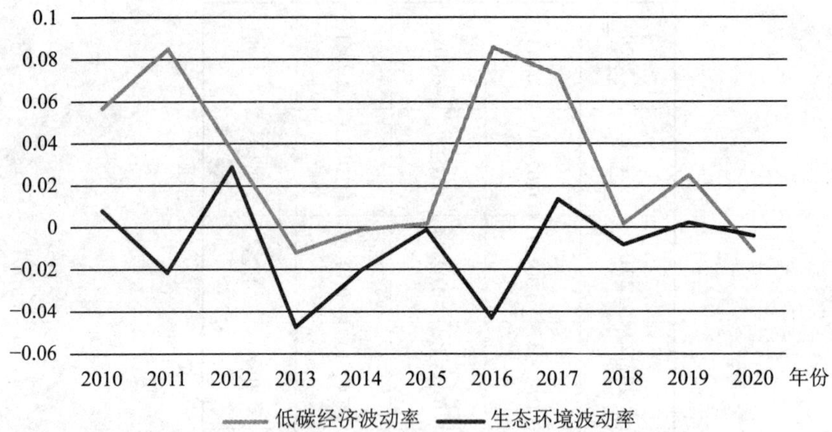


图 8.11　马来西亚“低碳经济 – 生态环境”契合度谱系

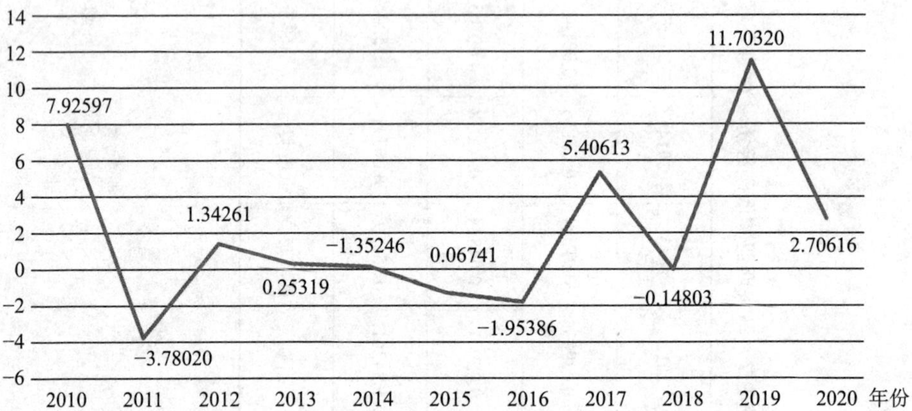


图 8.12　马来西亚“低碳经济 – 生态环境”契合度指数

由于马来西亚传统化石能源储备丰富，资源禀赋决定了马来西亚以石油天然气为主、煤炭为辅的一次能源消费结构。目前，马来西亚的能源发展仍然高度依赖化石能源。2009 年，马来西亚可再生能源消耗占最终能源消耗总量的百分比仅有 2%。为应对日益严重的环境污染，降低温室气体的排放，响应未来清洁能源的发展，马来西亚政府制定了一系列发展可再生能源、降低碳排放的计划目标。马来西亚计划 2005—2020 年期间，使国内二氧化碳排放降低 40%，2030 年之前 GDP 的温室气体排放强度下降 45%。此外，作为东盟主要成员国，要实现 2025 年东盟区域内可再生能源占一次能源供应 23% 的目标。2011 年，马来西亚开始实施上网电价补贴政策，政府通过与使用可再生能源发电的个人或公司签订长期合约，在原本电价之外给发电者若干补贴，来促进可再生能源投资，全面推动国内再生能源发展。随着政府对清洁能源的重视程度越来越高，马来西亚可再生能源消耗占比也在不断提高。虽然比例仍然没有很高，但相比 2009 年占比的 2%，2018 年已达到占比 5%，可见马来西亚 2010—2018 年可再生能源的发展相比之前还是有了很大的进步和提高。

生态环境方面，得益于实行一个多世纪的可持续森林管理（SFM），马来西亚超过一半的国土面积被森林覆盖。森林是马来西亚最重要的自然资源之一，支撑着马来西亚的木材工业。为缓解原始森林的压力，确保森林资源可持续发展，马来西亚政府 2007 年实施了国家森林种植计划（NFPP）。但由于汽车尾气、煤炭和石油开采、生物质燃烧等人为源的排放，致使一氧化氮和甲烷排放量一直不断增加，从而大大影响了生态环境质量。

通过以上分析，可以看出马来西亚低碳经济与生态环境之间的契合度不高，仅有 2 年是有契合关系的。由于马来西亚低碳经济一直处于低速且稳定的发展态势，因此对生态环境发展还是有一定引领作用的。但基于资源情况，马来西亚在此前并未给予可再生能源足够的重视，导致过去 10 年该国的清洁能源发展落后于其他国家，未来应加大对清洁能源的投资力度，提高低碳技术的碳生产率，加快低碳经济的发展速度，同时继续重视对生态环境的保护，保持森林面积的高覆盖率。

## 八、缅甸低碳经济与生态环境关系实证分析

### （一）实证结果分析

从时间序列来看（见表 8.8 和图 8.13），缅甸的低碳经济一直处于低迷的发展状态，且变动幅度较大，仅有 2010、2011、2018、2020 年是正向发展，这 11 年间的其他年份均为负增长，2017 年直达波谷，出现 11 年间最低值，

表 8.8 缅甸"低碳经济 - 生态环境"契合度关系

| 年份 | 2010 | 2011 | 2012 | 2013 | 2014 | 2015 | 2016 | 2017 | 2018 | 2019 | 2020 |
|---|---|---|---|---|---|---|---|---|---|---|---|
| 低碳经济波动率 | 0.04860 | 0.10885 | −0.13757 | −0.04797 | −0.09303 | −0.05882 | −0.07347 | −0.19401 | 0.02440 | −0.01670 | 0.05912 |
| 生态环境波动率 | 0.00608 | −0.01155 | 0.00557 | −0.00513 | −0.01054 | 0.00174 | −0.00810 | −0.02515 | 0.00477 | −0.02318 | 0.00472 |
| 契合度指数 | 7.99379 | −9.41638 | −24.66639 | 9.34651 | 8.81906 | −33.70847 | 9.06658 | 7.71428 | 5.11117 | 0.72022 | 12.51794 |
| 结论 | 引领 | 引领 | 不契合 | 引领 | 引领 | 不契合 | 引领 | 引领 | 引领 | 中度契合 | 引领 |

低至 -0.19401。此后缓慢地提升，直到 2020 年超过 2010 年的发展水平。而缅甸的生态环境在 2010—2020 年间一直处于平稳低度的发展状态，波动区间处于 -0.02515~0.00608 之间，仍有 6 个年份出现了负增长状态。

从契合度来看（见表 8.8 和图 8.14），缅甸的低碳经济和生态环境，2019 年出现中度契合，2012、2015 年低碳经济处于不契合地位，其他年份均达到了引领状态。

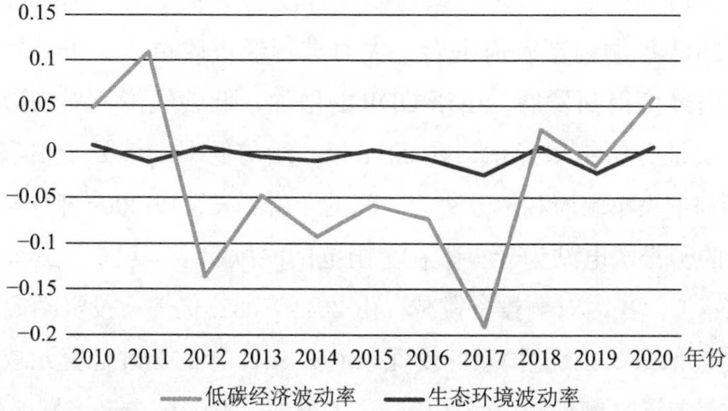


图 8.13　缅甸“低碳经济 - 生态环境”契合度谱系

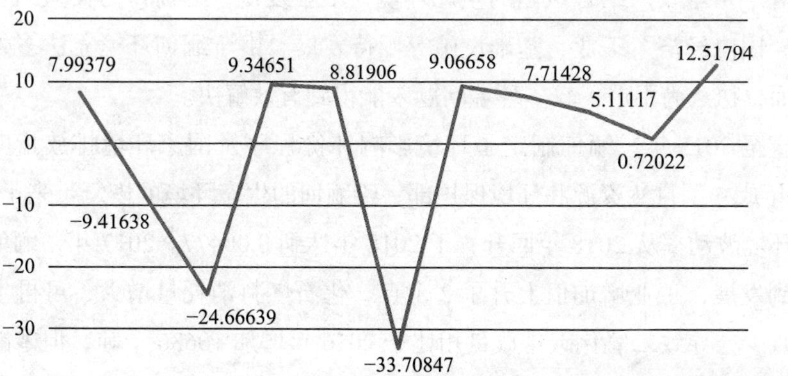


图 8.14　缅甸“低碳经济 - 生态环境”契合度指数

## （二）契合度现状分析

缅甸的低碳经济和生态环境契合度较低，且基本处于偏离程度较大的发展状态，仅有2019年达到中度契合，这主要是由于低碳经济的发展得到回升，达到与原本处于低度平稳发展的生态环境的发展状态。由此可知，缅甸的低碳经济发展水平落后，生态环境长期受到一定程度的破坏。

结合缅甸国家概况发现，缅甸的经济波动主要是由于国内社会的动荡引起的。2011 年缅甸新政府上台，大力进行经济改革，引进外资，发展工业，使国内经济得到发展，由于 GDP 的增加，低碳经济发展指数也上升到0.10885。实证分析结果显示，在 2011 年，缅甸低碳经济处于引领地位。而2012 年缅甸中央军政府和地方势力之间的矛盾爆发，以 2009 年中缅两国政府协议修建的密松水电站为导火索在全国范围内掀起了“反坝”运动战，迫使大坝工程停工，我国对缅投资锐减，由 2011 年 82. 亿美元投资额锐减为 2012 年的 4 亿美元，来自其他国家的投资额也从 2011 年的 200 亿美元减少到 2012 年的 14.9 亿美元，缅甸国内经济遭受重大损失。缅甸国内经济发展严重倒退，进而导致 2012 年低碳经济遭受重大打击，波动率为 −0.13757，甚至在此后几年仍处于负增长。结合该国的生态环境，不难发现，缅甸作为典型的发展中国家，国内经济、工业、基础设施等亟待发展。由于缅甸环境立法多处在概念层面，执法尚不严，较多环境问题未能得到有效解决。

直至 2015 年，缅甸制定了环境影响评价程序及国家环境排放指南，于2016 年成立了自然资源和环境保护部，给缅甸的生态环境的恢复带来了曙光，生态环境波动率从 2018 年回升，于 2018 年达到 0.00477。2017 年，缅甸的工业得到发展，工业增加值上升了 2 个点，化石燃料消耗量增大，可再生能源占比减少，导致二氧化碳排放量相比于 2016 年增加 10636 千吨，但未能带动人均 GDP 的增加，进而带来低碳经济发展的又一波谷，与得到轻度恢复的生态环境出现 9 年中的最大偏离。

综上，对于大多数国家来说，低碳经济是经济发展到一定阶段的产物，而对于发展中国家，尤其在欠发达的缅甸，生态环境质量不佳，鲜少出现低碳经济与生态环境两者契合的佳境。

## 九、菲律宾低碳经济与生态环境实证分析

### （一）实证结果分析

首先，从时间序列上来看（见表8.9和图8.15），2010—2020年间菲律宾的低碳经济与生态环境的现状表现为大部分年份低碳经济引领生态环境发展，而仅在2018年两者达到高度契合的发展状态，在2015年处于不契合的发展状态，且自2016年起两者契合度指数逐年降低，至2018年达到了高度契合的状态。具体来说，低碳经济一直处于低速发展，仅在2010—2012、2018、2020年呈现正增长，虽然在2011年出现峰值0.06420，但在2013—2017年间持续以负增长方式发展，且于2015年达到波谷-0.05797，而在此期间，生态环境保护长期处于弱势，仅在2011、2015、2018年出现正向增长，表明生态系统不稳定，发展不平衡。

其次，从契合度来看（表8.9和图8.16），菲律宾的低碳经济与生态环境保护在发展中仅2018年达到高度契合，其余年份低碳经济对生态环境的引领趋势波动较大。其中2015年直达谷值-11.2175，意味着两者发展方向相反。

### （二）契合度现状分析

同许多国家一样，菲律宾面临如何有效利用资源发展经济，同时保护生态环境，正确处理经济发展和生态环境保护关系问题。2015年是菲律宾低碳经济与生态环境保护发展差距最大的一年。菲律宾自然资源丰富，可再生能源市场巨大，但政治环境不稳定，影响了菲律宾的低碳经济发展，所以即使菲律宾大力投资新兴产业，但效果不明显。同时，菲律宾面临严重的生态问题，如汽车尾气，工厂废气，工业废水造成的海洋污染，自然和人为因素导致的森林退化等，特别是2012年3月，据菲律宾《商业镜报》报道，虽然菲律宾禁止使用塑料袋，但并没有因此而对环境保护产生有利影响，反而促使森林砍伐、水电等资源消耗更甚，即使菲律宾政府积极应对出台各项措施，

表 8.9 菲律宾“低碳经济－生态环境”契合度

| 年份 | 2010 | 2011 | 2012 | 2013 | 2014 | 2015 | 2016 | 2017 | 2018 | 2019 | 2020 |
|---|---|---|---|---|---|---|---|---|---|---|---|
| 低碳经济波动率 | 0.03962 | 0.06420 | 0.01490 | −0.02496 | −0.01697 | −0.05797 | −0.04328 | −0.03098 | 0.01079 | −0.00560 | 0.03739 |
| 生态环境波动率 | −0.01913 | 0.01261 | −0.00246 | −0.02431 | −0.01441 | 0.00516 | −0.02542 | −0.02278 | 0.01140 | −0.00165 | −0.00915 |
| 契合度指数 | −2.07027 | 5.09084 | −6.05878 | 1.02664 | 1.17789 | −11.21775 | 1.70257 | 1.35953 | 0.94636 | 3.38228 | −4.08325 |
| 结论 | 引领 | 引领 | 引领 | 引领 | 引领 | 不契合 | 引领 | 引领 | 高度契合 | 引领 | 引领 |

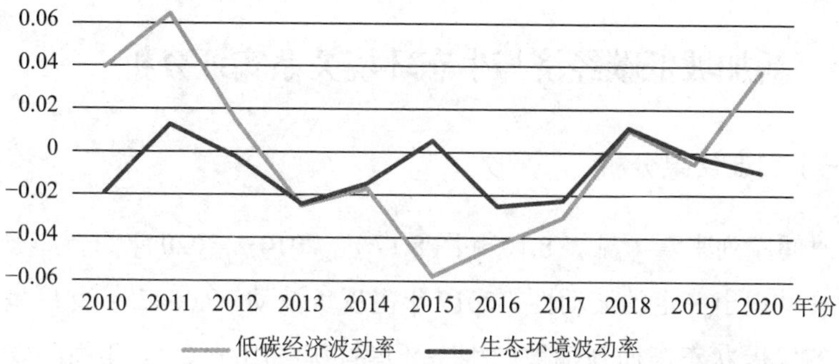


**图 8.15 菲律宾“低碳经济 – 生态环境”契合度谱系**

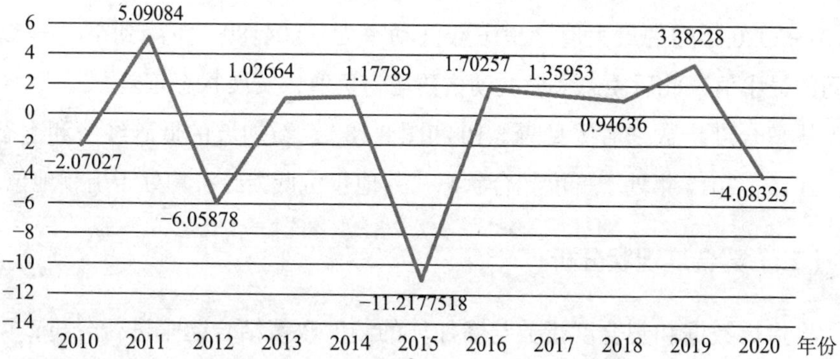


**图 8.16 菲律宾“低碳经济 – 生态环境”契合度指数**

包括 2012 年 11 月，菲律宾举办“无车日”活动，呼吁人民低碳出行，节能减排，依然收效甚微，生态环境还是出现了负增长。

随着经济发展，低碳经济和生态环境契合发展会是今后可持续发展的重要方向，而当前菲律宾低碳经济与生态环境发展不契合。总体上来说，低碳经济与生态环境不但无法契合，在发展方向上还出现相反。因此，菲律宾在今后发展中不可忽视低碳经济与生态环境保护契合，政府要分析低碳经济与生态环境保护不契合原因，及时调整发展政策方向，制定出符合菲律宾既是群岛国又是农业国国情，并以契合发展为核心的可持续发展最佳方案。

## 十、新加坡低碳经济与生态环境关系实证分析

### （一）实证结果分析

从时间序列来看（见表 8.10 和图 8.17），2010—2020 年间新加坡的低碳经济发展呈现出一定的波动性，2017 年出现负波动 -0.00475，此后呈现出平稳回升的发展状态。而新加坡的生态环境系统 2010—2020 年间的发展呈现出更大的波动性，先后于 2011、2013、2015 年 3 年出现了 3 次波峰，2012、2014、2016 年 3 年出现了 3 次波谷，2015 年综合波动率达到 0.04011，达到 2010—2020 年间的最大值，2016 年波动率为 -0.04189，下降到 2010—2020 年间的最小值，此后生态环境波动指数均为负值，发展状态较差。

从契合度指数来看（见表 8.10 和图 8.18），新加坡的低碳经济和生态环境，2015、2017 年处于低度契合状态，其他年份低碳经济均处于引领地位。

### （二）契合度现状分析

将指标数据和契合度指数与新加坡的制度政策结合起来进行分析，可以发现政策推动是发展低碳经济和保护生态环境的最重要且有效的举措。自进入 21 世纪以来，新加坡的发展模式转入了“建设花园城市”的可持续发展战略，于 2002 年 8 月出台了《新加坡绿色计划 2012》，于 2008 年成立可持续发展部际委员会为新加坡的发展制定可持续发展战略，该计划于 2009 年正式出台。该计划首先体现在新加坡工业上发挥效用，通过数据分析发现，新加坡的低碳经济 2010—2012 年缓慢提升。数据显示，新加坡的工业增加值占 GDP 增加值比例由 2010 年的 26.636% 下降至 2013 年的 23.443%。2015 年，新加坡环境和水资源部、国家发展部牵头，其他部门协同，对蓝图再次进行审查，在 2014 年 1 月启动发布了《新加坡可持续蓝图 2015》，促使该国工业增加值占比在一定程度上再次减小，而生态环境在此契机下得到快速发展，2015 年达到 11 年间波动率的顶峰，成为 11 年间生态环境最好的年份。

此外，邻国土地和森林火灾引发的越境烟雾污染是新加坡生态环境面临

表 8.10　新加坡“低碳经济 – 生态环境”契合度关系

| 年份 | 2010 | 2011 | 2012 | 2013 | 2014 | 2015 | 2016 | 2017 | 2018 | 2019 | 2020 |
|---|---|---|---|---|---|---|---|---|---|---|---|
| 低碳经济波动率 | 0.03971 | 0.04466 | 0.05448 | 0.05203 | 0.01167 | 0.00936 | 0.04375 | −0.00475 | 0.05543 | 0.05419 | 0.00298 |
| 生态环境波动率 | 0.00011 | 0.01677 | −0.03094 | 0.01939 | −0.03726 | 0.04011 | −0.04189 | −0.02708 | −0.02141 | −0.01403 | −0.04949 |
| 契合度指数 | 357.87038 | 2.66238 | −1.76091 | 2.68252 | −0.31333 | 0.23346 | −1.04445 | 0.17541 | −2.58858 | −3.86280 | −0.06027 |
| 结论 | 引领 | 引领 | 引领 | 引领 | 引领 | 低度契合 | 引领 | 低度契合 | 引领 | 引领 | 引领 |

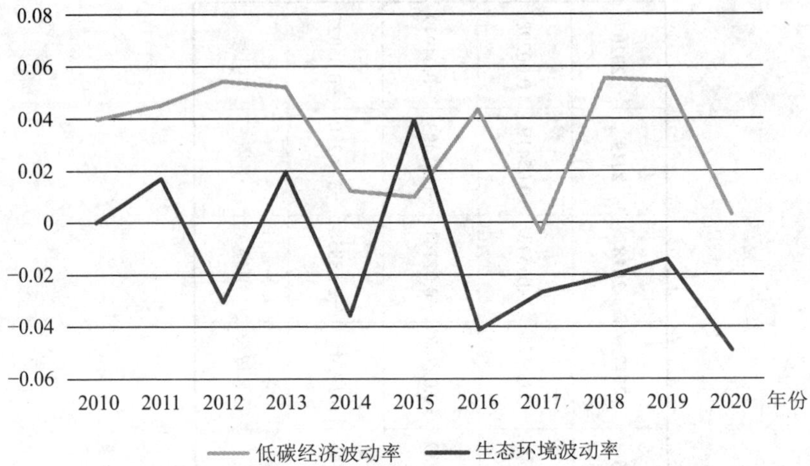


**图 8.17 新加坡“低碳经济 – 生态环境”契合度谱系**

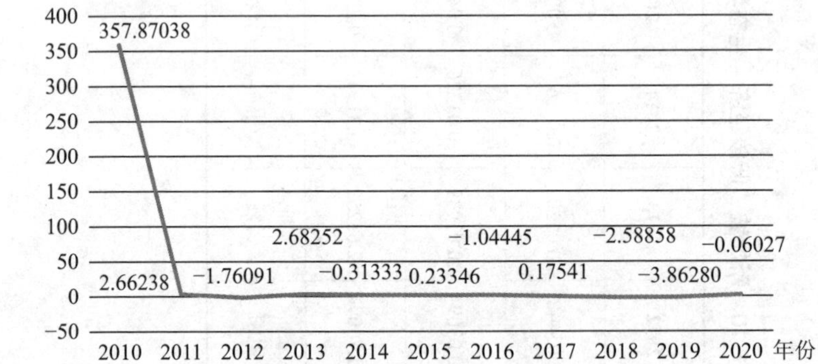


**图 8.18 新加坡“低碳经济 – 生态环境”契合度指数**

的关键挑战之一。这给新加坡的国民健康、商业环境以及旅游业的发展带来了一定程度的影响。为此，新加坡国家环境局于 2014 年修订确立了跨界雾霾污染法。例如，2015 年 10 月印度尼西亚爪哇岛、2016 年 3 月 15 日印度尼西亚廖内发生森林火灾，火势蔓延了近两天，导致附近国土和海域，特别是马来西亚和新加坡，烟雾笼罩、空气质量急剧下降，进而新加坡在 2016 年的生态环境为负增长，达到低碳经济发展引领生态环境的状态。

## 十一、泰国低碳经济与生态环境实证分析

### （一）实证结果分析

从时间序列上来看（见表 8.11 和图 8.19），2010—2020 年泰国的低碳经济呈现出的波动趋势较大，由 2010 年的 0.05028 下降到 2015 年的 -0.03066，随后增长到 2018 年的 0.05974，2020 年又出现负波动，表明近年来泰国低碳经济整体发展水平显著提高。但在此期间，泰国的生态环境出现较大的波动，于 2015 年出现波峰，峰值为 0.03334，2017 年出现波谷，谷值为 -0.02898，意味着近年来，泰国的生态环境保护整体水平不高，发展不平衡。

从契合角度来看（见表 8.11 和图 8.20），泰国的低碳经济与生态环境，2015年处于不契合状态，2019年为低度契合，其余年份两者发展虽然不契合，但是低碳经济的发展一直处于引领地位，并且引领程度相对较高。

### （二）契合度现状分析

2011 年，泰国受洪灾影响损失惨重。2012 年，泰国政府实施一系列措施复苏经济，刺激国内消费，加大国内投资力度，完善基础设施建设。在各项政策引导下，泰国经济在第二季度后快速回升，截至第四季度增长率高达 18.9%。同时，泰国政府改变对外投资模式，由单一逐步转向多元，投资合作国家开始转向东盟之外的澳大利亚、中东等地区，并不断扩宽投资行业种类。2012 年，泰国以发展“适当经济”，拉动内需为原则编制“十一五”规划（2012—2016），旨在提升泰国综合国力和提高人民生活水平。所以 2012 年虽然是灾后重建第一年，但经济表现良好，依然保持正向增长。洪灾过后，泰国更加重视生态环境保护，如打造无烟海滩、加大对环保工业的投资、推行使用环保型燃油车辆等；2012 年 4 月，中泰双方签署《中泰战略性合作共同行动计划（2012—2016）》，加强能源领域合作研究可再生、替代和清洁能源；提高能源效率与能源节约，促进能源安全，实现两国经济绿色增长和生态可持续发展。然而，2015 年 2 月，泰国大米收购案波及多名官

表 8.11 泰国“低碳经济 - 生态环境”契合度

| 年份 | 2010 | 2011 | 2012 | 2013 | 2014 | 2015 | 2016 | 2017 | 2018 | 2019 | 2020 |
|---|---|---|---|---|---|---|---|---|---|---|---|
| 低碳经济波动率 | 0.05028 | 0.06311 | 0.00412 | 0.00488 | 0.01365 | -0.03066 | 0.01502 | 0.03788 | 0.05974 | 0.00803 | -0.04295 |
| 生态环境波动率 | -0.03883 | -0.00770 | 0.00405 | -0.04111 | -0.00417 | 0.03334 | -0.02462 | -0.02898 | 0.01784 | 0.03164 | -0.00461 |
| 契合度指数 | -1.29496 | -8.18967 | 1.01844 | -0.11886 | -3.26770 | -0.91972 | -0.60992 | -1.30712 | 3.34811 | 0.25372 | 9.30157 |
| 结论 | 引领 | 引领 | 引领 | 引领 | 引领 | 不契合 | 引领 | 引领 | 引领 | 低度契合 | 引领 |

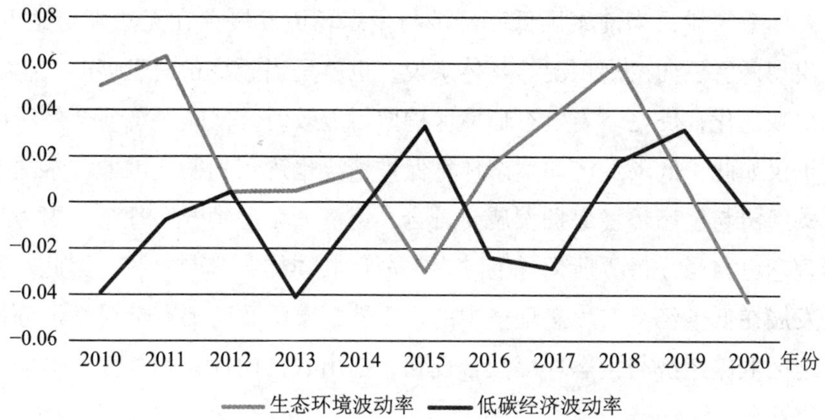


**图 8.19　泰国“低碳经济 - 生态环境”契合度谱系**

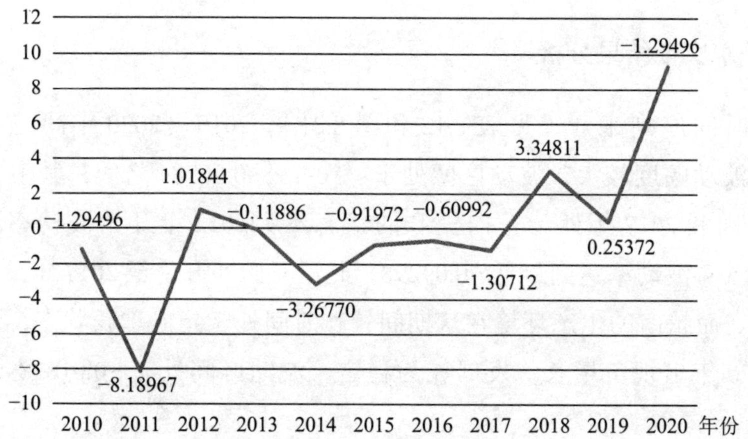


**图 8.20　泰国“低碳经济 - 生态环境”契合度指数**

员，给国家造成巨额的财政损失；同年 8 月曼谷炸弹袭击事件，引起社会恐慌，破坏泰国经济。动荡的政局、不安的社会环境和巨额的经济损失，导致泰国经济持续低迷。所以即使 2015 年泰国在气候变化、能源安全及海洋安全等生态环境保护事件中作出极大贡献，也无法使低碳经济和生态环境达到契合。

总体上来说，当前泰国低碳经济与生态环境发展存在无法契合是事实，并且出现两者反向发展情况。具体来说，也就是当经济正向发展时，生态环境则出现退化；反之，当生态环境保护取得成效时，低碳经济便会停滞或衰退。不仅如此，低碳经济和生态环境保护情况也逐年均衡。因此，泰国今后的低碳经济与生态环境保护发展要符合“经济－生态契合”理念，因为契合发展理念也与当今世界所倡导的“人类命运共同体”方向一致。因此，鉴于契合发展在低碳经济与生态环境中的重要性，泰国政府要有针对性地分析泰国各地区低碳经济与生态环境契合现状，提出有指向性、相关性的举措和区域优化方案。

## 十二、越南低碳经济与生态环境实证分析

### （一）实证结果分析

从时间序列来看（见表 8.12 和图 8.21），2010—2020 年间越南的低碳经济波动幅度较大，波动区间处于 -0.09298~0.06784 之间，其中 2010—2013 年间和 2017 年处于正向提升的状态，从 2012 年开始波动率逐年递减，2015 年波动率达到最低 -0.09298，此后开始回升，至 2017 年又出现大幅下降。而越南的生态环境在这期间较长时间处于正向增长状态，仅 2013 年、2020 年出现负增长，发展较为稳定，波动区间处于 -0.01828~0.03007 之间。

从契合度来看（见表 8.12 和图 8.22），越南的低碳经济与生态环境契合度较低，在 2014—2019 年间基本处于低度契合的状态，其中 2010—2013、2017、2020 年，低碳经济处于引领地位。在此期间，越南的经济环境自 2012 年开始下降，2015 年出现谷底，此后几年出现波动，而生态环境的波动较小，说明越南的生态环境状况较为乐观，与之相较，低碳经济发展不够协调。

表 8.12 越南“低碳经济 - 生态环境”契合度关系

| 年份 | 2010 | 2011 | 2012 | 2013 | 2014 | 2015 | 2016 | 2017 | 2018 | 2019 | 2020 |
|---|---|---|---|---|---|---|---|---|---|---|---|
| 低碳经济波动率 | 0.06784 | 0.03774 | 0.04114 | 0.00380 | -0.02966 | -0.09298 | -0.01650 | 0.02697 | -0.08620 | -0.07884 | -0.04014 |
| 生态环境波动率 | 0.03007 | 0.02051 | 0.00349 | -0.01828 | 0.01852 | 0.00859 | 0.01662 | 0.01122 | 0.01127 | 0.01591 | -0.00742 |
| 契合度指数 | 2.25559 | 1.83974 | 11.78053 | -0.20827 | -1.60163 | -10.82410 | -0.99303 | 2.40179 | -7.64778 | -4.95315 | 5.40692 |
| 结论 | 引领 | 引领 | 引领 | 引领 | 低度契合 | 低度契合 | 低度契合 | 引领 | 低度契合 | 低度契合 | 引领 |

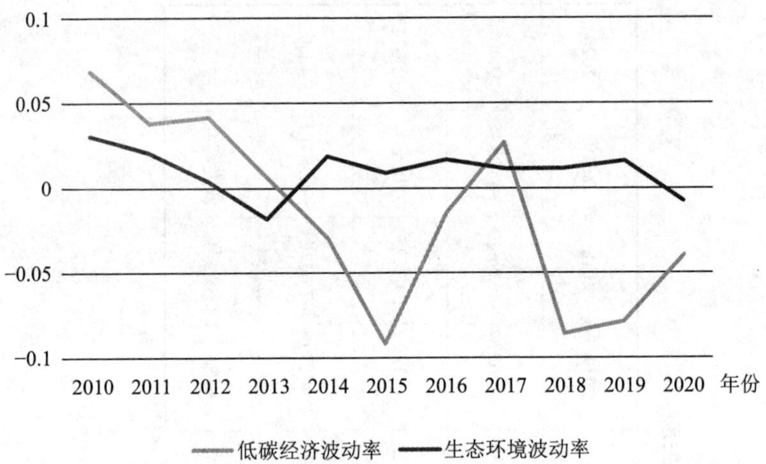


**图 8.21　越南“低碳经济 – 生态环境”契合度指数**

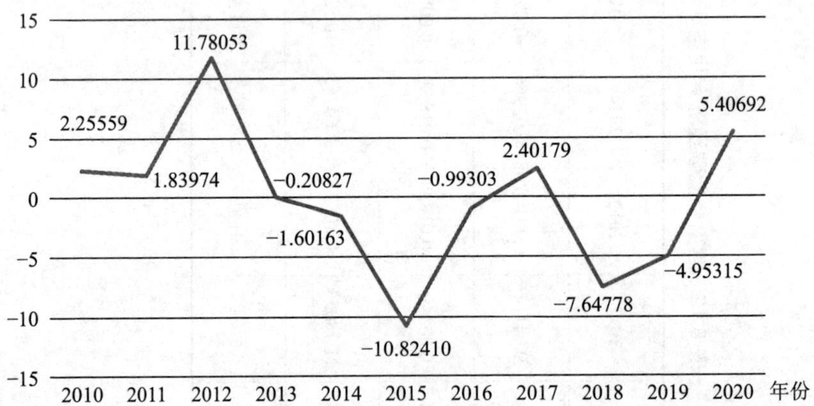


**图 8.22　越南“低碳经济 – 生态环境”契合度指数**

## （二）契合度现状分析

结合越南的国家概况，越南贯彻落实 2011—2020 年期间的可持续发展战略，经过 8 年的实施取得了一系列的积极成果，如：能源活动产生的温室气体排放较正常开发方案减少 12.9%，GDP 能耗平均每年下降 1.8%，具有清洁生产意识的工业企业占比从 2010 年的 28% 增加到 2020 年的 46.9%，2020 年森林覆盖率达 46.719%。在生态环境得到合理保护的同时，越南还依靠劳动力价格低、土地和税收优惠等优势吸收外资，而吸引到的外商投资项目多为污染较大、科技含量低的落后产能，仍然存在工业企业废气无序排放的现象，提升了工业增加值和二氧化碳排放量，使低碳经济和生态环境难以达到契合状态。2013 年，越南吸引外资呈下降趋势，工业生产值较上一年度有所下降，一氧化氮排放量达到最高丰度，生态环境呈负增长，低碳经济处于引领地位。2015，越南出台了新的《投资法》，该法大力简化行政审查手续，给予外商投资更大的优惠幅度。联合国贸易和发展会议评价越南为东盟最具外资吸引力的国家，越南也在2015年吸引到大量的外商投资，主要集中在矿产开发和农、林、渔及其他劳动密集型产业。2015 年，二氧化碳的波动率达到最高值，总体的低碳经济波动率达到这一期间的最低值 -0.09298。直至 2017 年，厄尔尼诺现象逐渐转弱，顺利的气候条件推动农林水产业增长，同时政府集中力量加快公共投资资金使用，促进低碳经济正向增长，处于引领地位。

综上，大量的外商投资，为发展中国家创造了一定的财富与就业机会，然而高质量的发展需要将生产从原有的高耗能转向低碳经济，从粗放型发展转向集约型升级。

研究低碳经济视阈下中国—东盟国家生态协同发展，需厘清中国—东盟低碳经济与生态环境之间关系。选用 2010—2020 年中国—东盟十国的低碳经济系统和生态环境系统的相关指标数据建立评价指标体系，引用波动率、契合度谱系图的主要思路，对中国—东盟低碳经济与生态系统的影响关系进行实证分析，探究两个系统之间的发展契合度。实证结果发现，在 2010—2020 年间，我国的低碳经济均处于引领状态，低碳经济长期处于正向提升状态，生态环境在大趋势上也有所提升，形成协同发展的良性局势；文莱低碳经济和生态环境之间，2013—2015、2017、2020 年两者之间不契合，其他年份虽然没有契合关系，但低碳经济的平稳运行使之一直处于引领地位；柬埔寨的低碳经济与生态环境之间在 2012 年和 2018 年有一定的契合关系，但都处于中低度契合的状态，2011 年低碳经济对当年生态环境有一定的引领作用，由于柬埔寨低碳经济在下滑而生态环境保持低速发展，导致其余年份均没有契合关系；印度尼西亚的低碳经济与生态环境，2011、2015 年处于不契合状态，2012、2013、2017 年为中度契合，其他年份低碳经济处于引领地位；2010、2013、2015—2017 年间，老挝低碳经济呈负增长，仅 2018 年老挝低碳经济与生态环境达到中度契合，其余年份均为引领状态；马来西亚低碳经济和生态环境在 2013、2014 年为低度契合状态，其余年份低碳经济引领生态环境的发展；缅甸的低碳经济和生态环境，2019 年出现中度契合，2012、2015 年低碳经济未达到契合状态，其他年份低碳经济处于引领地位；菲律宾的低碳经济与生态环境保护，2015 年处于不契合状态，2018 年为高度契合，其他年份低碳经济处于引领地位；新加坡的低碳经济和生态环境，2015、2017 年处于低度契合状态，其他年份低碳经济均处于引领地位；泰国的低碳经济与生态环境，2015 年处于不契合状态，2019 年为低度契合，其余年份两者发展虽然不契合，但是低碳经济的发展一直处于引领地位，并且引领程度相对较高；越南的低碳经济和生态环境 2014—2016、2018—2019 年间均处于低度契合状态，其余年份均处于低碳经济引领生态环境发展。

# 第九章 中国—东盟国家区域低碳经济与生态协同发展的战略

## 一、中国—东盟国家区域的生态协同发展结果分析与战略选择

空间效应研究结果显示，城镇人口占比正向影响人均碳排放量，且影响效应最大，故可知碳排放量与城市化水平成正相关。与世界上发达国家80%左右的城市化水平相比，中国—东盟国家区域整体城市化水平为中等水平，城镇人口占比（占总人口比例）平均值为51.537%，对碳排放整体影响处于中等水平，但内部城市化水平差异较大，最小值为20.294%，最大值为100%。但是随着各国的经济不断发展，其城市化水平也将不断提高，因此，目前城市化水平不高、对碳排放影响有限是优势，但随着后期城市化水平的提高，对碳排放的影响也将逐渐增大，故目前城市化水平不高也是经济发展中的劣势。

空间效应研究结果显示，人口密度平均值对碳排放量影响位居第二，且负向显著影响碳排放量，故可知碳排放量与人口密度成正相关。中国—东盟国家区域人口密度平均值为826.091人/平方公里，高于世界平均水平，但是内部分布很不平衡，人口密度平均值最小值为27.076人/平方公里，最大值为7952.999人/平方公里。但是由于全球一体化进程的发展、各国间政策的引导与资源有限的局限性，各国或地区高密度区域人口将逐渐向低密度区域转移，且较多发展中国家多生多育，人口会不断上涨，因此，目前较高的人

口密度负向影响碳排放是优势，但也是后期人口增长打破稳态、正向影响碳排放的劣势。

空间效应研究结果显示，外国直接投资净流入（占 GDP 的百分比）正向影响人均碳排放量，且影响效应位居第三，故可知碳排放量与对外开放水平成正相关。外国直接投资净流入（占 GDP 的百分比）的增长往往意味着对外开放水平的提升，通常伴随着更加活跃的跨国贸易和资本流动，这不仅促进了本地区的经济增长，也影响了该地区的碳排放水平。中国—东盟中以发展中国家居多，而外商直接投资多以能源密集型、高污染产业为主，这会加剧本地区碳排放问题。目前，较高水平的对外开放为本地区经济发展做出的贡献是优势，但随之而来的环境问题属于劣势。

除上述空间效应研究与优劣势分析，结合前文 SWOT 分析，可知，相对和平的国际环境、互惠互利的国家政策为各国平等交流、贸易合作、投资提供了机会，但国家间的发展差异、不协调以及世界疫情的影响也为中国—东盟国家区域的生态协同发展带来了威胁与挑战。

因此，为促进中国—东盟国家区域的生态协同发展，应充分发挥城市化水平、技术进步、经济水平与人口密度的优势，灵活地运用国家政策支持的机会，攻克城市化水平不高、技术进步缓慢、经济水平落后与人口分布不均的劣势，避免国家间政治经济文化发展差异与国际经济形势不稳定的威胁，即要采取进取型战略和协调统一型战略。具体而言，应该明确自身特点，凭借自身优势，把握机遇，创造机会，尽快补齐短板，以外部契机为最大拉动力，以解决内部劣势为最迫切问题，制定相应的发展战略。

## 二、中国—东盟国家区域的生态协同发展战略模型构建

根据中国—东盟国家区域的生态协同发展战略 SWOT、空间效应分析，构建如图 9.1 所示中国—东盟国家区域的生态协同发展战略模型。

该模型以一个大的闭合系统为基础并不断产生动力，助推中国—东盟国家区域的生态协同发展。模型左半部分为动力系统，主要负责为推动发展产生促进作用，右侧是中国—东盟国家区域的生态协同发展目标。其中该战略

模型动力系统又由国家政策、国际环境、核心子系统三个小的子系统组成，核心子系统涉及城市化、技术进步、经济水平、人口密度，并可在发展优劣势间互相转化。不管从三个子系统的哪一处切入，都统一调动动力系统，最终通过形成合力共同推动中国—东盟国家区域的生态协同发展。

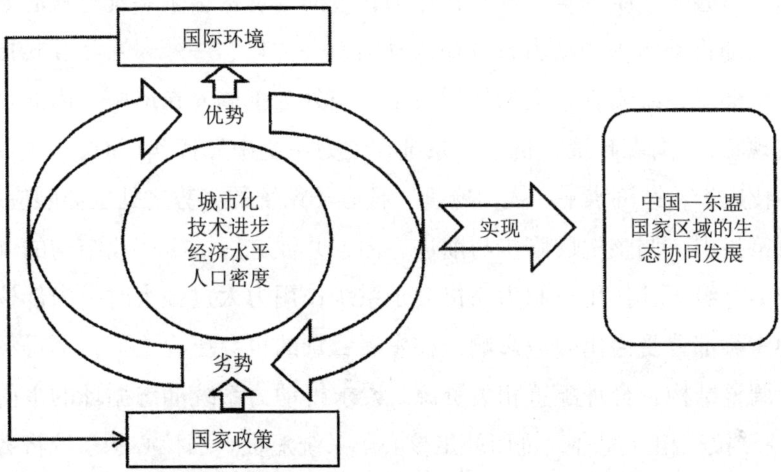


**图 9.1　中国—东盟国家生态协同发展战略模型**

一方面，核心子系统通过利用目前已有的优势与发展潜力，通过一“刚”（国际环境）一“柔”（国家政策）相互协调与配合，充分发挥核心子系统的优势，且要控制优势向劣势的转化。当内部优势转化为协同发展动力后，便能在特定的环境条件下抵御外部造成的威胁与挑战，在“国际环境复杂多变”的外部威胁子系统的影响之下，中国—东盟国家区域想要持续发展就需要“借力打力”，借助核心子系统的优势，并将其转化为动力，以此将外部复杂不可控的威胁转化为可利用的发展机会，即虽然国际形势和国际贸易环境复杂多变，但只要核心子系统的优势力量能够充分发挥作用，便可以在外部的变幻莫测与内部的平稳发展形成鲜明对比的背景下，坚定国家或地区间进行商贸合作的信心，与此同时，乘着国家政策的东风，一“外”一“内”彼此呼应，以期实现将诸多的外部威胁转化为可利用的发展机会的可能。

另一方面，当外部威胁被抵御、被转化之后，它将通过影响外部机会子系统即“国家政策”发挥作用力，其作用机制为抵御外部威胁，动力系统以找到正确的对策为重中之重，而“国家政策支持”正是这些对策中最有力、最容易发挥多方合力效用的应对方式之一。外部的威胁可激发“国家政策支持”这一机会子系统的灵活性与作用力，进而促进机会子系统对核心子系统产生正向的推动力，为动力系统输入动力，一“攻”一“守”相互拮抗，进而使得机会子系统实现最大的作用效果。当外为抵御外在威胁、内立足核心子系统现状，“国家政策”机会子系统在动力系统中发挥作用时，“城市化水平、科技进步、经济水平、人口密度”核心子系统的劣势之处也会顺应趋势、紧跟政策指引，调整发展脚步与前进方向，并促进一二三产业结构的调整与多方转型升级。其作用机制为当机会子系统作用力太过强大时，内部核心子系统的劣势部分受溢出效应影响，在发展背景的机会压力之下，不得不顺应趋势，调整结构，合理配置相关资源，以求得动力系统动态循环的平衡，一“推”一“拉”相互配合，进而补足核心子系统短板。当核心子系统将劣势部分调整后，核心子系统优势部分又会得到辅助，这也将有利于动力系统的下一步发展，即当城市化、科技创新得到优质发展时，中国—东盟国家区域的环境将会更加宜人、生活也会更加美好，人们在感受到绿色经济的实际发展效益后，在意识想法方面也会对生态文明、协同发展有更深刻、更理性的理解与认知，进而内部子系统又会重新建立起新的优势子系统部分，以此形成良性循环，并为系统的可持续发展带来源源不断的动力，使得中国—东盟国家区域的生态协同发展不断迈上新台阶。

## 三、中国—东盟国家区域的生态协同发展战略目标

依据中国—东盟国家区域的生态协同发展战略模型以及结合中国—东盟国家区域的生态协同发展现状，本研究提出中国—东盟国家区域的生态协同发展战略目标，并将战略目标拆分为近期目标、中期目标及远期目标。

近期战略目标是提高城市化水平、发挥科技赋能的有力作用，使其成为动力系统中的主要动力来源。由上述分析可知，在影响中国—东盟国家区域

的生态协同发展的因素中，提高城市化水平、解决科学技术进步问题是最重要也是最主要的方面，因为中国—东盟国家区域的生态协同发展目前在城市化水平、科技创新水平方面较为落后，这不但会阻碍和制约中国—东盟国家区域的生态协同发展，甚至会对该区域的整体发展产生限制作用，其重要性不言而喻，这也是其作为近期战略目标的原因。因此，集中力量补足短板，合理提升城市化水平、促进科技的创新升级是近期战略目标的主要发力点。

中期战略目标是协调并活化中国—东盟国家区域的生态协同发展的各子系统之间的交互作用机制与相互依存关系，使整个动力系统形成可持续的稳妥的良性循环，从而使得中国—东盟国家区域的生态协同发展逐步变为现实。中期战略目标的落实，需要以近期战略目标作为基础条件，城市化、科技进步可以带动一二三产业的结构调整和相关企业的转型升级，这些动力优势将有力地推动中国—东盟国家区域的生态协同发展。在发展的同时，不仅要重视中国—东盟国家区域的生态协同发展的局部优势与主要先锋队力量，系统发展的平衡与协调性也不能忽视。中国—东盟国家区域的生态协同发展的优势想要持久保持，动力想要用之不竭，需要纵观全局，从宏观层面切入，合理规划发展计划，进而实现区域的协同发展。以上便是中期战略目标应该完成的任务。

远期战略目标是凭借中国—东盟国家区域的生态协同发展的优势辐射相关区域，并带动该区域的生态协同发展，通过量变引发质变，整体更上一层楼，进入新局面，反过来其可再促进中国—东盟国家区域的生态协同发展进入新的发展起点，迎接新的发展阶段。任何事物的进步与发展离不开力的作用或者能量的转化，但是能量或力不会凭空产生，永久的动力也是不可能存在的，因此，要通过对良性循环的合理设计与利用以获得用之不竭的动力。在对良性循环合理利用的期冀基础之上，远期战略目标通过由点带面、由面带体，层层递进，逐渐深入，实现发展的深度与广度，在此基础上，良好的发展现状反过来又重新以体带面、以面带点，使得后续发展进入更高的水平与阶段。在后续的发展中，中国—东盟国家区域的生态协同发展除了关注前期、中期战略与自身相关的目标之外，更不能忽视与之相关的点点滴滴，应有效利用区域生态协同发展存在的溢出效应优势，推动中国—东盟国家区域的生态协同发展中其他方面的发展，这不仅是中国—东盟国家区域的生态协同发展的根本与初心所在，也是中国—东盟国家区域的生态协同发展进入新的发展阶段的明智选择。由上可知，通过目前的中国—东盟国家区域的生态协同发展基础，中国—东盟国家区域的生态协同发展新的雏形可以顺势产生；新的中国—东盟国家区域的生态协同发展又可再次推动中国—东盟国家区域的生态协同发展进入新的发展历程、迈上新的台阶，以此便可进入并稳固良性循环，以上便是远期战略目标的任务。

## 四、中国—东盟国家区域的生态协同发展战略实施路径

### （一）达成中国—东盟国家区域低碳经济发展战略合作共识

本文结合中国—东盟国家区域低碳经济发展的合作共识，相应地提出发展建议，更深入促进不同的区域间低碳经济的发展，如下所示。

能源结构与消费需求结构的不匹配、能源做功转化利用率低，是制约低碳经济模式发展的重要因素。因此，健全合作共识、完善碳金融保障体系，是中国—东盟国家区域低碳经济可持续发展的重要条件。东盟国家区域的区位人力优势和我国的产业结构优势相结合，共同发力配套型低碳产业，该共识不仅有利于我国与东盟国家区域开展低碳合作，解决能源消费结构不合理与能源效率低的矛盾突出的问题，促进生态协同发展，还可以在此基础上进一步促进中国—东盟国家区域的低碳经济领域合作方案，做到各个国家的优势互补，同时也能够进一步保障我国和东盟国家区域之间的差异进行互补。中国有着独属于自己的地缘优势，而东盟国家区域也有着独属于自己的政策和经济优势，两者进行互相补充，能够进一步拓展低碳经济的发展，同时建立合作共识可以在此基础上确定两者的主体关系，也能够明确出两者之间相互发挥的作用，从而进一步为我国和东盟国家区域的经济发展作出巨大贡献。为应对当前生态环境问题，通过重新分配，在低碳经济下针对不同国家和不同地区，开展相关的低碳经济运作模式，在不缩减经济的情况下降低碳排放

量，从而促进中国—东盟国家区域的生态协同发展。

在这个共识中，我国和东盟国家区域应当发挥各自的作用，努力完成低碳减排的任务和使命，促进中国—东盟国家区域的生态协同发展，促进双方共赢互利（如图 9.2）。我国自身的产业结构优势，可以与东盟国家区域人力资源成本优势进行紧密的配合，由我国到东盟国家区域投资自身的产业，利用当地的人力资源共同发力，实现产业结构整合化，进一步发挥低碳经济的优势。

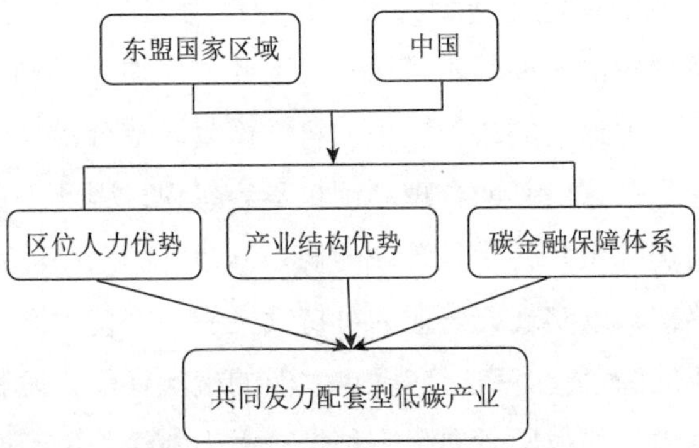


图 9.2　中国—东盟国家区域发展共识

**1. 健全中国—东盟国家区域绿色低碳循环发展的生产体系**

在此共识结构下，健全中国—东盟国家区域绿色低碳循环发展的生产体系，是发展低碳经济与生态协同的重要措施，因此，可就以下六个方面重点发力。

一是推进传统工业向绿色工业转型。对钢铁、石油化工、有色金属、建材、纺织、造纸、皮革等传统行业进行绿色化、低碳排放化的改造升级。加大对绿色设计产品的推广与应用，建立和不断完善绿色化生产、制造、营销、运输体系。提高对再制造产业的关注度，并在再制造产品的生产、认证、营销推广与使用中加强把控。生产制造过程中难免会产生工业废弃物，针对该类废弃物资也不能置之不理或随意处置，应建设资源综合利用或者循环使用基地，而对于在工业生产过程中产生的危险废弃物，应有独立空间由专物专人处理，以期提高对工业废物的综合利用率，减少对资源的浪费。此外，为从源头上提高对生产环节绿色化的管理效率与转型实施效果，应全面推行与贯彻落实清洁生产的工业环节，加大对“双超双有高耗能”企业的监管与审查，依靠法律强制力保证对清洁生产的有效实施；针对“散乱污”类型的企业，有关部门应建立、完善相关评定办法并加快对排污许可制度的实施，针对此类企业“散乱污”的不同程度分别采取关停取缔、整合搬迁、改造升级等处理办法，以建构绿色化生产的良好生态环境。

二是促进农业的绿色化转型升级。耕地作为农业生产的物质条件之一，其在绿色农业发展中的重要性不言而喻，因此，应加强对耕地质量的维护与提升，对于生产能力退化的耕地应采取科学恢复、综合治理的措施；水作为生产的物质条件之一，对其的合理利用也不容忽视，因此，在发展养殖业时应针对水域滩涂资源做好科学且统一的规划，建立健全相关水域的禁渔恢复期制度并保证落实，以实现养殖业的可持续发展，维持生态系统的稳定。为从源头实现农业的绿色化升级，应聚焦农业的生产环节，尤其是针对生产模式的改进进行发力，如鼓励发展生态种植、无土栽培、生态养殖，推行水产的健康养殖模式，并对产出的商品进行绿色食品、有机农产品的认证和审查，严格把控流入市场的产品质量。在生产过程中，应积极引进高效的节水技术，大力推进农业节水进程的发展；在病虫害防治与污染治理方面，应精准把控并适量减少农业用药、兽用抗菌药品的使用量，加强对农膜污染的治理，降低对周边地域、水域的污染与影响，促进产地环境净化行动的落实。为提高在绿色发展中能量循环利用的比率，促进生态循环农业的发展，可重视对畜禽粪便、农作物的秸秆等天然有机资源的转化与综合利用。发展林业循环经济，实施森林生态标志产品建设工程。为提升绿色农业发展的活力与创新性，探索农业发展的新业态是一条可行之路，如开发“农业 + 旅游”“农业 + 教育”“农业 + 健康”等跨界融合产品，通过产业深度融合以实现一二三产业的融合发展和互利共赢。

三是注重对服务业绿色发展水平的提升与监管。为促进商贸类企业进行绿色升级，可培育一批绿色流通主体，有序发展出行、住宿等领域共享经济的企业，规范发展闲置资源交易。加快信息服务业绿色转型，做好大中型数据中心、网络机房绿色建设和改造，建立绿色运营维护体系。推进会展业绿色发展，指导制定行业相关绿色标准，推动办展设施循环使用。为降低挥发性原料对环境的污染，针对汽修行业、装修装饰行业等应尽可能推广并鼓励其使用挥发性较低并且挥发物含量也较低的有机物原辅材料。为减少一次性产品对资源的浪费，提高资源的利用率，酒店、餐饮行业等应提供消毒后可持续使用的产品，不主动或者无偿提供一次性筷子、餐具、毛巾等用品。

四是大力发展绿色环保产业。推动形成开放、协同、高效的创新生态系统，并对周边形成良好的辐射效应。加快培育市场主体，鼓励设立混合所有制公司，打造一批大型绿色产业集团；为提高中小企业绿色转型的发展效果，可扶持其聚焦主业，增强其核心竞争力，并选拔培育一批“专精特新”中小企业作为行业典范。在环境治理与能源利用方面，可通过合同制、外包制或第三方治理等形式，如合同能源管理、合同节水管理、环境污染第三方治理，以完善以提升环境治理效果为最终目的的环境托管效果。此外，针对绿色节能、环境保护目的，有关部门可进一步在能源领域如石油、化工、天然气等拓展竞争性业务，引导并支持公共部门与机构提供能源托管的业务服务，并及时建立健全绿色产业实施的指导法则、法规，引导产业朝着科学规范、可持续的方向发展。

五是注重产业示范园区的优质发展和提升产业集群内部循环化的水平。科学编制新建产业示范园区开发建设规划，依法依规开展规划环境影响评价，严格准入标准，完善循环产业链条，推动形成产业循环耦合。推进既有产业园区和产业集群循环化改造，推动公共设施共建共享、能源梯级利用、资源循环利用和污染物集中安全处置等。引导并支持能源协同互济，如大力培养与发展涉及电、热、冷、气等多种能源的能源融合项目。针对产业园区生产环节出现的废弃物，化工等产业园区应配套建设特殊处理区域，对危险废物集中贮存和分级处置。

六是构建绿色供应链。鼓励企业开展绿色设计，选择绿色材料，实施绿色采购，打造绿色制造工艺，推行绿色包装，开展绿色运输，做好废弃产品回收处理，实现产品全生命周期的绿色环保。选择100家左右积极性高、社会影响大、带动作用强的企业设立绿色供应链试点，探索建立绿色供应链制度体系。鼓励行业协会通过制定规范、咨询服务、行业自律等方式提高行业供应链绿色化水平。

2. **健全绿色低碳循环发展的流通体系**

在此合作共识下，低碳循环发展的流通体系是产业可持续发展的重要动力与保障体系，因此，健全绿色低碳循环发展的流通体系可就以下几点展开。

一是打造绿色物流。为提高物品运输效率与运输规模，应合理调整运输布局，实现公铁等接力性配合联运，并结合实际情况促进铁路建设专用线进程。为加强物流运输组织管理与信息共享，应积极利用人工智能、大数据等科学技术，加快对信息共享平台的建设，并大力推行甩挂运输、共同配送业务，提高运输、配送的效率。此外，对推广与使用新能源类运输工具、淘汰高耗能的运输工具亦不能忽视，应优先提倡与引导新能源或清洁能源运输工具在港口码头以及机场服务、城市货物运输、快递等领域的应用；绿色船舶示范也应建立健全相关制度与标准并加大推广力度，以尽快实现内河船型标准化的目标。加快港口岸电设施建设，支持机场开展飞机辅助动力装置替代设备建设和应用。乘着云数智快速发展并日益成熟的东风，物流企业应打造数字化运营平台，并对传统仓储进行升级、改造，发展智慧仓储、智慧运输，推动相关行业建立并完善标准化托盘循环共享模式，以实现效益最大化的目的。

二是重视对再生资源的再利用，提高资源的循环利用率。通过推行“两网融合”模式，落实垃圾分类并回收利用与再生资源回收行动，根据专区专用目的，应配套有关再生资源区域交易的专门区域。为提高回收效率，贯彻生产者责任延伸制度，有关部门应引导生产企业依据实际情况建立并不断完善逆向物流回收体系。鼓励企业采用现代信息技术实现废物回收线上与线下有机结合，培育新型商业模式，打造龙头企业，提升行业整体竞争力。针对大众家居废弃物如废旧家电应结合已有经验做法，推广典型回收模式，不断建立与完善废旧家居的回收处理体系。为提高对废纸、废塑料、废玻璃等再生资源的回收利用率与资源产出率，应设立专门回收集散点，宣传回收利用的重要性，增强人们回收利用的意识，逐渐构建并完善废旧物资循环利用体系。

三是结合实际，建立健全绿色贸易体系。积极优化贸易结构，大力发展高质量、高附加值的绿色产品贸易，从严控制高污染、高耗能产品出口。加强绿色标准国际合作，积极引领和参与相关国际标准制定，推动合格评定合作和互认机制，做好绿色贸易规则与进出口政策的衔接。拓宽“一带一路”在绿色贸易体系中的合作与应用，紧紧围绕低能耗、环保、清洁等中心，实现相关领域的技术装备和服务的友好合作。

### （二）提高研发投入，优化产业结构，整合产业资源

发展低碳经济模式的难点在于技术研发能力的限制，没有比较有效的、能长期可持续发展的筹划，以及比较全面的行动方针来支持。中国—东盟国家区域低碳经济与生态协同发展，还需要提高研发投入，“产学研”结合，加快发展低碳产品和低碳技术，不同区域协同发展，改善产业结构，组合产业资源。虽然我国和泰国、越、柬埔寨、老挝等国的产业结构和产业资源存在不同之处，但是从整体结构上可以相互协调，起到产业资源结构和产业优化的协同作用。

从低碳经济的角度出发，对产业结构进行进一步分析和重构，有利于推动两者之间的产业结构优化，并在此基础上进一步推进两者之间的整体协调性。我国紧靠东盟国家区域，第三产业尤为突出，第二产业也较为成熟，可以通过相互之间的补充作用协调生态文明建设和经济转型，进一步发展生态与经济并重的新兴经济带。同时也能够带动产业结构发展较低的区域，促进双方拉动经济发展，进一步转型跨越，促进生态协同更好地发展。

此外，我国有着丰富的生态资源，开展相关的低碳经济转型，很有利于我国的长期稳定发展。而东盟国家地区有着独有的人力资源优势，这些人力资源优势有利于我国在这些地区进行投资，同时我国也可以依托我国丰富的自然资源在东盟国家区域进行深度加工，实现产业结构的延展，进一步整合产业资源。在此基础上，也可以进一步整合相关资源，由我国牵头联合我国

国内的低碳产业资源进行进一步整合，形成一系列配套的产业结构链，来丰富低碳产业结构。具体措施主要涉及以下两点。

1. **鼓励绿色低碳技术研发**

实施绿色技术创新攻关行动，围绕节能环保、清洁生产、清洁能源等领域，布局一批前瞻性、战略性、颠覆性科技攻关项目，吸引相关特色人才，培育一批具备国家级技术化创新、资源共享、智能化服务能力的创新基地平台。强化企业创新主体地位，支持企业整合高校、科研院所、产业园区等力量建立市场化运行的绿色技术创新联合体，鼓励企业牵头或参与财政资金支持的绿色技术研发项目、市场导向明确的绿色技术创新项目。

2. **加速科技成果转化**

积极开发或引进先进的技术设备，支持绿色技术的应用与推广。充分发挥国家科学技术成果转化引导资金投入的边际效应，强化各类基金对有关创投项目的筛选与引导，支持绿色技术的宝贵成果在生产生活中的创新应用。为促进产学研更好融合，有关部门应支持并引导有关企业、高校、科研机构等建立人才服务培养中心、绿色技术创新项目孵化中心、专项人才创新创业训练基地等场所与平台，及时进行绿色技术发展目录的更新，并通过绿色技术交易中心，加快先进成熟的绿色技术在生产生活中的推广应用。

### （三）完善政策系统，形成区域低碳经济可持续发展的保障机制

政策作为区域低碳经济可持续发展的有力保障机制，其主要依靠正确的规划与引导来实现企业或消费人群对低碳的落实。其中，不仅需要建立健全相关的法律法规，加大实施力度，还可以通过对社会生产中奢侈浪费的消费行为现象加以限制，以实现对公共消费的适度控制。发展低碳经济才能更好地实现经济社会的可持续发展，才有利于经济社会的发展与生态文明统一和谐，以及我国和东盟国家区域的生态协同发展。因此，为促使低碳经济的可持续发展，形成可持续发展的保障机制十分必要。想开发一条持续有效的低碳经济发展路线，促进生态协同发展，就需要建立一套可操作的、有效地促进低碳经济以及生态协同发展的财政策略，而这一策略可以通过完善低碳财

政政策的基本原则，注重整体效率的发挥，结合市场实际进行制定，保障低碳财政落到实处。

同时，无论对外还是对内，该政策都以保护低碳经济本身为基本原则，以节能减排、促进生态协同发展为目标，细化政府预算支出，强化相关执行监督力度，提高资金使用率。政策优化的具体措施可围绕以下四个方面逐步展开。

**1. 财税政策的优化**

第一，需要加大财政直接投资。技术创新是发展低碳经济的重要手段，但需要进一步考虑技术创新的巨额资金投入。目前，一方面应注重对低碳技术研发的直接投入，鼓励科技成果的转化，并合理规划出部分资金用于对企业的清洁生产、新能源开发的财政补贴；另一方面也应积极引进先进的低碳技术与有关装备或设施，加大对相关技术的直接投资。此外，为从制度条例上降低地方政府在开发中对自然资源的破坏，在目前的分级财政体系下，政府应合理调整征税范围，明确职责要求，并对不当之处进行结构性调整。在进行财政补贴等正面激励的同时，建立健全并及时出台有关碳税、气候变化税等的法律法规，使环境成本自然而然地成为企业经营成本的一部分，以增强约束性政策的实施效果。

第二，采购体系进行绿色低碳升级。政府对绿色化低碳采购制度进行完善时，应以低碳技术的发展和目标的变动为认证标准与采购的科学依据，并将逐年提高低碳经济所占的采购比例作为硬性要求。

第三，完善税收体系。在补充税种、调整税率的前提下，应借鉴成功经验，适时征收碳税。为增强税收在鼓励清洁能源生产、降低不可再生非清洁能源的开采量上发挥更好的杠杆效应，在修订增值税、资源税等税收条例时，应对地热、风能等可再生清洁能源和煤、石油、天然气等不可再生非清洁能源确定不同的税收比率。

第四，对碳排放进行分级收费。为减轻碳排放的压力，应建立并完善碳排放许可制度，以“谁排放谁付费，多排放多付费”为要求进行费用的收取。每个企业或者单位拥有一定基础碳排放量，超出基础排放量的部分将在综合考虑超排绝对量和超排比例的基础上进行“梯次”收费。

第五，建立健全并不断改进绿色低碳标准、认证体系和绿色低碳统计监测制度。首先，为构建一个完善的绿色标准体系，有关部门应积极着手对顶层设计和系统规划的商议与实施。其次，在符合顶层设计的前提下，逐步完善绿色低碳的标准化支撑部分。为夯实绿色低碳的标准化支撑基础，可鼓励并引导一批国家级绿色低碳专业认证机构，以加快绿色产品认证并完善相关认证制度。最后，为加强低碳节能、清洁环保领域的统计监测，可逐步建立健全相关制度，并利用科技赋能优势，构建统计信息共享数据平台。

第六，引导绿色低碳交易的市场机制。进一步健全用能权、碳排放权等交易机制，降低交易成本，提高运转效率。加快建立初始分配、有偿使用、市场交易、纠纷解决、配套服务等制度，做好绿色权属交易与相关目标指标的对接协调。

**2. 金融政策的优化**

资金的保障是经济发展向低碳模式进行转型的重要条件。在绿色低碳的推广中，经济发展亦离不开强有力的资金支持。作为世界上最早以绿色低碳要求经济发展的国家，英国的低碳发展水平一直遥遥领先，究其原因可以发现，英国为促进绿色低碳经济的发展，开创性地成立了绿色投资银行，这为英国低碳经济的可持续发展提供了强大动力与保障，也是我们可借鉴之处。因此，在推动我国和东盟国家区域的协同发展与经济转型的过程中，也要加强对经济发展的资金保障。

为贯彻落实《广西壮族自治区建设面向东盟的金融开放门户总体方案》，响应桂林市加快绿色金融改革创新示范区号召，截至 2021 年 3 月，桂林银行桂林分行 16 家支行已全部完成绿色金融专营机构挂牌，且截至 2020 年 12 月末，桂林银行桂林分行绿色贷款余额为 3.83 亿元，其比例为桂林辖区贷款余额的 1.58%，涉及企业 8 家。虽然金融机构成立相关绿色金融基金，但是其资金规模远不足以推动整体的经济转型。绿色金融机构的成立与支持对于我国和东盟国家区域内低碳经济的可持续发展至关重要，因此，应成立促进绿色低碳发展的专项资金或者积极招商引资投放到我国和东盟国家区域内的绿色低碳发展产业中去。为解决拓宽绿色经济发展的资金筹集渠道问题，在“一带一路”背景之下，应积极吸引外资来我国和东盟国家区域内进行投资，充分发挥多边基金、国际环境基金的有利作用并进行市场化监管，进行绿色低碳产业发展。其中，政府应给予适合绿色低碳产业投资的项目以宽松且正面、有力的政策支持，积极引导社会富余资金参与到绿色产品的生产、营销、运输中，为我国和东盟国家区域内的绿色低碳经济发展拥有源源不断的资金支持保驾护航。

此外，重点可聚焦于赋予政策性银行支持低碳经济发展职能，鼓励其开展专门业务促进低碳经济的发展。一是发挥商业银行的资源配置作用，用法律框定商业银行支持绿色、低碳经济义务，促进银行建立高碳污染行业的信贷退出机制，促进金融行业在各业务环节履行环保责任，将区域内金融业打造成“绿色”行业。二是完善低碳经济信用担保机制，通过适当的政府补偿，降低向低碳经济提供担保的相关机构风险并建立担保机构与银行之间的合作制度，使担保机构与银行利益共享、风险共担。

**3. 能源、产业与消费政策的优化**

依据实际情况，对已有能源政策进行结构性优化，不仅可促进可再生清洁能源的推广与使用，而且可降低对传统不可再生能源的使用率，提高化石能源的淘汰速度与淘汰率，并在无形中提高传统能源生产工艺低碳化的改造速度，推进低碳化生产和生产低碳化消费品的速度。

打破“碳锁定效应”的要求。建立健全能耗效率管制政策，用严格的约束“倒逼”企业减少碳排放量。借鉴西方国家经验，建立完善碳排放市场交易机制并强化法律法规支撑。推动完善促进绿色设计、强化清洁生产、提高资源利用效率、发展循环经济、严格污染治理、推动绿色产业发展、扩大绿色消费、实行环境信息公开、应对气候变化等方面法律法规制度，强化执法监督，加大对违法行为查处和问责力度；加强行政执法机关与监察机关、司法机关的工作衔接配合。

在生产与消费两个不同环节，可通过政策工具，调节企业能源利用率，并鼓励对低碳消费品的生产、销售。此外，可通过征收气候变化税等方式增强全社会养成低碳生活的意识。

4. 合理引导城市化，人口密度趋于合理化

为结合城市化发展水平整体中等及大部分国家或地区存在较大的发展潜力的优势，补救城市化发展带来的能耗劣势，城市化水平较低国家或地区在后期发展中应注重克服不利于经济绿色发展的弊端。一是注重后期城市化是否明显滞后于工业化所对应的非匹配问题；二是城市化进程中，是否明显地表达出土地城市化快于人口城市化的非规整问题；三是城市化是否偏重城市发展的数量和规模，忽略资源和环境的代价，呈现出粗放型生产的非集约化；四是城市化如何解决利用现代管理制度、消除城市病、减少人口密度失衡的非成熟问题。

通过借鉴发达国家发展经验，目前城市化水平较低国家或地区在后期发展中可提高城市化的发展质量，减少对资源与环境的不必要消耗。

### （四）政府及相关部门组织加强宣传引导

根据调查可知社会大众对碳排放关注度不高，70% 以上的受调查者都只是偶尔关注，而政府、环保团体及相关组织在减排工作中极为重要，因此政府及相关部门组织可以加强宣传引导，推动群众观念特别是消费习惯的改变。政府以及相关的部门可以在以下方面多做倡议。

1. 促进绿色产品消费

政府应提高绿色采购品在采购比例中的占比，将绿色产品在采购比例与使用范围中逐渐推广，逐步将绿色采购制度涵盖至国企等。加强对企业和居民采购绿色产品的引导，鼓励地方采取补贴、积分奖励等方式促进绿色消费。为追赶网络直播带货热潮，电商平台可设立绿色产品展销专区，以此作为销量增长的新发力点。此外，为加大对绿色产品和服务认证管理力度，防止产品鱼龙混杂，认证机构信用监管机制应逐步建立并完善。为引领全社会转变消费理念，进行绿色消费，推广绿色电力证书交易是一条重要途径。与此同时，应严厉打击生产、销售、运输非绿色产品行为，有关行政处罚等信息应存档并纳入国家企业信用信息公示系统，以此进行严厉警告。

**2. 倡导绿色低碳生活方式**

厉行节约，人人有责，人们应从点滴生活中坚决抵制一切浪费行为。因地制宜推进生活垃圾分类和减量化、资源化，开展宣传、培训和成效评估。扎实推进污染治理。推进过度包装治理，推动生产经营者遵守限制商品过度包装的强制性标准。宣传绿色低碳出行方式，呼吁大众绿色出行、智慧出行。深入开展爱国卫生运动，整治环境脏乱差。开展绿色生活创建活动，如：在使用电器的过程中，如果不用及时关闭；节约用水，洗菜、洗衣服的水可以二次利用；外出购物时，可以自己带环保袋，卖场有偿提供塑料袋制品；出行时，近距离首选步行、自行车，较长距离选择公交车、新能源汽车等交通工具；日常生活尽量使用清洁能源，减少煤、石油、天然气等不可再生能源或其制品的使用；多食用低碳食品，如蔬菜、水果，减少食物废弃物包括食物浪费和过度消费；积极向他人宣传“低碳经济”理念；变废为宝，杜绝浪费。

**3. 加强宣传引导，培养游客低碳意识**

政府部门、企业、非政府组织可以通过官网、宣传广告、电视、微信、微博、抖音等全媒体宣传引导，倡导低碳生活并宣传低碳相关知识，推动民众养成低碳意识和习惯；同时，旅游企业可以在游客旅游过程中积极向其宣传“低碳旅游”的理念，在吃、住、行、游、娱、购等场所播放宣传内容，放置宣传资料。加大宣传的力度是提高旅游者参与感的重要途径。

# 第十章　建立广西—东盟低碳经济与生态协同发展示范区

广西是我国唯一与东盟陆海相连的省区，是中国—东盟合作前沿和战略高地，也是"一带一路"有机衔接的重要门户，是我国面向东盟的"桥头堡"，具有"一湾相挽十一国，良性互动东中西"的独特区位优势。我国已是泰国、越南、柬埔寨最大旅游客源国，是老挝最大投资国，泰国、越南、柬埔寨、老挝与我国关系稳定发展。广西—东盟低碳经济与生态协同发展示范区范围主要包括以我国广西和泰国、柬埔寨、越南、老挝为主的广西—东盟国家区域（简称广西—东盟国家区域）。我国广西所处的门户位置，与越南接壤，与泰国、柬埔寨、老挝距离甚近。越南、泰国、柬埔寨、老挝同属中南半岛。凭借地理位置优势，2004年，中国—东盟博览会永久落户广西，中国—东盟博览会是我国和东盟各国政府主办、我国广西承办的国际经贸盛会，已成功举办20届，同期成功举办20届中国—东盟商务与投资峰会，推动并见证了中国—东盟战略伙伴关系的不断发展、经贸等合作的不断提升。作为西部大开发战略的关键支点、"一带一路"建设的重要窗口、西部陆海新通道的重要节点，通过对接东盟，发挥独特区位优势，强化开放引领，着力打造重点产业集群，深度融入国内国际双循环，为建设我国广西与东盟国家区域文明、实现广西—东盟国家区域经济社会发展和生态环境保护持续发挥作用。

近年来，广西地方政府出台了《关于推进生态文明示范区建设的决定》，提出要加快产业结构调整和生态化转型，大力发展生态经济、低碳经济和循环经济。2021年4月，广西壮族自治区人民政府发布《广西壮族自治区国民经济和社会发展第十四个五年规划和2035年远景目标纲要》，指出要建立健全绿色低碳循环的生态经济体系，创新“生态+”发展模式，推进资源总量管理、科学配置、全面节约、循环利用，努力把生态优势转变为发展优势。建立广西—东盟低碳经济与生态协同发展示范区，借鉴“低碳世博”模式，打造“低碳”中国—东盟博览会；拓展低碳经贸合作，开设中国—东盟低碳论坛积极开展对外交流，在《中国—东盟环境合作战略和行动框架（2021—2025）》下，在能源低碳转型、节能环保、实现碳减排目标等领域的深入合作，促进广西—东盟国家区域生态协同发展。

## 一、广西生态概况与绿色低碳发展现状

广西壮族自治区，与广东、云南、湖南、贵州毗邻，南临北部湾并与海南省隔海相望，西南与越南接壤。行政区域土地面积23.76万平方公里，管辖约4万平方公里北部湾海域面积。2023年，常住人口为5013万。广西矿产资源丰富，储量大，其中铝、锡等有色金属储量最多。通过表10.1，可以看到广西自然条件优越，水力、海洋资源丰富，气候宜人，森林面积较大。

表10.1　广西自然资源情况（2015—2021年）

| 指标 | 2015 | 2016 | 2017 | 2018 | 2019 | 2020 | 2021 |
|---|---|---|---|---|---|---|---|
| 一、土地 | | | | | | | |
| 土地面积/万平方公里 | 23.76 | 23.76 | 23.76 | 23.76 | 23.76 | 23.76 | 23.76 |
| 按土地特征分 | | | | | | | |
| 林地面积/平方公里 | 133153 | 133064 | 132994 | 132949 | 132949 | 160803 | 160803 |
| 二、海洋 | | | | | | | |
| 海岸线长度/公里 | 1629 | 1629 | 1629 | 1629 | 1629 | 1629 | 1629 |
| 浅海面积/平方公里 | 6488 | 6488 | 6488 | 6488 | 6488 | 6488 | 6488 |
| 滩涂面积/平方公里 | 1005 | 833 | 1005 | 903 | 900 | 900 | 900 |
| 三、气候 | | | | | | | |
| 年平均气温/℃ | 21.4 | 21.4 | 21.1 | 21.0 | 21.1 | 21.2 | 21.6 |

续表

| 指标 | 2015 | 2016 | 2017 | 2018 | 2019 | 2020 | 2021 |
|---|---|---|---|---|---|---|---|
| 年日照时数 / 小时 | 1354 | 1604 | 1433 | 1452 | 1398 | 1361 | 1675 |
| 年降水量 / 毫米 | 1943 | 1660 | 1810 | 1517 | 1609 | 1630 | 1335 |
| 四、森林 | | | | | | | |
| 森林面积 / 万公顷 | 1478 | 1479 | 1480 | 1482 | 1484 | 1485 | 1486 |
| 人均森林面积（按常住人口平均）/ 亩 | 4.81 | 4.61 | 4.54 | 4.51 | 4.47 | 4.44 | 4.43 |
| 活立木蓄积量 / 万立方米 | 70308 | 76194 | 77500 | 79000 | 93571 | 94902 | 97843 |

来源:《广西统计年鉴 2022》。

经济发展水平方面，2021 年广西地区生产总值达到 2.47 万亿元。通过表 10.2 可以发现广西区域经济发展潜力大，生产总值由 1978 年的 75.85 亿元增长至 2021 年的 24740.86 亿元，人均地区生产总值由 1978 年的 225 元 / 人增长至 2021 年的 49206 元 / 人，第一、二、三产业中，第三产业增幅最大，由 1978 年的 19.34 亿元增长至 2021 年的 12537.45 亿元，2021 年，广西第三产业值占生产总值的 50.67%。由于广西发展第三产业，因此地区能源消耗和环境污染相对较少。

**表 10.2　广西主要年份生产总值情况**

单位：亿元

| 年份 | 广西生产总值 / 亿元 | 第一产业 / 亿元 | 第二产业 / 亿元 | 第三产业 / 亿元 | # 工业 / 亿元 | # 建筑业 / 亿元 | # 交通运输、仓储及邮政业 / 亿元 | # 批发、零售和住宿餐饮业 / 亿元 | 人均地区生产总值 /（元 · 人 $^{-1}$） |
|---|---|---|---|---|---|---|---|---|---|
| 1978 | 75.85 | 30.77 | 25.74 | 19.34 | 23.29 | 2.52 | 3.67 | 4.43 | 225 |
| 1979 | 84.59 | 37.28 | 27.90 | 19.41 | 25.12 | 2.86 | 2.94 | 3.98 | 246 |
| 1980 | 97.33 | 43.73 | 30.70 | 22.90 | 27.78 | 3.01 | 3.80 | 5.00 | 278 |
| 1981 | 113.46 | 52.17 | 32.91 | 28.38 | 29.71 | 3.30 | 4.01 | 10.40 | 317 |
| 1982 | 129.15 | 62.66 | 34.62 | 31.87 | 30.98 | 3.74 | 4.25 | 11.36 | 354 |
| 1983 | 134.60 | 63.10 | 36.99 | 34.51 | 32.39 | 4.70 | 4.70 | 11.17 | 363 |

续表

| 年份 | 广西生产总值/亿元 | 第一产业/亿元 | 第二产业/亿元 | 第三产业/亿元 | #工业/亿元 | #建筑业/亿元 | #交通运输、仓储及邮政业/亿元 | #批发、零售和住宿餐饮业/亿元 | 人均地区生产总值/(元·人$^{-1}$) |
|---|---|---|---|---|---|---|---|---|---|
| 1984 | 150.27 | 65.75 | 43.15 | 41.37 | 36.97 | 6.29 | 5.46 | 12.31 | 399 |
| 1985 | 180.97 | 76.89 | 54.55 | 49.53 | 45.92 | 8.77 | 6.11 | 14.56 | 471 |
| 1986 | 205.46 | 84.96 | 68.85 | 51.65 | 58.41 | 10.62 | 7.17 | 12.30 | 525 |
| 1987 | 241.56 | 99.17 | 81.57 | 60.82 | 70.96 | 10.83 | 9.14 | 13.55 | 607 |
| 1988 | 313.28 | 117.34 | 100.42 | 95.52 | 86.38 | 14.31 | 12.46 | 28.23 | 770 |
| 1989 | 383.44 | 148.82 | 109.67 | 124.95 | 97.11 | 12.86 | 16.21 | 44.41 | 927 |
| 1990 | 449.06 | 175.40 | 118.13 | 155.53 | 104.79 | 13.66 | 20.45 | 57.53 | 1066 |
| 1991 | 518.59 | 193.66 | 140.64 | 184.29 | 123.66 | 17.36 | 30.65 | 62.03 | 1211 |
| 1992 | 646.60 | 231.23 | 186.99 | 228.38 | 161.44 | 26.04 | 38.96 | 74.92 | 1490 |
| 1993 | 871.70 | 250.11 | 320.26 | 301.33 | 273.03 | 48.07 | 48.49 | 101.66 | 1982 |
| 1994 | 1198.29 | 333.79 | 468.57 | 395.93 | 404.59 | 65.22 | 55.12 | 130.96 | 2675 |
| 1995 | 1497.56 | 453.15 | 534.45 | 509.96 | 461.25 | 74.61 | 73.76 | 168.97 | 3304 |
| 1996 | 1697.90 | 534.88 | 585.83 | 577.19 | 503.32 | 84.05 | 88.77 | 200.72 | 3706 |
| 1997 | 1817.25 | 582.74 | 612.46 | 622.05 | 524.49 | 89.58 | 95.20 | 223.52 | 3928 |
| 1998 | 1911.30 | 586.70 | 665.57 | 659.03 | 561.34 | 105.95 | 98.65 | 247.04 | 4346 |
| 1999 | 1971.41 | 567.72 | 680.59 | 723.10 | 570.76 | 111.58 | 114.07 | 267.96 | 4444 |
| 2000 | 2080.04 | 557.38 | 730.88 | 791.78 | 612.33 | 120.43 | 125.36 | 290.02 | 4652 |
| 2001 | 2279.34 | 576.34 | 769.22 | 933.78 | 639.54 | 131.64 | 145.86 | 312.68 | 5058 |
| 2002 | 2523.73 | 601.99 | 844.75 | 1076.99 | 699.15 | 147.74 | 174.63 | 342.28 | 5558 |
| 2003 | 2798.17 | 659.59 | 955.14 | 1183.44 | 788.41 | 169.15 | 182.20 | 376.89 | 6119 |
| 2004 | 3305.12 | 810.14 | 1151.14 | 1343.84 | 953.64 | 200.42 | 201.05 | 425.46 | 7182 |
| 2005 | 3742.14 | 904.80 | 1324.25 | 1513.09 | 1098.38 | 229.24 | 207.27 | 445.35 | 8068 |
| 2006 | 4417.77 | 1024.31 | 1604.68 | 1788.78 | 1343.19 | 265.61 | 215.42 | 493.31 | 9421 |
| 2007 | 5474.79 | 1214.87 | 2073.99 | 2185.93 | 1762.12 | 317.27 | 247.82 | 572.21 | 11542 |
| 2008 | 6455.43 | 1422.25 | 2466.03 | 2567.15 | 2088.03 | 384.40 | 308.75 | 649.41 | 13471 |
| 2009 | 7112.91 | 1425.54 | 2715.26 | 2972.11 | 2241.40 | 480.73 | 342.35 | 743.30 | 14708 |

续表

| 年份 | 广西生产总值/亿元 | 第一产业/亿元 | 第二产业/亿元 | 第三产业/亿元 | #工业/亿元 | #建筑业/亿元 | #交通运输、仓储及邮政业/亿元 | #批发、零售和住宿餐饮业/亿元 | 人均地区生产总值/(元·人$^{-1}$) |
|---|---|---|---|---|---|---|---|---|---|
| 2010 | 8552.44 | 1639.67 | 3465.20 | 3447.57 | 2875.51 | 598.50 | 427.94 | 878.62 | 18070 |
| 2011 | 10299.94 | 2006.43 | 4241.18 | 4052.33 | 3504.07 | 747.85 | 515.73 | 1081.09 | 22234 |
| 2012 | 11303.55 | 2126.41 | 4503.08 | 4674.06 | 3643.80 | 870.44 | 541.43 | 1296.31 | 24181 |
| 2013 | 12448.36 | 2290.64 | 4709.33 | 5448.39 | 3699.72 | 1013.03 | 580.43 | 1418.15 | 26416 |
| 2014 | 13587.82 | 2413.44 | 5145.55 | 6028.83 | 4023.83 | 1125.97 | 624.32 | 1463.35 | 28603 |
| 2015 | 14797.80 | 2565.45 | 5391.00 | 6841.35 | 4159.05 | 1232.81 | 689.28 | 1542.28 | 30890 |
| 2016 | 16116.55 | 2800.29 | 5620.96 | 7695.30 | 4307.32 | 1315.03 | 737.16 | 1652.14 | 33340 |
| 2017 | 17790.68 | 2878.30 | 6138.25 | 8774.13 | 4680.06 | 1465.96 | 804.61 | 1808.49 | 36441 |
| 2018 | 19627.81 | 3021.09 | 6692.87 | 9913.85 | 5101.92 | 1606.58 | 867.14 | 1950.26 | 39837 |
| 2019 | 21237.14 | 3389.67 | 7046.43 | 10801.04 | 5246.57 | 1816.05 | 902.04 | 2135.82 | 42778 |
| 2020 | 22120.87 | 3645.92 | 7046.84 | 11428.11 | 5172.76 | 1889.00 | 889.69 | 2154.39 | 44237 |
| 2021 | 24740.86 | 4015.51 | 8187.90 | 12537.45 | 6074.49 | 2128.82 | 1050.46 | 2442.56 | 49206 |

来源:《广西统计年鉴 2022》。

表 10.3 为广西主要年份工业污染排放及处理利用情况。从 2000 年到 2010 年，广西基本处于工业污染排放快速增长的阶段，2015 年以来，工业废水、烟（粉）尘、二氧化硫等的排放得到有效控制。但是，工业废气排放总量 2021 年仍达 22014 亿立方米，降低工业污染排放，优化环境治理这一工作任重而道远，未来须继续从制度建设、技术创新等多方面付诸努力。

**表 10.3 广西主要年份工业污染排放及处理利用情况**

| 指标 | 2000 | 2005 | 2010 | 2015 | 2016 | 2017 | 2018 | 2019 | 2020 | 2021 |
|---|---|---|---|---|---|---|---|---|---|---|
| 汇总工业企业数/个 | | 1738 | 4443 | 3543 | 3298 | 2630 | 2670 | 3258 | 3106 | 3027 |
| 工业废水排放量/万吨 | 81571 | 145609 | 165211 | 63253 | 32554 | 35950 | 36057 | 37165 | 30559 | 30588 |
| #经过处理达标/万吨 | 30303 | 121873 | 160139 | | | | | | | |
| 工业废气排放总量/亿标立方米 | 4607 | 8339 | 14520 | 16773 | 13485 | 14158 | 16010 | 16634 | 23454 | 22014 |

续表

| 指标 | 2000 | 2005 | 2010 | 2015 | 2016 | 2017 | 2018 | 2019 | 2020 | 2021 |
|---|---|---|---|---|---|---|---|---|---|---|
| #燃料燃烧过程中废气排放量 / 亿标立方米 | 1787 | 4370 | 8584 | | | | | | | |
| 生产工艺过程中废气排放量 / 亿标立方米 | 2820 | 3969 | 5936 | | | | | | | |
| 二氧化硫排放总量 / 万吨 | 83 | 97 | 85 | 39 | 13 | 12 | 10 | 10 | 8 | 7 |
| 烟（粉）尘排放量 / 万吨 | | | | 33 | 21 | 18 | 16 | 16 | 10 | 8 |
| 烟尘排放总量 / 万吨 | 59 | 54 | 26 | | | | | | | |
| 工业粉尘排放量 / 万吨 | 57 | 56 | 32 | | | | | | | |
| 工业固体废物产生量 / 万吨 | 2108 | 3489 | 6232 | 7023 | 6476 | 6503 | 9769 | 10278 | 9030 | 9386 |
| 工业固体废物处置量 / 万吨 | 227 | 109 | 1563 | 546 | 259 | 1009 | 1761 | 1338 | 1396 | 1367 |
| 工业固体废物综合利用量 / 万吨 | 1058 | 2165 | 4231 | 4433 | 4152 | 3693 | 4799 | 5408 | 4389 | 4296 |
| 工业固体废物排放量 / 万吨 | 127 | 110 | 9 | 0 | 0 | 0 | 0 | 0 | 0 | 0 |
| “三废”综合利用产品产值 / 万吨 | 84856 | 238923 | 510233 | | | | | | | |

来源:《广西统计年鉴 2022》。

表 10.4 为广西主要年份工业污染治理项目建设情况。由该表可见，自 2000 年以来，广西已经投入较大规模的人力、物力、财力进行工业污染治理，其中 2015 年工业污染治理项目投资最多，达 247151 万元，此后逐年下降，2020 年为 35534 万元，直到 2021 年，呈上升趋势，达 119600 万元。当前，工业污染治理不能松懈，仍须加强常态化的管理和必要的投入。

**表 10.4　广西主要年份工业污染治理项目建设情况**

| 指标 | 2000 | 2005 | 2010 | 2015 | 2016 | 2017 | 2018 | 2019 | 2020 | 2021 |
|---|---|---|---|---|---|---|---|---|---|---|
| 汇总工业企业数 / 个 | | 255 | 126 | 108 | 139 | 128 | 151 | 85 | 52 | 81 |
| 施工项目本年投资来源合计 / 万元 | | 103730 | 92845 | 247151 | 130433 | 75847 | 58273 | 48620 | 35534 | 119600 |
| 排污费补助 / 万元 | | 9533 | 770 | 168 | 801 | 155 | 0 | 0 | 0 | 0 |

续表

| 指标 | 2000 | 2005 | 2010 | 2015 | 2016 | 2017 | 2018 | 2019 | 2020 | 2021 |
|---|---|---|---|---|---|---|---|---|---|---|
| 政府其他补助 / 万元 | | 284 | 388 | 2367 | 832 | 1040 | 128 | 291 | 275 | 315 |
| 企业自筹 / 万元 | | 93914 | 91687 | 244616 | 128800 | 74652 | 58145 | 48329 | 35259 | 119285 |
| # 银行贷款 / 万元 | | 32665 | 30 | 1260 | 35 | 10096 | 9 | 2000 | 0 | 3154 |
| 施工项目本年完成投资额 / 万元 | 73659 | 103730 | 92845 | 247151 | 130442 | 86468 | 58273 | 48620 | 35534 | 119600 |
| 治理废水 / 万元 | 40020 | 33678 | 47388 | 15939 | 10906 | 9247 | 4025 | 14708 | 7644 | 3323 |
| 治理废气 / 万元 | 26895 | 56863 | 27250 | 187490 | 104600 | 46342 | 14370 | 17299 | 20387 | 113170 |
| 治理固体废物 / 万元 | 2716 | 1849 | 17024 | 26722 | 14096 | 237 | 35763 | 30 | 185 | 34 |
| 治理噪声 / 万元 | 102 | 505 | 80 | 50 | 0 | 0 | 0 | 175 | 0 | 22 |
| 治理污染搬迁 / 万元 | | 10 | 0 | 0 | 0 | 0 | 0 | 0 | 6200 | 0 |
| 治理其他 / 万元 | 3927 | 10824 | 1104 | 16950 | 840 | 30642 | 4116 | 16408 | 1117 | 3005 |
| 施工和竣工项目 / 个 | | 695 | 341 | 236 | 0 | 180 | 182 | 98 | 85 | 143 |
| 当年施工项目 / 个 | 1270 | 389 | 175 | 137 | 119 | 102 | 98 | 58 | 45 | 82 |
| # 治理废水 / 个 | | 166 | 109 | 36 | 36 | 25 | 16 | 13 | 11 | 10 |
| 治理废气 / 个 | | 174 | 36 | 65 | 60 | 61 | 63 | 34 | 17 | 63 |
| 治理固体废物 / 个 | | 34 | 22 | 7 | 9 | 3 | 5 | 1 | 2 | 2 |
| 治理噪声 / 个 | | 7 | 1 | 2 | 0 | 0 | 0 | 1 | 0 | 1 |
| 治理污染搬迁 / 个 | | 1 | 0 | 0 | 0 | 0 | 0 | 0 | 1 | 0 |
| 治理其他 / 个 | | 7 | 7 | 27 | 14 | 13 | 14 | 9 | 14 | 6 |
| 当年竣工项目 / 个 | 1060 | 307 | 166 | 99 | 79 | 78 | 84 | 40 | 40 | 61 |
| # 治理废水 / 个 | 443 | 124 | 104 | 29 | 24 | 17 | 11 | 11 | 10 | 7 |
| 治理废气 / 个 | 553 | 138 | 34 | 45 | 41 | 53 | 57 | 23 | 14 | 50 |
| 治理固体废物 / 个 | 32 | 30 | 20 | 5 | 7 | 0 | 4 | 1 | 2 | 2 |
| 治理噪声 / 个 | 4 | 7 | 1 | 1 | 0 | 0 | 0 | 1 | 0 | 1 |
| 治理污染搬迁 / 个 | | 1 | 0 | 0 | 0 | 0 | 0 | 0 | 0 | 0 |
| 治理其他 / 个 | 28 | 7 | 7 | 19 | 7 | 8 | 12 | 4 | 14 | 1 |

来源:《广西统计年鉴 2022》。

表 10.5 为 2014—2021 年广西环境污染源治理投资情况。为保持良好生态环境，广西投入大量资金对环境污染源进行治理，其中，2020 年广西环境污染源治理投资最多，为 3478983 万元，城市环境基础设施建设本年完成投资额所占比例最大，环境污染源治理以城市环境基础设施建设为重点，城市环境基础设施建设投资主要用于城市燃气工程建设、排水工程建设、园林绿化工程建设、市容环境卫生等四个方面。

表 10.5　2014—2021 年广西环境污染源治理投资情况

| 指标 | 2014 | 2015 | 2016 | 2017 | 2018 | 2019 | 2020 | 2021 |
|---|---|---|---|---|---|---|---|---|
| 环境污染源治理投资总额 / 万元 | 2045292 | 2329068 | 1908757 | 1799172 | 1356107 | 1192850 | 3478983 | – |
| 一、工业污染源治理项目本年完成投资 / 万元 | 178909 | 247151 | 130433 | 75847 | 58273 | 48620 | 35534 | 119600 |
| 二、当年完成环保验收项目环保投资 / 万元 | 387683 | 596962 | 176712 | 220897 | 150309 | 92953 | 46470 | 23411 |
| 三、城市环境基础设施建设本年完成投资额 / 万元 | 1478700 | 1484955 | 1601612 | 1502428 | 1147239 | 1051276 | 3396979 | – |
| 燃气工程建设 / 万元 | 147347 | 115689 | 117135 | 124129 | 93414 | 78119 | 113572 | – |
| 排水工程建设 / 万元 | 395776 | 546952 | 517550 | 463399 | 456002 | 465375 | 1071503 | – |
| 园林绿化工程建设 / 万元 | 825240 | 754666 | 831305 | 793495 | 450495 | 367121 | 1949115 | – |
| 市容环境卫生 / 万元 | 110337 | 67648 | 135622 | 121405 | 147328 | 140662 | 262789 | – |

来源：《广西统计年鉴 2022》。

2023 年广西环境质量总体良好。环境空气质量优良天数比例为 96.8%。主要河流水质总体为优，广西海域 22 个国家考核点位中，水质优良比例为 90.9%。石漠化治理成效、植被生态质量和生态改善程度均居全国第一，森林覆盖率全国第三。

广西积极推进应对气候变化政策措施的制定，促进生态经济发展。制定

《应对气候变化方案》《实施〈中华人民共和国节约能源法〉办法》《公共机构节能管理办法》《关于开展以环境倒逼机制推动产业转型升级攻坚战的决定》等地方性法规、规章和实施条例。《广西生态经济发展规划（2015—2020年）》明确把资源能源节约利用作为衡量生态经济发展的重要指标，并制定发展生态经济鼓励类指导目录和生态经济重大项目实施方案；“十三五”期间，广西完成了规划中确定的生态环境保护指标。2021年，印发《关于支持广西新能源汽车推广应用若干措施的通知》《广西支持推进新型城镇化若干政策措施》《广西战略性新兴产业发展“十四五”规划》等，加快推进广西建设绿色低碳、现代新兴目的地。

广西加快转变发展方式，促进绿色低碳发展。倡导发展新兴生态产业，主要包括节能环保装备制造、节能环保服务业、新能源和可再生能源开发、新能源和清洁能源汽车、生物医药、新材料产业、海洋工程装备及高技术船舶等；加强对石油化工、有色金属、冶金、建材、制糖、林产业、茧丝绸等资源型产业生态化改造，鼓励发展生态种养和生态旅游；加强生态基础设施建设，着力改善水环境、保护饮用水水源地、保护北部湾海洋和防治农业面源污染等；实行最严格水资源管理制度；建设城市绿带，积极推进天然气县县通工程建设。2021年9月，广西出台《关于加快建立健全绿色低碳循环发展经济体系的实施意见》，继续推动广西绿色发展迈出新步伐，促进经济社会发展全面绿色转型，推进新时代中国特色社会主义壮美广西和生态文明强区建设。

## 二、广西碳排放情况

### （一）碳排放量的测算方法

#### 1. LMDI 公式

目前，对碳排放的测量已经成为各国政府和学术界聚焦的重要问题，现有研究主要集中在碳排放影响因素及其测量方法方面，指数分解分析法是目前对影响因素进行分解分析的一项重要方法，可以从时间和空间两个角度进行研究。其中对数平均迪氏指数（Logarithmic Mean Divisia Index，LMDI）是学者们最常用的指数分解方法。基于 kaya 恒等式，运用 LMDI 因素分解方法建立碳排放影响因素分解模型，将碳排放量增量拆分为各类效应，根据 LMDI 加法模型，可以得到各影响因素作用效果计算公式，通过公式计算可得到影响因素的效应，效应数值表示对应地区碳排放量增量中该因素所构成的影响大小，其中能源结构的变化是引起碳排放量变化的重要原因之一。当结果为正值时，表示该影响因素对碳排放有促进作用，即增加碳排放量；当结果为负值时，表示该影响因素对碳排放有抑制作用，即降低碳排放量，绝对值越大，影响效果越强，各个效应的总和为碳排放总量。从时间上看，已有研究大多集中在通过 LMDI 的时间指数分解分析来探究区域碳排放量各驱动因子的贡献度随时间变化情况；从空间上看，多针对碳排放负荷比较高及经济较为发达的区域，通过能源消费数据对碳排放总量的驱动因子进行分析。

LMDI 公式在测算碳排放量方面较为成熟，可以很好地测量某一因素在事物整体变化的贡献程度，因而在能源研究领域常被国内外学者使用。当前我国许多研究人员都运用 LMDI 公式对我国或者一些省域进行碳排放量测算分析。碳排放量的计算公式如下所示：

$$C = \sum_{i=1}^{n} E_i \times K_i 。 \tag{10-1}$$

式中：$C$ 为碳排放量（万吨）；$E_i$ 为该能源排放的总量，$K_i$ 为第 $i$ 种能源碳排放系数；$i$ 表示第 $i$ 能源种类。碳排放系数，即每一种能源燃烧或使用过程中单位能源所产生的碳排放数量，根据气候变化专门委员会（IPCC）的假定，可以认为某种能源的碳排放系数是不变的。以天然气为例，燃烧 1 立方米天然气会产生多少二氧化碳，这个就是碳排放系数（carbon emission factor）。将使用的天然气（$X^3$）乘以碳排放系数（a t/m$^3$），就得到了燃烧 $X$ 立方米天然气产生的二氧化碳。

**2. Kaya 恒等式及其扩展**

Kaya 在 1989 年于 IPCC 研讨会上提出 Kaya 恒等式，其基本方程如式（10-2）所示：

$$CO_2=\frac{CO_2}{PE}\times\frac{PE}{GDP}\times\frac{GDP}{POP}\times POP。\quad(10\text{-}2)$$

式中：$CO_2$表示碳排放量，$PE$表示一次能源消费量，$GDP$表示地区生产总值，$POP$表示人口规模总数。Kaya 恒等式将碳排放的变化表示为能源消耗、经济发展、人口增长三者共同作用的结果，在温室气体排放等环境问题研究领域得到国内外学者的广泛应用。

由于 Kaya 恒等式具有良好的开放性和拓展性，本研究对 Kaya 恒等式进行扩展分解，基于实际情况将能源消费的不同部门及种类进行细化，扩展后的 Kaya 恒等式如式（10–3）所示：

$$C=\sum_{ij}Ci_j=\sum_{ij}\frac{C_{ij}}{E_{ij}}\times\frac{E_{ij}}{E_i}\times\frac{E_j}{Q_j}\times\frac{Q_j}{Q}\times\frac{Q}{P}\times P\quad(10\text{-}3)$$

式中：$C$为碳排放总量；$E$为能源消费总量；$Q$为地区生产总值；$P$为地区人口总量；$i$表示不同行业类型，$i$=1，2，…，6；$j$表示不同能源种类，$j$=1，2，…，20。将式（10–3）进一步简化，即可得到：

$$C=\sum_{ij}CeC_{ij}\times ES_{ij}\times EI_i\times IS_i\times ED\times PS\quad(10\text{-}4)$$

式中：$CeC_{ij}=C_{ij}/E_{ij}$，为第$i$行业消费第$j$类能源时产生的二氧化碳排放量与能源消费量之比，表示碳排放系数；$ES_{ij}=E_{ij}/E_{i,}$ 为第$i$行业第$j$类能源消费量与行业能源消费总量之比，表示能源消费结构；$EI_i=E_i/Q_i$为第$i$行业能源消费总量与行业生产总值之比，表示能源消费强度；$IS_i=Q_i/Q$，为第$i$行业生产总值与地区生产总值之比，表示区域产业结构；$ED=Q/PS$，为地区生产总值与地区人口总量之比，表示人均富裕程度；$PS$为地区人口总量，表示人口规模。

### （二）广西碳排放量的数据来源及测算

目前，广西尚未发布碳排放量数据，为研究碳排放量情况，必须通过定量方法进行测算。不同种类的能源排放强度也不同，根据《广西统计年鉴》得知，在能源消耗总量中，主要分为三方面，即煤炭、石油、电力。在《广西统计年鉴》中，记录了 1978—2021 年能源消费的总量，煤炭的消耗量一直比其他的能源要高。由此可知，广西最主要消耗的能源仍然是煤炭。发电主要还是通过火力发电，这对煤炭的依赖非常大，而在各类能源中碳排放量最高的也是煤炭，依赖煤炭也意味着广西的碳排放量比较高。根据广西主要消耗能源是煤炭、石油和电力的特点，本研究借鉴政府间气候变化专门委员会（IPCC）的报告，主要通过广西能源消耗的总量计算二氧化碳排放量。碳排放系数依据当地实际情况进行测算，比如说各地用的燃料含氮量、燃烧的技术等等都不相同。根据中国碳交易网给出的二氧化碳排放量计算方法，二氧化碳排放系数 = 平均单位发热量 × 单位热值含碳量 × 碳氧化率 × 碳转换系数；根据摩尔比折算，二氧化碳转换系数为 44/12。通过查询《综合能耗计算通则》（GB/T 2589—2020）、《中国能源统计年鉴》、《省级温室气体清单编制指南》（发改办气候〔2011〕1041 号）确定二氧化碳排放系数的各项计算指标，经计算得煤炭二氧化碳排放系数为 1.9003kg$CO_2$/kg，石油二氧化碳排放系数为 3.1013kg$CO_2$/kg，广西电力碳排放系数为 0.714kg$CO_2$/kg。（表 10.6）

**表 10.6　能源碳排放系数**

| 煤炭（吨碳 / 吨标准煤） | 石油（吨碳 / 吨标准煤） | 电力（吨碳 / 吨标准煤） |
|---|---|---|
| 1.9003 | 3.1013 | 0.714 |

根据广西能源消耗的特征，选取了煤炭、石油、电力能源进行主要分析，运用 Kaya 恒等式扩展公式（10-3），并依据碳排放系数计算，煤炭、石油及电力的总量数据（表 10.7）主要通过《广西统计年鉴 2022》得出，年鉴中指出指标均为常规能源折合标准煤。

**表 10.7　广西 2015—2019 年煤炭、石油、电力能源消耗总量**

单位：万吨标准煤

| 年份 | 煤炭 | 石油 | 电力 |
|---|---|---|---|
| 2015 | 4523.03 | 1559.77 | 3722.86 |
| 2016 | 4657.47 | 1757.00 | 3695.67 |
| 2017 | 4744.37 | 1774.17 | 3937.48 |

续表

| 年份 | 煤炭 | 石油 | 电力 |
|---|---|---|---|
| 2018 | 5094.24 | 1720.49 | 4008.66 |
| 2019 | 5502.72 | 1555.31 | 4212.02 |

数据来源:《广西统计年鉴 2022》。

将广西地区能源消费结构、能源消费强度、区域产业结构、人均富裕程度及人口规模（见表 10.8）等数据代入到公式，再把相关的碳排放系数代入计算得到碳排放的情况，表 10.9 为 2015—2019 年广西三种主要的能源碳排放以及合计碳排放量。

**表 10.8　广西 2015—2019 年测算主要能源碳排放量所需指标数据**

| 项目 | | 2015 | 2016 | 2017 | 2018 | 2019 |
|---|---|---|---|---|---|---|
| 能源消费结构 /% | 煤炭 | 46.1 | 46.1 | 45.4 | 47.1 | 48.8 |
| | 石油 | 15.9 | 17.4 | 17.0 | 15.9 | 13.8 |
| | 电力 | 38.0 | 36.5 | 37.6 | 37.0 | 37.4 |
| 能源消费强度 /（万吨标准煤 · 亿元 $^{-1}$） | 煤炭 | 0.41 | 0.40 | 0.37 | 0.37 | 0.38 |
| | 石油 | 0.07 | 0.08 | 0.07 | 0.06 | 0.05 |
| | 电力 | 0.09 | 0.09 | 0.09 | 0.09 | 0.09 |
| 区域产业结构 /% | 第一产业 | 17.3 | 17.4 | 16.2 | 15.4 | 16.0 |
| | 第二产业 | 36.4 | 34.9 | 34.5 | 34.1 | 33.2 |
| | 第三产业 | 46.2 | 47.7 | 49.3 | 50.5 | 50.9 |
| 人均富裕程度 /（元 · 人 $^{-1}$） | | 30890 | 33340 | 36441 | 39837 | 42778 |
| 人口规模 / 万人 | | 5518 | 5579 | 5600 | 5659 | 5695 |
| 主要能源碳排放量 / 万吨 | 煤炭 | 8595.11 | 8850.59 | 9015.73 | 9680.58 | 10456.82 |
| | 石油 | 4837.31 | 5448.98 | 5502.23 | 5335.76 | 4823.48 |
| | 电力 | 2658.12 | 2638.71 | 2811.36 | 2862.18 | 3007.38 |
| 合计碳排放量 / 万吨 | | 21480.32 | 22339.29 | 23659.56 | 24888.14 | 26336.39 |

表 10.9　广西 2015—2019 年主要能源碳排放量

单位：万吨

| 年份 | 煤炭碳排放量 | 石油碳排放量 | 电力碳排放量 | 合计 |
| --- | --- | --- | --- | --- |
| 2015 | 8595.11 | 4837.31 | 2658.12 | 21480.32 |
| 2016 | 8850.59 | 5448.98 | 2638.71 | 22339.29 |
| 2017 | 9015.73 | 5502.23 | 2811.36 | 23659.56 |
| 2018 | 9680.58 | 5335.76 | 2862.18 | 24888.14 |
| 2019 | 10456.82 | 4823.48 | 3007.38 | 26336.39 |

从表 10.9 可以看出广西二氧化碳排放量比较高，并呈现逐年增长的趋势，其中以煤炭碳排放量为主，其次是石油碳排放量。一直以来，广西发展经济对资源和能源的依赖程度较高，能源结构不够合理，这种发展方式就使得碳排放量高的特征显露出来。从经济可持续发展的角度来考虑，实现低碳化发展，要加快广西地区绿色工业转型的进程，加速产业结构优化升级。在发展的过程中，以生态工业园区为载体，同时注重循环经济的发展，加强技术创新，用来改造提升传统产业，加快信息化与工业化的融合，确保广西经济发展实现资源消耗低、环境污染少、经济效益好，走一条新型工业化道路。除此之外，还要大力发展第三产业，推动现代服务业水平提升，实行绿色交通，推进低污染的城市交通运输系统，实现产业的绿色低碳化，从而发挥产业结构调整的碳减排效应，最终达到抑制碳排放量快速增长的目的。2021 年 5 月，中国石化首批碳中和加油站之一的广西石油百色六华加油站光伏发电项目开始正式运营，这也是广西首座碳中和加油站。该站光伏发电量每年可减少碳排放量 81.5 吨，抵消加油站自身碳排放后，仍能净减排二氧化碳约 5.5 吨，可以有效降低碳排放量。

## 三、广西—东盟国家区域碳排放情况分析

### （一）区域二氧化碳排放总量较大，年均增长区域间不均衡

上文已根据目前最新数据，测算出广西 2015—2019 年主要能源碳排放量；另由第三章表 3.2 可知 2015—2018 年泰国、越南、柬埔寨、老挝二氧化碳排放总量。据此，整理形成表 10.10。2015—2018 年，广西—东盟国家区域二氧化碳排放总量为 2920063 千吨，与东盟十国同时段二氧化碳排放总量（见表 3.2）相比，为其 49.34%。

表 10.10　2015—2018 年广西—东盟国家区域二氧化碳排放量

单位：千吨

| 区域 | 2015 | 2016 | 2017 | 2018 | 备注 |
|---|---|---|---|---|---|
| 广西 | 214803 | 223393 | 236596 | 248881 | 主要能源碳排放量 |
| 柬埔寨 | 8580 | 9900 | 11370 | 11160 | 二氧化碳排放量 |
| 泰国 | 263080 | 260720 | 260660 | 257860 | 二氧化碳排放量 |
| 越南 | 209200 | 223870 | 222130 | 257860 | 二氧化碳排放量 |
| 老挝 | 8660 | 15360 | 18510 | 18790 | 二氧化碳排放量 |

由表 10.10 和图 10.2 可见，整体上，泰国的碳排放总量最大，2015—2018 年二氧化碳排放量合计达 1042320 千吨；其次是广西，共计 923673 千吨；柬埔寨碳排放量最小，共计 41010 千吨。年均增长率方面，2015—2018 年，老挝二氧化碳排放量平均年增长率最高，达 33.13%，其中 2016 年的增长率为 77.37%，2017 年的增长率为 20.51%，2018 年的增长率为 15.13%；其次是柬埔寨，为 9.46%；再次是越南，为 7.44%；泰国最小，为 -0.67%，且一直呈负增长。

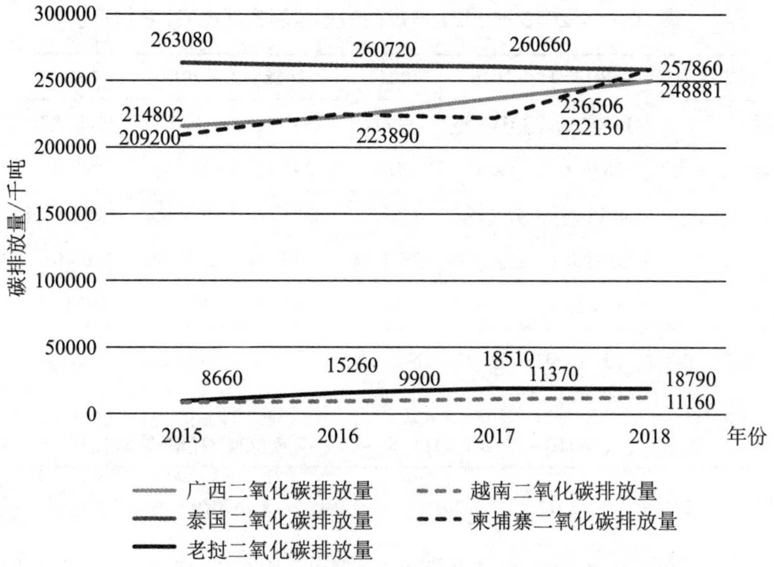


**图 10.1 2015—2018 年广西—东盟国家区域二氧化碳排放量**

### （二）区域经济增速快，二氧化碳排放趋势不容乐观

碳排放影响因素涉及经济、社会、森林面积、技术等方面，综合来看，广西—东盟国家区域二氧化碳排放不容乐观。首先，从经济增长方面（见表 10.11），2015—2021 年广西—东盟国家区域 GDP 各年份基本呈递增状态，平均年增长率最高的是广西，为 8.972%，其年增长率最高的为 2021 年的 11.84%；平均年增长率最低的是泰国，为 4.14%。（见表 10.12）同时，2016—2021 年，本区域平均年增长率为 6.43%。2020 年新冠疫情暴发，全球经济出现非常态变化。由环境库兹涅茨倒 U 形曲线可知，在工业化、城市化的过程中，随着经济的不断增长，环境污染的程度将呈现上升的趋势；待经济增长、环境污染上升到一定高度，则出现拐点，环境污染程度会逐年呈现下降的趋势。由增速和本区域所属国家为发展中国家进行判断，本区域环境污染还处于倒 U 形曲线的左侧，且离拐点还有一定距离。

表 10.11 2015—2021 年广西—东盟国家区域 GDP 情况

| 区域 | 2015 | 2016 | 2017 | 2018 | 2019 | 2020 | 2021 |
|---|---|---|---|---|---|---|---|
| 广西 / 亿元 | 14797.80 | 16116.55 | 17790.68 | 19627.81 | 21237.14 | 22120.87 | 24740.86 |
| 柬埔寨 / 亿美元 | 180.50 | 200.17 | 221.77 | 245.72 | 270.89 | 258.73 | 269.61 |
| 泰国 / 亿美元 | 4012.96 | 4133.66 | 4563.57 | 5067.54 | 5439.77 | 5004.57 | 5055.68 |
| 越南 / 亿美元 | 2392.58 | 2570.96 | 2813.54 | 3101.06 | 3343.65 | 3466.16 | 3661.38 |
| 老挝 / 亿美元 | 144.26 | 159.12 | 170.71 | 181.42 | 187.41 | 189.82 | 188.27 |

数据来源:《广西统计年鉴 2022》和 ASEAN（东盟秘书处）https://data.aseanstats.org/。

表 10.12 2016—2021 年广西—东盟国家区域 GDP 年增长率

| 区域 | 2016 | 2017 | 2018 | 2019 | 2020 | 2021 | 平均年增长率 |
|---|---|---|---|---|---|---|---|
| 广西 | 0.089118 | 0.103876 | 0.103264 | 0.081992 | 0.041612 | 0.118440 | 0.089717 |
| 柬埔寨 | 0.108964 | 0.107932 | 0.107974 | 0.102461 | −0.044910 | 0.042062 | 0.070747 |
| 泰国 | 0.030078 | 0.104001 | 0.110434 | 0.073453 | −0.080002 | 0.010212 | 0.041363 |
| 越南 | 0.074554 | 0.094352 | 0.102195 | 0.078227 | 0.036638 | 0.056321 | 0.073715 |
| 老挝 | 0.103014 | 0.072815 | 0.062707 | 0.033013 | 0.012873 | −0.008147 | 0.046046 |

### （三）区域森林覆盖率整体较好，部分国家森林面积递减明显

碳排放量包括碳排放和碳吸收，森林面积越大，碳吸收量则越大，碳吸收能力也越强。植树造林是最佳减排工程。2011—2021 年，广西—东盟国家区域平均森林覆盖率为 53.55%，超过 40%，能较好减排固碳，保护生态环境。本区域中，老挝平均森林覆盖率为 72.5%，目前森林覆盖率居首位，但 2011—2021 年逐年在递减。广西森林覆盖率自 2011 年开始，由 56.5% 增至并一直保持在 62.55%，这跟我国重视气候问题、实施减排行动、倡导发展绿色低碳经济有直接关系。2011—2021 年，柬埔寨和泰国森林覆盖率均逐年递减，其中柬埔寨递减明显，森林面积由 2011 年的 58.01% 减少至 2021 年的 44.83%，情况堪忧。（见表 10.13 和图 10.3）

**表 10.13　2011—2021 年广西—东盟国家区域森林面积占土地面积的百分比**

单位：%

| 区域 | 2011 | 2012 | 2013 | 2014 | 2015 | 2016 | 2017 | 2018 | 2019 | 2020 | 2021 |
|---|---|---|---|---|---|---|---|---|---|---|---|
| 广西 | 56.50 | 56.50 | 56.50 | 60.20 | 62.24 | 62.30 | 62.30 | 62.40 | 62.45 | 62.50 | 62.55 |
| 柬埔寨 | 58.01 | 56.04 | 54.07 | 52.09 | 50.12 | 49.24 | 48.35 | 47.47 | 46.59 | 45.71 | 44.83 |
| 泰国 | 39.29 | 39.28 | 39.28 | 39.27 | 39.27 | 39.18 | 39.11 | 39.04 | 38.97 | 38.90 | 38.83 |
| 越南 | 43.16 | 43.57 | 44.06 | 44.44 | 44.87 | 45.88 | 46.00 | 46.23 | 46.48 | 46.72 | 46.96 |
| 老挝 | 73.25 | 73.10 | 72.95 | 72.80 | 72.65 | 72.50 | 72.35 | 72.20 | 72.05 | 71.90 | 71.75 |

数据来源：世界银行（Last Updated：07/30/2021）https://data.worldbank.org.cn/。

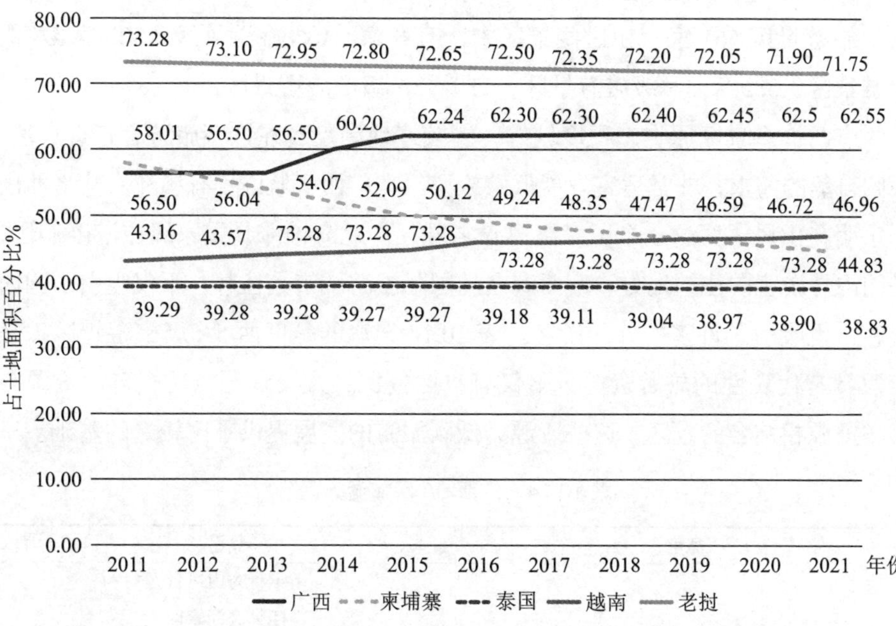


**图 10.2　2011—2021 年广西—东盟国家区域森林面积占土地面积百分比**

综上可见，根据现有最新数据发现，2011—2021 年，广西—东盟国家区域森林覆盖率整体较好，老挝、柬埔寨和泰国森林覆盖率均逐年递减，其中柬埔寨降幅较大。整体上，经济基础薄弱的柬埔寨在发展经济的同时，应多重视生态环境治理和保护。

## 四、广西发展低碳旅游的基础

### （一）良好的生态和旅游资源

广西多为山区，依山傍水，奇山异石，自然环境纯净秀美。旅游资源丰富，种类齐全，数量多，分布广。广西的旅游资源有岩溶地貌景观、奇特的喀斯特地貌山水景观、人文旅游资源和滨海旅游资源等。广西重视旅游的发展，不断改善交通条件；旅游基础设施也在不断完善，有利于呈现出广西丰富的旅游资源，吸引更多游客。这都为低碳旅游的发展提供了良好的资源基础。从广西相关统计年鉴中可知，截至 2021 年，广西区域内一共拥有 2A 及以上旅游景区 661 家，在这些景区中，有 8 家 5A 级旅游景区，307 家 4A 级旅游景区，335 家 3A 级旅游景区，11 家 2A 级的旅游景区。

广西许多景区原生态程度较好，能较好地满足现在许多旅游者亲近自然、回归自然的需求，非常适宜发展低碳旅游。在广西区域内，有漓江、桂平西山和宁明花山风景区这 3 个国家级风景名胜区。北海银滩是国家级旅游度假区，是国内外游客向往的地方。广西有名的国际旅游城市是桂林，不仅吸引了国内游客，也吸引了许多的外国游客。表 10.14 选取的是广西 5A 级旅游景区，是广西具有代表性的旅游资源，不仅有自然资源、人文资源，还有自然资源与人文资源相结合的景区。这些资源为低碳旅游的发展提供了比较好的基础。

表 10.14　广西 5A 级旅游景区

| 类别 | 景区 |
|---|---|
| AAAAA | 南宁青秀山风景区 |
| | 桂林漓江景区 |
| | 桂林乐满地景区 |
| | 桂林独秀峰·王城景区 |
| | 桂林两江四湖·象山景区 |
| | 百色起义纪念园 |
| | 德天跨国瀑布景区 |
| | 北海涠洲岛南湾鳄鱼山景区 |

来源:《广西统计年鉴 2022》。

### （二）旅游业发展良好

数据显示，2021 年广西全区接待国内外游客共 7.98 亿人次，同比增加 20.7%，旅游总消费达到 9064.4 亿元，同比增长 24.7%。旅游逐渐发展为广西经济增长的重要产业，在广西经济的发展中有着重要地位。

由表 10.15 可以看出，广西旅游接待总量和旅游总消费逐年递增，在旅游发展方面，广西积极响应国家号召，主动融入乡村振兴、兴边富民等国家战略，促进旅游的良好发展。旅游的良好发展更加有利于推进低碳旅游的发展。由表 10.16 可看出，截至 2021 年，广西旅游机构总计 1666 家，其中旅游管理部门有 310 家，旅游管理部门主要包括 3 个部门，旅游行政主管部门、独立法人的二层机构和旅游行业协会。旅行社有 937 家，星级酒店有 419 家，其中五星级 13 家，四星级 109 家，三星级 243 家，二星级 54 家。这也是广西发展低碳旅游的良好基础，旅游管理部门、旅行社以及酒店可以共同合作，一起发力促进低碳旅游的良好发展。

表 10.15　广西 2016—2021 年旅游接待总量和旅游总消费

| 项目 | 2016 | 2017 | 2018 | 2019 | 2020 | 2021 |
|---|---|---|---|---|---|---|
| 旅游接待总量 / 万人次 | 45244.73 | 52325.32 | 68329.7 | 87618.96 | 66116.68 | 79838 |
| 旅游总消费 / 亿元 | 4191.37 | 5580.36 | 7619.9 | 10241.4 | 7267.5 | 9064.4 |

表 10.16　截至 2021 年广西旅游机构数

单位：家

| 旅游机构 | 旅游管理部门 | 旅行社 | 星级饭店 | 总计 |
|---|---|---|---|---|
| 数量 / 家 | 310 | 937 | 419 | 1666 |

### （三）倡导发展低碳旅游

广西已开发出以登山、徒步、骑行、漂游等低碳型乡村旅游线路。同时，为合理利用生态资源，有效保护自然生态环境，积极推进广西生态旅游持续健康发展，至2022年，有3个国家生态旅游示范区，5个国家全域旅游示范区、8个广西全域旅游示范市、31个广西全域旅游示范区、32个广西特色旅游名县、91个广西生态旅游示范区，着力建设美丽广西、清洁景区、清洁乡村旅游区、清洁农家乐，强化对旅游资源和生态环境保护。2021年，广西壮族自治区人民政府印发《关于加快建立健全绿色低碳循环发展经济体系的实施意见》(桂政府〔2021〕27号)，全方位全过程推行绿色规划、绿色设计、绿色投资和绿色消费等。加快基础设施绿色升级，提升交通基础设施绿色发展水平，积极打造绿色公路、绿色铁路、绿色航道、绿色港口、绿色空港，大力发展绿色建筑。

## 五、建立广西—东盟低碳经济与生态协同发展示范区优势与机遇

依托中国—东盟博览会、中国—东盟商务与投资峰会、中国（广西）自由贸易试验区等平台，广西与东盟国家贸易具有市场优势，我国与东盟建立对话关系30年，广西与东盟外贸进出口额到2020年达到343.5亿美元，激增426倍，年均增长23.2%。

表10.17　2019—2021广西与东盟进出口商品总值

单位：亿元

| | | 2019 | | | 2020 | | | 2021 | | |
|---|---|---|---|---|---|---|---|---|---|---|
| | | 进出口 | 出口 | 进口 | 进出口 | 出口 | 进口 | 进出口 | 出口 | 进口 |
| 主要贸易方式 | 合计 | 2334.65 | 1402.98 | 931.68 | 2374.41 | 1533.44 | 840.96 | 2821.17 | 1657.29 | 1163.88 |
| | 边境小额贸易 | 1090.81 | 1060.52 | 30.29 | 1125.63 | 1098.18 | 27.46 | 1071.62 | 1048.02 | 23.6 |
| | 一般贸易 | 418.02 | 246.40 | 171.62 | 387.41 | 209.48 | 177.93 | 467.94 | 222.17 | 245.77 |
| | 其他贸易 | 395.37 | 22.05 | 373.32 | 283.31 | 45.08 | 238.24 | 440.54 | 68 | 372.55 |
| | 海关特殊监管区域物流货物 | 366.64 | 36.62 | 330.02 | 470.07 | 114.93 | 355.14 | 680.21 | 225.43 | 454.78 |

续表

| | | 2019 | | | 2020 | | | 2021 | | |
|---|---|---|---|---|---|---|---|---|---|---|
| | | 进出口 | 出口 | 进口 | 进出口 | 出口 | 进口 | 进出口 | 出口 | 进口 |
| 主要贸易国别 | # 合计 | 2334.65 | 1402.98 | 931.68 | 2374.41 | 1533.44 | 840.96 | 2821.17 | 1657.29 | 1163.88 |
| | 越南 | 1753.92 | 1204.59 | 549.32 | 1762.14 | 1343.56 | 418.58 | 2003.93 | 1425.69 | 578.25 |
| | 印度尼西亚 | 75.91 | 36.1 | 39.81 | 55.56 | 20.36 | 35.19 | 90.57 | 28.96 | 61.62 |
| | 新加坡 | 61.93 | 53.06 | 8.87 | 43.29 | 34.95 | 8.34 | 34.43 | 27.33 | 7.1 |
| | 马来西亚 | 83.88 | 55.09 | 28.79 | 84.95 | 61.02 | 23.93 | 122.49 | 82.24 | 40.25 |
| | 泰国 | 318.71 | 31.77 | 286.94 | 380.46 | 46.65 | 333.81 | 500.47 | 57.21 | 443.26 |
| | 菲律宾 | 27.48 | 10.89 | 16.59 | 28.77 | 12.69 | 16.07 | 40.77 | 15.5 | 25.27 |
| | 柬埔寨 | 5 | 4.65 | 0.35 | 6.39 | 6.10 | 0.29 | 10.47 | 9.86 | 0.61 |
| | 老挝 | 1.57 | 1.35 | 0.22 | 5.94 | 1.77 | 4.17 | 10.59 | 4.95 | 5.64 |
| | 缅甸 | 5.95 | 5.33 | 0.62 | 6.71 | 6.13 | 0.57 | 7.36 | 5.47 | 1.88 |
| | 文莱 | 0.32 | 0.14 | 0.17 | 0.20 | 0.20 | … | 0.09 | 0.09 | 0 |

来源:《广西统计年鉴 2022》。

从表 10.17 可见 2019—2021 年广西与东盟十国进出口商品贸易情况，贸易方式多样，包括边境小额贸易、一般贸易、海关特殊监管区域物流货物、其他贸易等；由进出口商品总值发现，越南占比最多。

我国在广西于 2019 年正式设立中国（广西）自由贸易试验区，重点打造与东盟合作先行示范区；中国（广西）自由贸易试验区建设已取得创新性成果，位于中越边境的中国（广西）自由贸易试验区崇左片区创新人民币对越南盾资金清算机制、设立互市贸易服务中心、创新中越有关银行机构信息沟通机制。《中华人民共和国国民经济和社会发展第十四个五年规划和 2035 年远景目标纲要》明确提出“支持广西建设面向东盟的开放合作高地”；2021 年，广西壮族自治区人民政府办公厅印发《广西面向东盟的“数字丝绸之路”发展规划（2021—2025 年）》（桂政办发〔2021〕113 号），明确提出推进中国—东盟产能合作绿色化数字化，积极探索中国—东盟跨境碳交易平台建设，打造绿色低碳的国际产能合作标杆。广西—东盟国家区域低碳经济与生态协同发展恰逢其时，拥有良好的机遇。

## 六、建立低碳经济与生态协同发展示范区举措

2021 年 11 月，中国—东盟建立对话关系 30 周年纪念峰会上，习近平主席指出，全面发挥《区域全面经济伙伴关系协定》的作用，启动中国东盟自由贸易区 3.0 版建设；中国与东盟共同制定《中国—东盟战略伙伴关系 2030 年愿景》，签署《落实中国—东盟面向和平与繁荣的战略伙伴关系联合宣言的行动计划（2021—2025）》《中国—东盟关于“一带一路”倡议同〈东盟互联互通总体规划 2025〉对接合作的联合声明》《中国—东盟关于建立数字经济合作伙伴关系的倡议》，为中国—东盟国家区域建立低碳经济与生态协同发展示范区奠定政策基石。

广西—东盟低碳经济与生态协同发展示范区范围主要包括以广西和泰国、柬埔寨、越南、老挝为主的广西—东盟国家区域。南宁是中国（广西）自由贸易试验区总部、中国—东盟信息港南宁核心基地、中国—东盟博览会永久举办地。发挥南宁总部经济和核心区作用，以中国东盟自由贸易区 3.0 版建设为契机，实现资源要素统一配置与协同发展，建立以广西南宁为核心片区、以曼谷、金边、河内、万象为副中心的低碳经济与生态协同发展示范区。

1. 协同制定发展规划，推进并落实规划。基于第八章低碳经济系统、生态环境系统各 5 个指标，建立一套可操作的、能有效促进广西—东盟低碳经济与生态协同发展的评价机制和相应的扶持政策，制订相关的发展计划和行动方案，注重整体效率的发挥，以节能减排、促进低碳发展为目标，强化相关执行监督力度，建立全区域、全民参与的共建共享共荣的监管机制。

2. 探索建立广西—东盟国家区域低碳技术的研发中心、远程教育中心和低碳经济发展转型的试验基地，充分发挥示范区的积聚功能，引入国内外投资和人才，从事低碳经济相关技术的研发和相关产业的培育。培育绿色农业、智慧农业、绿色海洋经济以及新能源汽车、智能制造、电子信息、生物医药等产业。提高研发投入，发展低碳产品，鼓励旅游企业发展低碳的旅游产品，并引导消费者消费这些低碳产品，对积极运用环保能源、环保材料，引入并

推广使用减少二氧化碳排放量技术的企业采取发放补贴、减少或者减免税收等措施。

3. 研究建设广西—东盟国家区域碳交易市场中心，储备、交易越南、柬埔寨、泰国、老挝欠发达地区的森林碳汇；在广西—东盟国家区域创新生态补偿机制、市场机制和帮扶开发机制；支持互联网平台开展面向广西—东盟国家区域的碳普惠服务。有效控制东盟国家区域二氧化碳排放总量，放缓二氧化碳排放量年增长率，促进区域森林覆盖率整体向好发展。

4. 建设广西—东盟国家区域数字贸易中心。发挥“云上东博会”“南宁渠道”等窗口优势，合作共建跨境电子信息产业链，探索在智能终端制造、跨境电商、数字金融等领域率先履行《区域全面经济伙伴关系协定》义务，健全公路、铁路、水运、航空等智慧物流通道协同发展体系，打造中国—东盟国家区域企业数字经济合作第一站。

5. 推进产能合作绿色化，在钢铁、有色金属、建材、电力等重点领域，加强清洁能源研发和产能双向投资合作；形成“油、煤、气、盐”四头并进的绿色产能体系，共建广西—东盟国家区域产能合作信息服务平台，汇聚链接国内外优势产能资源，编制产能合作发展指数报告，指导并在广西—东盟国家区域定期开展产能合作评估评价，打造绿色低碳的国际产能合作标杆。

6. 试点开展“零碳”智慧建筑、“零碳”智慧园区、“零碳”智慧社区合作。运用大数据、物联网和人工智能等技术，实现重点领域全流程能量消耗、能效评价、能量调度和安全保障的智慧管理。同时，相应的政策、人力、技术、基础配套、资金保障都协同跟上，共同寻求和打造适合本地区发展创新性的低碳发展模式。

7. 构建广西—东盟国家区域数字文旅新体系。推动与越南、柬埔寨、泰国、老挝等国家的相关企业、平台合作，实现资源共享。依托丰富的旅游资源实现产业结构的延展，进一步整合旅游资源，形成一系列配套的产业结构链。加快建设广西—东盟国家区域跨境旅游服务平台，提供专业的东盟国家旅游产品，完善多语种信息服务和跨境旅游指南功能，加快实现“一键游东盟”。

习近平主席指出:“生态环境关系各国人民的福祉。”中国—东盟已正式建立中国东盟全面战略伙伴关系，中国—东盟国家区域要充分发挥《区域全面经济伙伴关系协定》的作用，用好用活中国自由贸易试验区政策，完善协调创新驱动机制，建立健全生态环境保护联防联控机制，强化战略互信，推进政策沟通，加快完善争议解决机制，建立便捷高效的争议解决渠道。充分发挥集聚联动效应和增长极效应，发挥吸引和扩散效应，在“人与自然生命共同体”这一规律性认识的指导下，形成区域低碳经济与生态协同发展示范区，打造跨境人与自然生命共同体建设的示范区。

# 第十一章　总结与展望

本研究以我国和东盟国家区域为研究对象，关注以二氧化碳为主的温室气体排放量日益增加所导致的气候问题，以减少碳排放、实现生态协同和保持经济增长为目标展开相应研究。首先，对低碳经济与生态协同的相关研究进行了文献回顾与理论分析；其次，概述了该区域发展低碳经济与生态协同的现状与必要性；再次，构建 LMDI、STIRPAT 模型并分别实证检验了中国—东盟国家区域的碳排放情况、区域空间效应；最后，探析区域内的低碳经济与生态协同发展战略措施，为助力区域低碳经济和生态协同发展提供新的理论解释和方法指导。

## 一、主要研究结论

（1）中国—东盟国家区域低碳经济与生态协同发展具有必要性和可行性。中国—东盟国家区域仍存在生态发展不均衡、经济总量较低、合作贸易不均衡、技术力量薄弱等不足，以及面临绿色贸易投资壁、新冠疫情影响、工业化和城市化进程加快等挑战；但生态基础较好，并采取一定绿色低碳举措，本区域低碳经济与生态协同发展具有政治、区位、市场优势，随着中国东盟全面战略伙伴关系建立、中国—东盟日益重视绿色和可持续发展，以及中国—东盟国家区域的政策支持，中国—东盟国家区域低碳经济与生态协同发展迎来良机。

（2）中国—东盟国家区域碳排放仍呈上升趋势。依托世界银行公布数据综合分析中国—东盟国家区域碳排放情况，发现中国—东盟国家区域二氧化碳排放总量较大，年均增长区域间不均衡；区域经济增速快；同时，区域中泰国、柬埔寨、老挝森林面积递减，尤其柬埔寨森林面积降幅大，二氧化碳排放趋势不容乐观。

（3）中国—东盟国家碳排放量影响因素与空间溢出效应实证研究发现：人口规模、经济水平、工业增加值、城市化水平、对外开放水平等因素对本区域碳排放量有显著影响，对周边地区碳排放量亦产生一定影响；城市化水平对本区域碳排放量影响最大，但对周边地区产生显著的负向抑制作用。

（4）发展低碳旅游是中国—东盟国家区域低碳经济与生态协同发展的重要选择。中国—东盟国家区域拥有丰富生态旅游资源，区域各国政府重视旅游，推行发展可持续性旅游的相关理念，有着较好的低碳旅游基础；东盟各国重视发展我国旅游市场，我国和东盟彼此已成为重要的旅游合作伙伴。目前缺少示范区的带头作用，跨区协同发展所需的政策和法律保障不足。

（5）实证研究中国—东盟低碳经济与生态环境之间关系发现，我国低碳经济与生态环境形成协同发展的良性局势；印度尼西亚、马来西亚、菲律宾、新加坡、泰国低碳经济和生态环境之间，低碳经济大部分处于引领地位；柬埔寨的低碳经济与生态环境之间大部分处于不契合的状态。

（6）中国—东盟国家区域低碳经济与生态协同发展战略模型由国家政策、国际环境、核心子系统三个小的子系统组成，核心子系统涉及城市化、技术进步、经济水平、人口密度，并可在发展优劣势间互相转化。中国—东盟国家区域低碳经济与生态协同发展战略实施路径主要为在中国—东盟国家区域低碳经济发展战略合作共识下，健全我国和东盟国家区域绿色低碳循环发展的生产体系、流通体系，研发绿色低碳技术并实现成果转化，协同发展优化产业结构，完善政策系统，加强宣传引导。

（7）探索建立以广西和泰国、柬埔寨、越南、老挝为主的低碳经济与生态协同发展示范区。在梳理分析广西生态概况与绿色低碳发展现状、碳排放情况、发展低碳旅游的基础以及建立广西—东盟低碳经济与生态协同发展示范区优势与机遇基础上，提出协同制定发展规划，探索建立广西—东盟国家区域低碳技术的研发中心、远程教育中心、低碳经济发展转型的试验基地、碳交易市场中心、数字贸易中心试点，开展“零碳”智慧建筑、“零碳”智慧园区、“零碳”智慧社区合作，建立数字文旅新体系等举措。

## 二、研究中的创新性探讨

本研究的创新性体现在：

一是首次探索性研究中国—东盟国家区域低碳经济与区域生态协同，并探索性提出建立广西—东盟低碳经济与生态协同发展示范区，广西作为中国唯一与东盟陆海相连的自治区，是中国—东盟合作前沿、战略高地以及“一带一路”有机衔接的重要门户。本研究以“一带一路”尤其是海上丝绸之路建设的重点区域——中国—东盟国家区域作为研究对象，对本区域低碳经济与生态协同开展较为系统的研究，拓展了目前低碳经济、生态协同发展研究的新领域。

二基于 kaya 恒等式，运用 LMDI 因素分解方法建立碳排放影响因素分解模型，以目前最新数据为基础，从能源消耗角度，探索性测算广西碳排放量，并综合分析中国—东盟国家区域碳排放情况。

三是基于中国—东盟最新统计数据，以 STIRPAT 模型为基础，应用空间计量分析法，探索性实证研究中国—东盟国家碳排放量影响因素与空间溢出效应。验证人口密度、经济水平、技术进步、城市化水平、对外开放水平等对本区域碳排放量的影响作用和溢出效应。

四是选用 2010—2020 年中国—东盟的低碳经济系统和生态环境系统的相关指标数据建立评价指标体系，引用波动率、契合度谱系图的主要思路，对中国—东盟低碳经济与生态系统的影响关系进行实证分析，探究中国—东盟各国两个系统之间的发展契合度。

## 三、研究展望

本研究从低碳经济视角，以中国—东盟国家区域作为研究对象，概述发展低碳经济与生态协同的现状与必要性，探析区域内的低碳经济与生态协同发展战略措施，从而丰富低碳经济和生态协同发展的理论内涵。与此同时，本研究中还存在需要进一步完善和深入分析的内容。

（1）中国—东盟国家区域的资源条件、经济基础、开发管理等不同，这些差异对低碳经济与生态协同存在影响，需要进一步的探讨与研究。

（2）中国—东盟国家区域经济发展和技术水平等存在不同的阶段，如何结合全生命周期理论，分阶段地进行低碳经济和生态协同发展研究，也需要进行探索。

（3）碳排放具有开放性和公共性，目前最新数据尚未到2023年，如何更加科学和精准测算碳排放量，亦须进一步探究。

# 参考文献


[1] 王祥义，李楠．发展低碳农业经济　促进农业可持续发展 [J]. 黑龙江科技信息，2014(15): 271.

[2] 侯文亮．低碳旅游及碳减排对策研究 [D]. 郑州：河南大学，2010.

[3] 陈伍香．旅游目的地低碳化发展动力机制研究 [M]. 北京：旅游教育出版社，2013: 1-10.

[4] 杨帆．低碳技术创新与应用的法律激励机制研究：基于珠三角现状的考察 [J]. 南京大学法律评论，2015(02): 219-229.

[5] Department of Transport, Department for Environment and Rural Food.Energy White Paper: Our Energy Future——Creating a Low-Carbon Economy[R]. The Stationery Office, 2003.

[6] ANDREW J, KAIDONIS M A, ANDREW B. Carbon tax: Challenging neo liberal solutions to climate change[J]. Critical Perspectives on Accounting, 2010, 21(7): 611-618.

[7] BARANZINI A, GOLDEMBERG J, SPECK S. A future for carbon taxes[J]. Ecological Economics, 2009, (32): 395-412.

[8] SPECK S. Energy and carbon taxes and their distributional implications[J]. Energy Policy, 1999, 27: 659-667.

[9] BRUVOLL A, LARSEN B M. Greenhouse gas emissions in Norway: do carbon taxes work? [J]. Energy Policy 2004, (32): 493-505.

[10] AKHURST, MARK, MORGHEIM J. Rachel Lew is. Green house gas-

emissions trading in BP[J]. Energy Policy, 2010, 31(7): 657−663.

[ 11 ] LI W, WU Y, LU C. The impact on electric power industry under the implementation of national carbon trading market in China: A dynamic CGE analysis[J]. Journal of Cleaner Production.2018, 200: 511−523.

[ 12 ] GUNNINGHAM. Financing a low—carbon revolution[J]. Bulletin of the Atomic Scientists, 2020, 76(5).

[ 13 ] YOICHI K. Impacts of Carbon Dioxide Emission Control on GNP Growth : Interpretation of Proposed Scenarios[R].Paper Presented to the IPCC Energy and IndustrySubgroup, Response Strategies Working Group, 1990.

[ 14 ] GROSSMAN G M, KRUEGER A B. Economic growth and the environmental[J]. Quarterly Journal of Economics, 1997, 110(2): 353−377.

[ 15 ] T. Panayotou, "Empirical Tests and Policy Analysis of Environmental Degradation at Different Stages of Economic Develop ment, " Geneva: ILO, Technology and Employment Programmed, 1993.

[ 16 ] MAYERS N, KENT J. New consumers: The influence of affluence on the environment[C]. Proceedings of National American Society, 2003, 100(8): 4963−4968.

[ 17 ] SCHIPPER L, KHRUSHCH M. Carbon emissions from manufacturing energy use in 13 IE Acountries: Longterm trends through 1995[J]. Energy Policy, 2001, (29): 667−688.

[ 18 ] BROWN S, IAN K. McDonough. Using the Environmental Kuznets Curve to evaluate energy policy: Some practical considerations[J]. Energy Policy, 2016, 98.

[ 19 ] TAPIO P. Towards a theory of decoupling: Degrees of decoupling in the EU and the Case of road traffic in Finland between 1970 and 2001[J]. Journal of Transport Policy, 2005(12): 137−151.

[ 20 ] GARDOKI O A et al. Decoupling between human development and energy consumption within footprint accounts[J]. Journal of Cleaner Production,

2018, 202.

[ 21 ] MARIANNE F G et al. The Socio—Economic Metabolism of an Emerging Economy: Monitoring Progress of Decoupling of Economic Growth and Environmental Pressures in the Philippines[J]. Ecological Economics, 2018, 147.

[ 22 ] Meng Lina, Crijns Graus Wina H. J., Worrell Ernst, Huang Bo. Impacts of booming economic growth and urbanization on carbon dioxide emissions in Chinese megalopolises over 1985–2010: an index decomposition analysis[J]. Energy Efficiency, 2018, 11(1).

[ 23 ] MULUGETTA T, URBAN F. Deliberation on Low Carbon Development[J]. Energy Policy, 2010, 38.

[ 24 ] 国务院发展研究中心课题组 . 全球温室气体减排 : 理论框架和解决方案 [J]. 经济研究 , 2009 (3): 4-3.

[ 25 ] 刘小川 , 汪曾涛 . 二氧化碳减排政策比较以及我国的优化选择 [J]. 上海财经大学学报 ( 哲学社会科学版 ), 2009 (4): 73-280.

[ 26 ] J. Kratochvil, Synergetics of Dislocations. 1993, 4(3): 235-242.

[ 27 ] Mark T.Imperial.Using Collaboration as a Governance Strategy: Lessons From Six Watershed Management Programs[J].Administration & Society, 2005 37, (3): 281-320.

[ 28 ] A R THU R P J M.Environment and Moderni ty in Transitional China: Frontiers of Ecological Modernization[J].Development Change, 2006(1): 35-43.

[ 29 ] CHARLES T, SIDNEY T.Contentious Poli—tics [M].Boulder: Paradigm, 2007.

[ 30 ] PIETER G. Managing Environmental Disputer: Network Management as an Alternative[M].Newtherlands: Kluwer Academic Publishers, 1995: 23-45.

[ 31 ] ANUSHIYA S, DIK R, DEEPA J. Flows of change: dynamic water rights and water access in peri urban Kathmandu[J].Ecology and Society, 2018(2): 2-14.

[ 32 ] Local Partnerships for Better Governance. Paris : OECD, 2001.

[ 33 ] PENNINGTON M. Classical Liberalism and ecological rationality: The case for poly—centricenvironmental[J]environmental Polities, 2008, 17(3): 431-448.

[ 34 ] RÉMY K, ALISTAIR R. The Governance Regime of the Mekong River Basin[R].New York: Greenwood Press, 2017: 34-56.

[ 35 ] ALEXANDER W, LAURA H, ANDREAS M, et al. Multilevel water quality management in the international Rhine catchment area: how to establish social-ecological fit through collaborative governance[J].Ecology and Society, 2019(3): 15.

[ 36 ] WALTER B S, EDRALIN J S, MANI D. Decentralization, Governance, and the New Planning for Local-Level Development[M].New York: Greenwood Press, 2001: 134-167.

[ 37 ] FORSYTH T.Cooperative environmental governance and waste-to-energy technologies in Asia[J].International Journalof Technology Management & Sustainable Development, 2006(5): 209-220.

[ 38 ] TYNICKYNEN N. The Baltic Sea Environment and the European Union: Analysis of Governance Barriers[J]. Marine Policy, 2017(81): 124-131.

[ 39 ] 郭建斌 . 跨域生态环境多元共治机制研究 [D]. 南昌 : 江西财经大学 , 2021.

[ 40 ] 辛秀 , 熊晓轶 . 保定发展具有区域经济特色的低碳产业体系研究 [J]. 商业时代 , 2011(26): 142-143.

[ 41 ] 于艳 . 沿海开发背景下江苏滨海低碳旅游发展模式研究 [D]. 南京 : 南京师范大学 , 2011.

[ 42 ] 苗军 , 王茹 . 中国低碳经济发展研究综述 [J]. 经济研究参考 , 2014(36): 31-38.

[ 43 ] 郑卫 . 政府消费碳排放的测算及因素分解分析 [D]. 徐州 : 中国矿业大学 ; 中国矿业大学 ( 江苏 ), 2019.

[ 44 ] 万里洋 , 董会忠 , 张峰 . 中国碳排放主要影响因子贡献度及减排对策分析

[A]. 环境科学与技术 , 2017, 40(3): 198-203.
[ 45 ] 唐慕晓 . 基于 STIRPAT 模型的碳排放影响因素研究 [D]. 南京 : 南京邮电大学 .2015.
[ 46 ] 尧波 , 郑艳明 , 胡丹 , 聂兰琴 , 付姗 , 胡启武 . 江西省县域农业碳排放的时空动态及影响因素分析 [A]. 长江流域资源与环境 , 2014, 23(3): 311-318.
[ 47 ] 李波 , 张俊飚 , 李海鹏 . 中国农业碳排放时空特征及影响因素分解 [A]. 中国人口 · 资源与环境 , 2011, 21(8): 80-86.
[ 48 ] 钟悦之 . 江西省碳排放时空变化特征研究 [D]. 南昌 : 江西师范大学 , 2011.
[ 49 ] 高长春 . 中国省域能源消费碳排放空间依赖及其影响因素分析 [D]. 湘潭 : 湖南科技大学 , 2017.
[ 50 ] 刘笑明 . 低碳旅游及其发展研究 [J]. 商业研究 , 2011(02): 175-179.
[ 51 ] 马世骏 ; 王如松 . 社会—经济—自然复合生态系统 [J]. 生态学报 , 1984, (01): 1-9.
[ 52 ] 王如松 , 刘建国 . 生态库原理及其在城市生态学研究中的作用 [J]. 城市环境与城市生态 , 1988(2): 20-25.
[ 53 ] 刘则渊 ; 代锦 . 产业生态化与我国经济的可持续发展道路 [J]. 自然辩证法研究 , 1994, (12).
[ 54 ] 刘耀彬 ; 李仁东 ; 宋学锋 . 中国城市化与生态环境耦合度分析 [J]. 自然资源学报 , 2005, (01): 105-112.
[ 55 ] 李存贵 , 佟光霁 . 协调城乡中的生态合作问题研究 [J]. 商业研究 , 2007, (09): 38-41.
[ 56 ] 张文龙 . 城市化与产业生态化耦合发展研究 [C]. 广州 : 暨南大学 , 2009.
[ 57 ] 朱凯轩 . 关于京津冀区域生态协同保护与修复的思考 [J]. 石家庄经济学院学报 , 2016, 39(05): 43-46.
[ 58 ] 唐建荣 , 李晓静 . 产业生态系统协同评价及障碍因子诊断 : 基于 2005—2014 年安徽省 16 市的实证分析 [J]. 华东经济管理 , 2016, 30(11): 17-25.

[ 59 ] 王紫露 . 中国水稻产业布局变迁的经济和生态分析 [D]. 杭州 : 浙江大学 .
[ 60 ] 谭伟文 , 文礼章 , 仝宝生 , 等 . 生态足迹理论综述与应用展望 [J]. 生态经济 ( 中文版 ), 2012, 000(006): 173-181.
[ 61 ] 李想 . 重组竹地板碳足迹计测及影响因素研究 [D]. 杭州 : 浙江农林大学 .
[ 62 ] 吴凡 . 中国节能目标分解与分配研究 [D]. 北京 : 对外经济贸易大学 , 2017.
[ 63 ] 林楠 . 关于发展我国碳排放权市场的研究 [D]. 上海 : 华东师范大学 , 2011.
[ 64 ] 彭鹃 . 碳市场构建中的碳排放权初始分配问题研究 [D]. 重庆 : 重庆交通大学 , 2015.
[ 65 ] 薛钢 . 我国碳税设计中的政策目标协调问题研究 [J]. 中国软科学 , 2010(10): 28-32+108.
[ 66 ] 徐晓静 . 支持低碳经济发展的财税政策研究 [J]. 现代商业 , 2010, 000(012): 77-77.
[ 67 ] 李玲 . 碳金融专业 ( 方向 ) 人才需求分析 [J]. 科学大众 : 科学教育 , 2017(1): 2.
[ 68 ] 范旭 , 葛琳 , 高侃 . 谈城市湿地公园建设的意义 [J]. 林业勘查设计 , 2012(4): 44-46.
[ 69 ] 彭鹃 . 碳市场构建中的碳排放权初始分配问题研究 [D]. 重庆 : 重庆交通大学 , 2015.
[ 70 ] 张树安 , 韩丽娜 . 低碳经济视角下中国碳交易市场的运行机制分析 [J]. 大连民族大学学报 , 2014, 16(4): 393-396.
[ 71 ] 文晔 . 企业碳排放权交易的会计处理与信息披露研究 [D]. 天津 : 天津科技大学 .
[ 72 ] 梁美健 , 罗亚丽 . 碳排放权的资产观及其评估的若干思考 [J]. 山东工商学院学报 , 2016, 30(2): 4.
[ 73 ] 李桂陵 , 蔡菊珍 . 低碳产品价值对消费者低碳偏好的影响 [J]. 湖北工业大学学报 , 2015, 30(3): 5.

[74] 刘学文, 朱京安. 低碳产品认证制度对中国出口贸易的影响及其法律对策 [J]. 法治研究, 2014(12): 9.

[75] 封泉明. 低碳经济概念述评 [J]. 邵阳学院学报 (社会科学版), (6): 47-50.

[76] 贾林娟. 低碳经济发展影响因素及路径设计 [J]. 科技进步与对策, 2014, 31(3): 4.

[77] 金超, 金超. 松辽盆地西南部上白垩统沉积地质特征与二氧化碳埋存潜力. 2013.

[78] 黄琼华. 浅谈低碳经济下的发展策略 [J]. 中国高新技术企业, 2011, 000(001): 14-16.

[79] 李洪梅. 我国竞技体育赛事利益相关者协同治理研究 [D]. 沈阳: 沈阳体育学院.

[80] 严利华, 高英波. 面向非常规突发事件的应急联动策略 [C]// 国家行政学院; 公安部; 民政部. 国家行政学院; 公安部; 民政部, 2016.

[81] 张立荣, 冷向明. 协同治理与我国公共危机管理模式创新: 基于协同理论的视角 [J]. 华中师范大学学报 (人文社会科学版), 2008(02): 11-19.

[82] 武敏. 我国生态环境安全问题的几点思考 [J]. 法制与社会: 旬刊, 2014(1): 2.

[83] 夏维力, 伍佳妮. 复杂产品系统创新信息生态系统的构建及分析 [J]. 情报杂志, 2009(05): 204-206.

[84] 张绍良, 杨永均, 侯湖平. 新型生态系统理论及其争议综述 [J]. 生态学报, 2016, 36(17): 8.

[85] 段登辉. 金融生态环境理论发展概述 [J]. 商, 2013, 000(010): 117-117.

[86] 肖蕊, 赵树磊, 晏颖. 企业实施生态化技术创新的障碍及建议 [J]. 科学大众: 科学教育, 2014, 000(002): 172-172.

[87] 杨廷锋, 赵继杰, 蒋鹏, 何文圆. 云南省产业生态化发展研究 [J]. 安徽农业科学, 2011, 39(02): 1189-1191+1194.

[88] 曹峰. 基于经济发展阶段的环境库茨涅茨曲线及其数值分析 [J]. 经济问题, 2015(09): 34-38.

[89] 蒋晓东 : 我国环境质量综合评价研究 [D]. 湖南 : 湖南大学 , 2015.
[90] 谢华生 . 环境影响评价理论和制度建设的研究 [D]. 天津 : 南开大学 , 2004.
[91] 祝艳 . 基于资源流的环境成本扩展研究 : 以 (……为例 )HX 公司为例 [D]. 厦门 : 集美大学 .
[92] 李翔新 . 基于客流场的武汉城市圈客运空间联系及空间效应研究 [D]. 武汉 : 武汉理工大学 , 2018.
[93] 张建国 . 总部经济下区域税收竞争发展趋势及对策研究 [D]. 成都 : 西南交通大学 .
[94] 张新平 . 生态马克思主义经济理论视阈下循环经济的本质 [J]. 湖北民族学院学报 : 哲学社会科学版 , 2008, 26(5): 6.
[95] 段宁 . 清洁生产、生态工业和循环经济 [J]. 环境科学研究 , 2001(06): 1-4+8.
[96] 诸大建 . 从可持续发展到循环型经济 [J]. 世界环境 , 2000(03): 6-12.
[97] 张玉强 , 张影 . 海洋生态补偿机制研究 : 基于利益相关者理论 [J]. 浙江海洋学院学报 ( 人文科学版 ), 2017(2).
[98] 孙俊杰 . 中国省级区域碳排放脱钩及减排潜力研究 [D]. 徐州 : 中国矿业大学 .
[99] 赵会杰 . 北京市工业碳排放的驱动因素及脱钩效应研究 [D]. 天津 : 天津大学 .
[100] 柬埔寨国家概况 [EB/OL].https://www.fmprc.gov.cn/web/gjhdq_676201/gj_676203/yz_676205/1206_676572/1206x0_676574/, 2023-10.
[101] 柬埔寨中资企业加速绿色转型 [EB/OL]. https://www.imsilkroad.com/news/p/465480.html, 2021-10-12.
[102] 宋依然 . 印度尼西亚可持续固体废物管理与方法 [J]. 当代化工研究 , 2019(15): 87-88.
[103] 宋秀琚 , 王鹏程 . 印度尼西亚的环境灾害及其在全球环境治理中的参与 [J]. 东南亚纵横 , 2018(03): 3-9.

[104] 中国与东盟的清洁能源合作：印度尼西亚 [EB/OL].https://www.huanbao—world.com/green/clean/69078.html, 2018-12-17.

[105] 老挝国家概况 [EB/OL].https://www.fmprc.gov.cn/web/gjhdq_676201/gj_676203/yz_676205/1206_676644/1206x0_676646/, 2023-10.

[106] 麦涛阳 . 老挝生态环境问题及治理对策研究 [D]. 呼和浩特：内蒙古大学，2019.

[107] 新华社综述：中老合作建设老挝首都低碳示范区 .

[108] 综述：中老合作建设老挝首都低碳示范区 [EB/OL].https://baijiahao.baidu.com/s?id=1697987526142893778&wfr=spider&for=pc, 2021-04-25.

[109] 董鑫，张杨心怡 . 中马环境合作，深化的方向是什么？[J]. 中国生态文明，2018(04): 80-81.

[110] 奚旺，袁钰 . 东盟国家应对气候变化政策机制分析及合作建议 [J]. 环境保护，2020, 48(05): 18-23.DOI: 10.14026/j.cnki.0253—9705.2020.05.004.

[111] 缅甸国家概况 [EB/OL].https://www.mfa.gov.cn/web/gjhdq_676201/gj_676203/yz_676205/1206_676788/1206x0_676790/, 2023-07.

[112] 缅甸立新法优化工业区管理 [EB/OL].http://mm.mofcom.gov.cn/article/ddfg/202006/20200602974339.shtml, 2020-06-16.

[113] 菲律宾宣布长滩岛 26 日起关闭半年，恢复海洋生态和旅游环境 [EB/OL].https://m.thepaper.cn/newsDetail_forward_2064721, 2018-04-08.

[114] 中华人民共和国与菲律宾共和国联合声明 [EB/OL].https://www.mfa.gov.cn/web/gjhdq_676201/gj_676203/yz_676205/1206_676452/1207_676464/201811/t20181121_7977742.shtml, 2018-11-21.

[115] 成汉平，宁威 . 新加坡是如何成为“花园城市”的 [J]. 唯实，2016(09): 90-94.

[116] 邓洲 . 泰国产业竞争力现状及中泰产业合作展望 [J]. 东南亚南亚研究，2016(03): 45-53+109.

[117] 泰国国家概况 [EB/OL].https://www.fmprc.gov.cn/web/gjhdq_676201/gj_676203/yz_676205/1206_676932/1206x0_676934/, 2023-09.

[118] 杨胜玮，陈博伟，闫敏，张丽，刘长星. 基于多源数据的泰国生态环境遥感评估 [J]. 生态科学，2021, 40(04): 47-56.

[119] 马念谊，苏畅，黄永凤. 东盟国家特别消费税制比较及启示 [J]. 税务研究，2021(09): 63-69.

[120] 泰国循环经济模式持续发展　生物科技等领域投资潜力大 [EB/OL]. http://hy.stock.cnfol.com/hangyezonghe/20210818/29084999.shtml, 2021-08-18.

[121] 越南国家概况 [EB/OL].https://www.fmprc.gov.cn/web/gjhdq_676201/gj_676203/yz_676205/1206_677292/1206x0_677294/, 2023-10.

[122] 曾芬钰，陈坤鹏，孔庆宝. "一带一路"背景下中国与越南能源合作前景分析 [J]. 上海电力大学学报，2021, 37(04): 385-390.

[123] 王静. 21 世纪海上丝绸之路能源投资风险法律防范机制研究 [D]. 泉州：华侨大学，2018.

[124] 阮氏琼. 越南新能源汽车产业发展与政策研究 [D]. 西安：西北大学，2021.

[125] 中华人民共和国生态环境部 .2020 年中国生态环境状况公报 [EB/OL]. http://www.gov.cn/guoqing/index.htm.

[126] 地　理 [EB/OL].http://www.gxzf.gov.cn/mlgxi/gxrw/zrdl/t1003585.shtml, 2023-08-03.

[127] 刘天森，朱越. 新常态背景下中国低碳经济评价指标体系构建研究 [J]. 现代商贸工业，2020, 41(35): 16-18.

[128] 王珍. 中国省域低碳经济发展评价和碳排放影响因素作用路径研究 [D]. 合肥：安徽大学，2019.

[129] 中国—东盟建立对话关系 30 年　广西与东盟外贸进出口激增 426 倍 [EB/OL].http://www.gxzf.gov.cn/gxydm/sp_29794/t10408241.shtml, 2021-10-13.

[130] 老挝国家概况 [EB/OL].https://www.fmprc.gov.cn/web/gjhdq_676201/gj_676203/yz_676205/1206_676644/1206x0_676646/, 2023-10.

[131] 印度尼西亚国家概况 [EB/OL].https://www.mfa.gov.cn/web/gjhdq_676201/gj_676203/yz_676205/1206_677244/1206x0_677246/, 2023-11.

[132] 菲 律 宾 国 家 概 况 [EB/OL].https://www.mfa.gov.cn/web/gjhdq_676201/gj_676203/yz_676205/1206_676452/1206x0_676454/, 2023-11.

[133] 中国同印度尼西亚的关系 [EB/OL].https://www.mfa.gov.cn/web/gjhdq_676201/gj_676203/yz_676205/1206_677244/sbgx_677248/, 2023-11.

[134] 中国同菲律宾的关系 [EB/OL].https://www.mfa.gov.cn/web/gjhdq_676201/gj_676203/yz_676205/1206_676452/sbgx_676456/, 2023-11.

[135] 蓝天立 .2021 年政府工作报告：2021 年 1 月 21 日在广西壮族自治区第十三届人民代表大会第四次会议上自治区代主席 [EB/OL].http://www.gxzf.gov.cn/zwgk/gzbg/zfgzbg/t7777648.shtml, 2021-01-27.

[136] 傅素英 , 刘圣香 . 基于 LMDI 模型的宁波市碳排放测算及影响因素分析 [A]. 宁波大学学报 ( 人文科学版 ).

[137] 马军 . 基于DEA法的内蒙古发展低碳经济的效率评价 [J]. 科学管理研究 , 2011, 29(003): 84-88.

[138] 二氧化碳排放量计算方法 [EB/OL].http://www.tanpaifang.com/tanjiliang/2012/0430/1626.html, 2012-04-30.

[139] 李艳丽 , 索延栋 . 基于排放系数的城域公铁货运碳排放分析 [J]. 物流技术 ,2021, 40(08): 11-14.

[140] 刘天森 , 朱越 . 新常态背景下中国低碳经济评价指标体系构建研究 [J]. 现代商贸工业 , 2020, 41(35): 16-18.

[141] 吴齐 . 区域碳排放效率评价与影响因素的空间计量分析 [D]. 蚌埠：安徽财经大学 , 2016.

[142] 胡煜 . 中国交通枢纽的空间溢出效应研究 [D]. 北京：北京交通大学 , 2017.

[143] 徐月清 . 我国碳排放权市场价格与配额的研究 [D]. 重庆：重庆大学 , 2015.

[144] 徐静 , 徐月清 . 基于空间面板模型的我国区域碳排放分析 [J]. 生态经济 ,

2015, 31(11): 32-36+55.
[145] 闫紫薇 . 中国交通碳排放的测算及其影响因素的空间计量分析 [D]. 北京 : 北京交通大学 , 2018.
[146] 郭小红 . 中国金融发展对产业集群的影响 [D]. 重庆 : 重庆大学 , 2011.
[147] 张金亭 . 城市网格基准地价评估方法 [D]. 武汉 : 武汉大学 , 2011.
[148] 朱辉 . 城市化进程中的主要推进因素及测算 [D]. 重庆 : 重庆大学 , 2013.
[149] 吴常艳 . 基于空间外溢效应的区域经济收敛研究 [D]. 兰州 : 西北师范大学 , 2013.
[150] 王星 . 城市化对碳排放影响的区域分异性研究 [D]. 兰州 : 兰州大学 , 2018.
[151] 苗建青 , 邵青贤 . 我国 FDI 的空间结构及空间溢出效应研究 [J]. 科学决策 , 2014(08): 47-70.
[152] 张玥 . 基于空间计量经济学的我国能源效率影响因素研究 [D]. 北京 : 北京交通大学 , 2017.
[153] 王土兰 . 外资集聚对地区收入差距的影响研究 [D]. 武汉 : 武汉理工大学 , 2018.
[154] 齐海波 . 我国城镇化对环境污染的影响研究 [D]. 南京 : 南京财经大学 , 2015.
[155] 张艳平 . 中国 30 个省区居民直接碳排放的时空特征及影响因素分析 [D]. 郑州 : 河南大学 , 2018.
[156] 郑涛 , 王阔 , 万雪芬 . 中国金融资本重心迁移及其影响因素的空间计量分析 [J]. 燕山大学学报 ( 哲学社会科学版 ), 2018, 19(05): 74-88.
[157] 王洋洋 . 我国经济—能源—环境协调发展下的碳排放绩效研究 [D]. 天津 : 天津大学 , 2012.
[158] 李超 , 覃成林 . 要素禀赋、资源环境约束与中国现代产业空间分布 [J]. 南开经济研究 , 2011(04): 123-136.
[159] 张志元 , 季伟杰 . 中国省域金融产业集聚影响因素的空间计量分析 [J]. 广东金融学院学报 , 2009, 24(01): 107-117.

[ 160 ] 欧元明 . 中国省域碳排放比较研究 [D]. 武汉 : 华中科技大学 , 2015.

[ 161 ] 李文文 . 我国产业生态经济系统跨区域协同优化研究 [D]. 南京 : 东南大学 , 2018.

[ 162 ] 孙敬水 , 李志坚 , 陈稚蕊 . 低碳经济发展的驱动因素研究 : 以浙江省为例 [J]. 中南财经政法大学学报 , 2011(02): 48–55+143.

[ 163 ] 武娴 . 环渤海地区碳排放区域差异与影响因素分析 [D]. 大连 : 辽宁师范大学 , 2016.

[ 164 ] 杨浩昌 . 产业聚集对中国制造业绩效的影响研究 [D]. 南京 : 东南大学 , 2018.

[ 165 ] 朱高鹏 . 城市化与碳排放关系研究 [D]. 济南 : 山东财经大学 , 2012.

[ 166 ] 陈迁 , 王磊 . 对外开放与碳排放 : 基于省际面板的空间计量分析 [J]. 经济研究导刊 , 2016(04): 153–156+176.

[ 167 ] 姜磊 . 空间回归模型选择的反思 [J]. 统计与信息论坛 , 2016, 31(10): 10–16.

[ 168 ] 汤嫣嫣 . 我国居民消费碳排放影响因素及其空间差异研究 [D]. 徐州 : 中国矿业大学 , 2017.

[ 169 ] 郑洁 . 西北地区物流业与区域经济增长关系研究 [D]. 石河子 : 石河子大学 , 2019.

[ 170 ] 常弘 . 中国对东盟直接投资的区位选择研究 [D]. 南京 : 南京理工大学 , 2014.

[ 171 ] 杨芳 . 生产性服务业集聚的经济增长效应研究 [D]. 兰州 : 兰州大学 , 2017.

[ 172 ] 刘啸 . 论低碳经济与低碳旅游 [J]. 中国集体经济 , 2009(13): : 154–155

[ 173 ] 陈浩 . 低碳经济背景下四川省凉山州低碳旅游发展模式研究 [D]. 昆明 : 昆明理工大学 .2014.

[ 174 ] 张宁 , 侯志强 . 低碳经济视角下低碳旅游实现方式研究 .[A] 泉州 : 华侨大学旅游学院 , 2011: 135–138.

[ 175 ] 郑琳琳 , 林喜庆 . 试论“低碳旅游”模式的构建 : 气候变化条件下旅游

业的应对 .[J]. 襄樊职业技术学院学报 , 2010.1(9): 40-43.

[ 176 ] 黄文胜 . 论低碳旅游与低碳景区的创建 .[J].《生态经济》, 2009.11: 100-102.

[ 177 ] 马驰 , 丁俊慧 . 基于低碳经济的旅游业发展对策研究 [J]. 现代经济 ( 现代物业下月刊 ), 2009, 8(07): 17-19.

[ 178 ] 秦志红 . 北京低碳旅游发展对策研究 [J]. 北京农业职业学院学报 , 2017, 31(02): 54-58.

[ 179 ] 杜婧怡 , 鲍彩莲 . 沈阳市低碳旅游发展问题及对策研究 [J]. 边疆经济与文化 , 2018(11): 32-34.

[ 180 ] 跨国游成广西旅游发展新亮点 [EB/OL].http://www.gxzf.gov.cn/gxydm/dmly/t1221043.shtml, 2018-09-16.

[ 181 ] 伍鹏 . 柬埔寨旅游业发展现状与拓展中国客源市场的对策 [J]. 北方经济 , 2014(05): 92-93.

[ 182 ] 徐亚军 . “一带一路”背景下柬埔寨中文导游人才培养策略 [J]. 四川旅游学院学报 , 2018(03): 88-91.

[ 183 ] 印尼旅游部 2019 年推出旅游 4.0 政策 [EB/OL].https://baijiahao.baidu.com/s?id=1627141869942164902&wfr=spider&for=pc, 2019-03-05.

[ 184 ] 罗文标 . 马来西亚旅游业快速发展的政策因素及启示 [J]. 商业时代 , 2013(10): 114-116.

[ 185 ] 韦朝晖 . 马来西亚 : 2017 年回顾与 2018 年展望 [J]. 东南亚纵横 , 2018(02): 28-34.

[ 186 ] 吴金平 . 论 2009 年菲律宾旅游业的发展 [J]. 东南亚研究 , 2010(04): 32-35.DOI: 10.19561/j.cnki.sas.2010.04.005.

[ 187 ] 菲律宾邀约中国游客践行可持续旅行 [EB/OL].https://zhuanlan.zhihu.com/p/466312765, 2022-02-11.

[ 188 ] 陈莹 . 泰国发展生态旅游及对我国的启示 [J]. 东南亚 , 2002(02): 22-25.

[ 189 ] 王秋明 . 泰国呵叻府北冲县考艾地区生态旅游研究 [D]. 扬州 : 扬州大学 , 2007.

[ 190 ] 陈氏丽水 (TRAN THI LE THUY). 越南头顿市旅游业可持续发展研究 [D]. 桂林 : 广西师范大学 , 2020.

[ 191 ] 肖建红 , 于爱芬 , 王敏 . 旅游过程碳足迹评估 : 以舟山群岛为例 [J]. 旅游科学 , 2011, 25(04): 58-66.

[ 192 ] 赵海凤 , 闫昱霖 , 张大红 . 低碳经济计量模式 [J]. 生态学报 , 2015, 35(04): 1249-1257.

[ 193 ] 张敏敏 . 核能、可再生能源与低碳增长 : 来自中美法日的实证比较 [D]. 大连 : 大连理工大学 , 2017.

[ 194 ] 邓淇中 , 邹雨情 . 农业生态环境与经济增长耦合协调发展的影响因素分析 : 基于中国粮食主产区 13 个省份的面板分位数回归 [J]. 河北地质大学学报 , 2018, 41(04): 53-59.DOI: 10.13937/j.cnki.hbdzdxxb.2018.04.008.

[ 195 ] 王奎峰 , 李娜 , 于学峰 , 王岳林 , 刘洋 . 基于 P-S-R 概念模型的生态环境承载力评价指标体系研究 : 以山东半岛为例 [J]. 环境科学学报 , 2014, 34(08): 2133-2139.DOI: 10.13671/j.hjkxxb.2014.0661.

[ 196 ] 韦云东 , 姚志生 , 罗献宝 , 张丽 , 郑循华 . 茶园生态系统的一氧化氮年排放特征 [J]. 农业环境科学学报 , 2015, 34(08): 1610-1617.

[ 197 ] 张学智 , 王继岩 , 张藤丽 , 李柏霖 , 焉莉 . 中国农业系统甲烷排放量评估及低碳措施 [J]. 环境科学与技术 , 2021, 44(03): 200-208.DOI: 10.19672/j.cnki.10036504.2021.03.026.

[ 198 ] 马静 , 马金案 . 文莱 : 2012—2013 年回顾与展望 [J]. 东南亚纵横 , 2013(03): 10-14.

[ 199 ] 马静 , 马金案 . 文莱 : 2016 年回顾与 2017 年展望 [J]. 东南亚纵横 , 2017(02): 16-21.

[ 200 ] 马静 , 马金案 . 文莱 : 2017 年回顾 [J]. 东南亚纵横 , 2018(01): 23-27.

[ 201 ] 文莱打造低碳生活、应对气候变化十大策略 [EB/OL].http://bn.mofcom.gov.cn/article/sqfb/202110/20211003205080.shtml, 2021-10-07.

[ 202 ] Royal Government of Cambodia, The National Strategic Development Plan, 2006-2010, Approved by the Council of Minister meeting on 27 January

2006, p. 39.

[203] May Kunmakara, "Export figures up 42 percent in 2011, phnom penh post", Friday, 20 January 2012

[204] 杨晓强, 欧芮. 印度尼西亚: 2013 年发展回顾与 2014 年展望 [J]. 东南亚纵横, 2014(02): 21-26.

[205] 第十二届东盟—中日韩环境部长会议在印尼召开 [EB/OL].https://www.mee.gov.cn/ywdt/hjnews/201309/t20130930_261117.shtml, 2013-09-30.

[206] 麦涛阳. 老挝生态环境问题及治理对策研究 [D]. 呼和浩特: 内蒙古大学, 2019.

[207] 韦朝晖. 马来西亚: 2010—2011 年回顾与展望 [J]. 东南亚纵横, 2011(03): 22-28.

[208] 张洁清, 等. 东盟国家环境管理制度及案例分析 [M]. 北京: 中国环境出版社, 2017: 172-174.

[209] 黄耀东, 黄尚坤. 菲律宾: 2012~2013 年回顾与展望 [J]. 东南亚纵横, 2013(03): 36-41.

[210] 菲律宾塑料袋禁令引发环境问题 [J]. 国外塑料, 2012, 30(06): 19.

[211] 陈嘉龙. 从"环境威权主义"到"环境民主": 新加坡生态环境建设经验探究 [D]. 武汉: 华中师范大学, 2018

[212] 陈红升. 泰国: 2012~2013 年回顾与展望 [J]. 东南亚纵横, 2013(04): 40-45.

[213] 外交部 https://www.mfa.gov.cn/web/gjhdq_676201/gj_676203/yz_676205/1206_676932/1207_676944/201204/t20120419_7999824.shtml

[214] 谢力群. 推进"四大"建设　加快工业经济转型升级 [J]. 政策瞭望, 2010(05): 18-19.

[215] 尹思敏. 关于构建绿色技术创新体系的思考与建议 [J]. 中国经贸导刊, 2019(23): 61-63.

[216] 伏绍宏, 谢楠. 我国低碳经济政策问题研究 [J]. 天府新论, 2020(01): 124-130.

[217] 谭俊波，蒋婷婷．低碳经济视角下湖南省可持续发展模式研究 [J]. 淮阴工学院学报，2018, 27(03): 75-79.

其他参考资料：

[1] 自然资源部地图技术审查中心 https://www.zrzyst.cn/

[2] 中华人民共和国环境保护部：《中国—东盟环境合作战略 (2016—2020 年 )》

[3] 中国—东盟环境保护合作中心 http://www.chinaaseanenv.org/

[4] 广西壮族自治区环保厅：《中国—东盟环境合作—创新与绿色发展》《中国—东盟环境合作战略及行动框架 2021—2025》

[5] 国家统计局 http://www.stats.gov.cn/《中国能源统计年鉴 2020》《中国统计年鉴 2020》《中国文化文物和旅游统计年鉴 2020》《中国—东盟统计年鉴 2018》

[6] 广西壮族自治区统计局 http://tjj.gxzf.gov.cn/《广西统计年鉴 2020》

[7] 中国东盟旅游合作研究协同创新中心东盟旅游国别数据库 https://atrc.gltu.edu.cn/aseandata/dm:《东盟统计年鉴 2018》《中国—东盟 2016 国家统计手册》《2017 年东盟经济共同体图表》

# 附录1　关于“低碳经济”感知的调查问卷

尊敬的女士 / 先生：

您好！

非常感谢您抽出宝贵时间填写此问卷！您填写的答卷仅用于学术研究，完全不会对外公开。请根据您的真实意愿和实际情况选择答案。本调查答案没有对错、好坏或高低之分，不会对您本人造成任何不良影响。本次调查是匿名进行的，我们将严格保密您的个人信息，您可以放心作答。非常感谢您的理解和支持！谢谢您的合作！谨祝：身体健康，万事如意！

1. 您来自哪一个国家或区域？［单选题］

□中国

□泰国

□越南

□柬埔寨

□其他国家 / 区域

2. 您的受教育程度？［单选题］

□初中

□高中

□大学及以上

3. 您的年龄？［单选题］

□ 18 岁及以下

□ 18—40 岁

□ 41—60岁

□ 61岁及以上

4. 您是通过哪些方式了解“低碳经济”的？［单选题］

□媒体

□身边人介绍

□环保机构宣传

□其他 ______________________________

5. 您对二氧化碳排放以及温室效应等关注吗？［单选题］

□很关注

□偶尔关注

□不关注

6. 您觉得本国发展“低碳经济”模式有必要吗？［单选题］

□十分必要

□没有必要

7. 您觉得低碳经济会影响您正常的生活吗？或者说降低您的生活质量？［单选题］

□肯定会

□肯定不会

□在一定程度上会

□可能或提高生活质量

□不确定

8. 您认为本国没有必要发展“低碳经济”的原因包括哪些？［多选题］

□低碳经济是贫困的经济，不适合我国

□低碳经济将限制高耗能、高排放的重工业的发展

□低碳经济将限制人们生活水平的提高

□低碳经济需要先进技术及低碳能源，成本太高

□低碳经济对我国目前经济发展状况来说仍太遥远

9. 您认为有必要发展“低碳经济”的原因有哪些？［多选题］

□全球气候变暖

□本国人均资源占有量低

□本国资源利用率低

□其他 ____________________

10.“低碳经济”对经济发展的影响？［多选题］

□很长时期内都会对经济造成损失

□短期来看会有负面影响，但长期有利

□会推动经济发展

□不确定

11. 哪些在减排工作中最重要？［单选题］

□政府部门

□环保团体

□商界组织

□社区组织

□学者 / 科学家

□媒体

12. 目前“低碳经济”包括的领域非常多，您认为以下哪些在减碳工作中较重要？［多选题］

□火电减排

□新能源汽车

□建筑节能

□工业节能和循环经济

□资源回收

□环保设备和节能材料

□其他

13. 发展“低碳经济”的措施应该包括哪些？［多选题］

□政府制定正确规划，积极指引

□“产学研”结合，加快发展低碳产品与低碳技术

□制定相关法律加以约束

□开展低碳发展试点

□加强宣传引导，推动群众观念特别是消费习惯的改变

□开展碳税和推行碳交易

14. 如何通过提高消费者的节能意识来加速低碳经济建设的进程？[ 多选题 ]

□制定相应的补贴政策

□提高研发投入

□对奢侈浪费的消费行为加以限制

□对公共消费加以控制

□积极宣传节能知识

15. 您觉得本国发展“低碳经济”模式的难点在哪里？[ 多选题 ]

□本国能源消费结构不合理与能源效率低的矛盾突出

□技术研发能力的限制

□需要巨额资金投入

□碳金融体系还不健全

□缺乏长期的、战略的、持续的可再生资源商业化发展计划和行动方案

16. 您认为自己能从哪些方面为国家的“低碳经济”发展一份力？[ 多选题 ]

□长时间不使用电脑时将电脑关闭，短时间不使用则启用“待机”模式

□一水多用，在马桶水箱中放入塑料瓶以减少水箱容水体积

□购物时自带购物袋，不使用塑料袋

□出行时选择自行车、公交车、新能源汽车等交通工具

□日常生活尽量使用清洁能源，减少煤的使用

□多食用低碳食品，如蔬菜、水果，减少食物废弃物（包括食物浪费和过度消费）

□积极向他人宣传“低碳经济”理念

□变废为宝，杜绝浪费

# 附录 2　关于“低碳旅游”的调查问卷

尊敬的女士 / 先生，非常感谢您抽出宝贵时间填写此份关于“低碳旅游”的问卷！低碳旅游，主要是指游客在游览过程中，树立低碳意识，将各种旅游消费行为的碳排放控制在适宜水平，尽量减少碳排放量的一种新型旅游消费模式。您填写的答卷仅用于学术研究，完全不会对外公开。请根据您的真实意愿和实际情况选择答案。本调查答案没有对错、好坏或高低之分，不会对您本人造成任何不良影响。本次调查是匿名进行的，我们将严格保密您的个人信息，您可以放心作答。非常感谢您的理解和支持！谢谢您的合作！谨祝：身体健康，万事如意！

1. 您来自哪一个国家或区域？［单选题］

□中国

□泰国

□越南

□柬埔寨

□其他国家 / 区域

2. 您的受教育程度？［单选题］

□初中及以下

□高中

□大学及以上

3. 您的年龄？［单选题］

□ 18 岁及以下

□ 18—40 岁

□ 41—60 岁

□ 61 岁以上

4. 您了解低碳旅游吗？［单选题］

□非常了解

□了解

□一般

□听说过，不怎么了解

□没有听说过

5. 您是通过哪些方式了解“低碳旅游”的？［单选题］

□媒体

□身边人介绍

□环保机构宣传

□其他 ________________

6. 您对二氧化碳排放以及温室效应等关注吗？［单选题］

□很关注

□偶尔关注

□不关注

7. 您觉得低碳旅游会影响您正常的旅游活动吗？［单选题］

□肯定会

□肯定不会

□在一定程度上会

□不确定

8. 您愿意了解“低碳旅游”的相关知识吗？［单选题］

□愿意

□可以考虑

□不愿意

9. 您愿意在旅游活动中实践低碳旅游吗？［单选题］

□愿意

□可以考虑

□不愿意

10. 您愿意选择低碳饮食吗？如旅游过程中选择应季以及当地的果蔬等食材、少吃烧烤等。［单选题］

□愿意

□可以考虑

□不愿意

11. 您愿意在旅游过程中选择相对低碳的住宿方式吗？如经济型酒店、民宿等。［单选题］

□愿意

□可以考虑

□不愿意

12. 如果暂时不使用空调、电视等电器，您愿意主动关闭吗？［单选题］

□愿意

□可以考虑

□不愿意

13. 您愿意减少更换被单和毛巾的次数吗？［单选题］

□愿意

□可以考虑

□不愿意

14. 您认为有哪些是比较低碳的出行方式？［多选题］

□徒步

□自行车

□公交车 / 大巴

□新能源汽车

□火车

□轮船

□飞机

15. 您愿意在旅游过程中维护旅游地的环境卫生吗？［单选题］

□愿意

□可以考虑

□不愿意

16. 在旅游过程中您愿意不乱扔垃圾，做好垃圾分类吗？［单选题］

□愿意

□可以考虑

□不愿意

17. 您愿意在旅游过程中减少对过度包装商品的购买吗？［单选题］

□愿意

□可以考虑

□不愿意

18. 在旅游过程中购买旅游纪念品时您愿意优先选择用低碳，环保材料制作的旅游纪念品吗？［单选题］

□愿意

□可以考虑

□不愿意

19. 在旅游过程中您愿意减少一些耗能较高的娱乐设施的使用吗？如摩天轮、水上游乐设施等耗电较高的设施。［单选题］

□愿意

□可以考虑

□不愿意

20. 在低碳旅游过程中您认为哪些方面是比较重要的？［多选题］

□政府部门的相关政策

□媒体的宣传

□旅游企业提供的低碳产品价格

□旅游者的低碳意识

□旅游者的经济水平

21. 您认为应该大力发展低碳旅游吗？［单选题］

□应该大力发展低碳旅游

□应该，但可以慢慢地发展

□不应该，低碳旅游会限制旅游活动

□不确定

22. 您认为发展低碳旅游的难点在哪里？［多选题］

□低碳技术研发能力的限制

□需要巨额资金的投入

□没有相关的法律保障

□政策不够完善

□没有示范区起带头作用

□低碳旅游的观念与旅游的享受性存在冲突

23. 您认为可以通过哪些措施加速低碳旅游建设的进程？［多选题］

□提高研发投入，发展低碳产品

□建立健全法律保障

□完善相关的政策

□确立低碳旅游示范区

□培养游客低碳意识

# 附录3　2010—2020年中国和东盟十国的相关数据

| 国家 | 年份 | 人均碳排放量（吨/人） | 人口密度（人/平方公里） | 人均GDP（美元/人） | 工业增加值（占GDP的百分比）（%） | 高科技出口（占制成品出口总额的百分比）（%） | 城镇人口（占总人口比例）（%） | 外国直接投资净流入（占GDP的百分比）（%） |
|---|---|---|---|---|---|---|---|---|
| 中国 | 2010 | 6.335419767 | 142.4877434 | 4550.473924 | 46.49783114 | 4743.47 | 49.226 | 4.003544586 |
| | 2011 | 6.901347326 | 143.2685098 | 5614.385739 | 46.52928947 | 5401.68 | 50.511 | 3.708806704 |
| | 2012 | 7.04520023 | 144.243669 | 6300.582352 | 45.42298074 | 5938.58 | 51.765 | 2.827105258 |
| | 2013 | 7.320154925 | 145.2076439 | 7020.385682 | 44.17670454 | 6558.97 | 53.013 | 3.039855032 |
| | 2014 | 7.304712872 | 146.1258167 | 7636.074223 | 43.08556811 | 6538.48 | 54.259 | 2.55924765 |
| | 2015 | 7.145131535 | 146.9779493 | 8016.446016 | 40.84133997 | 6522.12 | 55.5 | 2.192177616 |
| | 2016 | 7.105479936 | 147.8226414 | 8094.390375 | 39.5806215 | 5945.21 | 56.736 | 1.555636959 |
| | 2017 | 7.226160154 | 148.7200435 | 8817.045496 | 39.85169845 | 6541.57 | 57.96 | 1.349123714 |
| | 2018 | 7.533193134 | 149.4171945 | 9905.406118 | 39.68701182 | 7313.19 | 59.152 | 1.69389433 |
| | 2019 | 7.645435786 | 149.9481797 | 10143.86021 | 38.58740546 | 7153.03 | 60.308 | 1.310715934 |
| | 2020 | 7.756137907 | 150.3055428 | 10408.71912 | 37.8428218 | 7574.59 | 61.428 | 1.72317562 |

续表

| 国家 | 年份 | 人均碳排放量（吨/人） | 人口密度（人/平方公里） | 人均 GDP（美元/人） | 工业增加值（占 GDP 的百分比）（%） | 高科技出口（占制成品出口总额的百分比）（%） | 城镇人口（占总人口比例）（%） | 外国直接投资净流入（占 GDP 的百分比）（%） |
|---|---|---|---|---|---|---|---|---|
| 文莱 | 2010 | 18.10565758 | 75.15237192 | 34609.69996 | 68.65703585 | 1.0814 | 74.961 | 3.507061247 |
| | 2011 | 18.26298984 | 76.18709677 | 46139.10684 | 73.67291765 | 1.12 | 75.31 | 3.730987801 |
| | 2012 | 17.95103213 | 77.1601518 | 46844.19672 | 72.65682516 | 0.7072 | 75.656 | 4.540557585 |
| | 2013 | 17.5097522 | 78.12182163 | 43950.05706 | 70.02517779 | 0.5685 | 75.997 | 4.286658604 |
| | 2014 | 16.99315502 | 79.06185958 | 41035.77314 | 67.85206522 | 0.6114 | 76.332 | 3.356608284 |
| | 2015 | 15.18067944 | 79.96907021 | 30681.43744 | 61.36235797 | 0.7987 | 76.663 | 1.324712197 |
| | 2016 | 16.35821162 | 80.83377609 | 26762.03743 | 57.28835725 | 0.7559 | 76.99 | −1.320567152 |
| | 2017 | 16.9430784 | 81.64629981 | 28186.98339 | 59.72051088 | 1.5919 | 77.312 | 3.858183629 |
| | 2018 | 17.36231043 | 82.40493359 | 31241.02397 | 63.24364516 | 0.0012 | 77.629 | 3.804793719 |
| | 2019 | 16.11193294 | 83.12106262 | 30748.32019 | 62.5153211 | 0.4734 | 77.942 | 2.771179092 |
| | 2020 | 21.70581244 | 83.81878558 | 27179.34442 | 59.13363024 | 0.1597 | 78.25 | 4.71057712 |
| 印度尼西亚 | 2010 | 1.702905979 | 129.9673521 | 3094.443079 | 42.77586634 | 70.5609 | 49.914 | 2.025179146 |
| | 2011 | 1.925542224 | 131.6096918 | 3613.800888 | 43.91342343 | 72.7741 | 50.595 | 2.302984294 |
| | 2012 | 1.925450048 | 133.2730561 | 3668.212084 | 43.59374442 | 72.2937 | 51.276 | 2.309780318 |
| | 2013 | 1.770402032 | 134.8992569 | 3602.885517 | 42.63567744 | 64.9291 | 51.955 | 2.551356334 |
| | 2014 | 1.891427827 | 136.4725262 | 3476.624854 | 41.92834213 | 65.8589 | 52.635 | 2.819972604 |
| | 2015 | 1.887564481 | 137.9969896 | 3322.581679 | 40.0478624 | 58.8954 | 53.313 | 2.297616394 |
| | 2016 | 1.848303852 | 139.4660624 | 3558.818852 | 39.30844398 | 54.156 | 53.989 | 0.487372471 |
| | 2017 | 1.948574431 | 140.8767911 | 3839.785075 | 39.3791548 | 59.7148 | 54.659 | 2.019489198 |
| | 2018 | 2.126836838 | 142.2445488 | 3902.661675 | 39.72973745 | 63.8201 | 55.325 | 1.814289794 |
| | 2019 | 2.245285771 | 143.5846338 | 4151.227555 | 38.951768 | 62.8127 | 55.985 | 2.233362043 |
| | 2020 | 2.071658962 | 144.7963882 | 3895.618152 | 38.23839372 | 64.0869 | 56.641 | 1.81058402 |

续表

| 国家 | 年份 | 人均碳排放量（吨 / 人） | 人口密度（人 / 平方公里） | 人均 GDP（美元 / 人） | 工业增加值（占 GDP 的百分比）（%） | 高科技出口（占制成品出口总额的百分比）（%） | 城镇人口（占总人口比例）（%） | 外国直接投资净流入（占 GDP 的百分比）（%） |
|---|---|---|---|---|---|---|---|---|
| 柬埔寨 | 2010 | 0.357906398 | 81.37056424 | 782.6957387 | 21.86862448 | 0.0824 | 20.294 | 12.49138108 |
| | 2011 | 0.368035016 | 82.56223091 | 880.3103044 | 22.1418106 | 0.072 | 20.663 | 11.99484384 |
| | 2012 | 0.383718005 | 83.7675051 | 950.4825446 | 22.97645491 | 0.1386 | 21.037 | 14.14572541 |
| | 2013 | 0.38251475 | 84.97441083 | 1015.220881 | 24.06765417 | 0.7302 | 21.415 | 13.58334609 |
| | 2014 | 0.456727604 | 86.17050193 | 1098.074538 | 25.60686085 | 0.3119 | 21.799 | 11.09689482 |
| | 2015 | 0.546949079 | 87.34150804 | 1170.742816 | 27.67957211 | 1.2143 | 22.188 | 10.09866353 |
| | 2016 | 0.708268457 | 88.51452527 | 1281.105971 | 29.45196275 | 1.7112 | 22.582 | 12.36922137 |
| | 2017 | 0.799744092 | 89.68212667 | 1400.899265 | 30.84892761 | 1.772 | 22.98 | 12.57184968 |
| | 2018 | 0.845896953 | 90.78426241 | 1533.315985 | 32.28939312 | 1.6482 | 23.388 | 13.07449807 |
| | 2019 | 1.116330426 | 91.81818491 | 1671.3854 | 34.22605072 | 1.6037 | 23.805 | 13.52202096 |
| | 2020 | 1.137583659 | 92.88953093 | 1577.91174 | 34.56006067 | 3.0842 | 24.232 | 14.0094821 |
| 老挝 | 2010 | 0.454991272 | 27.39782496 | 1127.835236 | 30.46602109 | 0.1943 | 30.064 | 3.909348747 |
| | 2011 | 0.474258871 | 27.80037695 | 1363.72529 | 30.81597019 | 0.2109 | 30.66 | 3.437026465 |
| | 2012 | 0.502688436 | 28.20105286 | 1566.009745 | 32.43664467 | 0.1179 | 31.264 | 6.060674489 |
| | 2013 | 0.630353375 | 28.59940208 | 1815.440238 | 30.42770755 | 0.4504 | 31.872 | 5.686246283 |
| | 2014 | 0.649260983 | 28.99243501 | 1984.50867 | 28.81500054 | 1.5355 | 32.487 | 6.533849586 |
| | 2015 | 1.307698847 | 29.4082279 | 2125.459057 | 27.69334425 | 2.981 | 33.108 | 7.470757223 |
| | 2016 | 2.278533289 | 29.85859185 | 2309.049076 | 28.75950464 | 2.7518 | 33.736 | 5.877746708 |
| | 2017 | 2.72288168 | 30.3202643 | 2439.463355 | 30.9124754 | 3.897 | 34.368 | 9.917782999 |
| | 2018 | 2.767597944 | 30.78425477 | 2553.361866 | 31.53319249 | 4.6798 | 35.004 | 7.485644375 |
| | 2019 | 2.658175141 | 31.24806326 | 2598.505523 | 31.53138199 | 2.2943 | 35.645 | 4.031491814 |
| | 2020 | 2.620283441 | 31.71316724 | 2593.355097 | 32.41636783 | 2.3575 | 36.29 | 5.098073156 |

续表

| 国家 | 年份 | 人均碳排放量（吨/人） | 人口密度（人/平方公里） | 人均 GDP（美元/人） | 工业增加值（占 GDP 的百分比）（%） | 高科技出口（占制成品出口总额的百分比）（%） | 城镇人口（占总人口比例）（%） | 外国直接投资净流入（占 GDP 的百分比）（%） |
|---|---|---|---|---|---|---|---|---|
| 缅甸 | 2010 | 0.164631248 | 75.60693751 | 765.2418886 | 25.57733332 | 0.0006 | 28.885 | 2.384200108 |
| | 2011 | 0.174575428 | 76.22116059 | 1086.838467 | 29.06283588 | 0.0374 | 29.075 | 4.656094617 |
| | 2012 | 0.23824039 | 76.88614407 | 1161.305962 | 31.85977374 | 0.1547 | 29.266 | 2.287185154 |
| | 2013 | 0.26837013 | 77.55303179 | 1195.9378 | 32.36728647 | 0.0607 | 29.457 | 3.722172613 |
| | 2014 | 0.333541952 | 78.20241931 | 1238.72871 | 33.48853093 | 0.1585 | 29.65 | 3.437949846 |
| | 2015 | 0.36970746 | 78.83253047 | 1224.562368 | 34.47870379 | 0.0949 | 29.858 | 6.477625913 |
| | 2016 | 0.421272122 | 79.49439168 | 1161.861818 | 33.91247241 | 2.5283 | 30.082 | 5.437057328 |
| | 2017 | 0.6214961 | 80.10469705 | 1175.202555 | 35.46915977 | 2.86 | 30.322 | 7.818258794 |
| | 2018 | 0.622498221 | 80.6894653 | 1274.915663 | 36.74276972 | 2.4608 | 30.579 | 2.633409388 |
| | 2019 | 0.640928811 | 81.2627731 | 1295.201487 | 37.96077086 | 2.1159 | 30.852 | 2.526413344 |
| | 2020 | 0.634080348 | 81.85330718 | 1477.452905 | 38.5791836 | 2.0231 | 31.141 | 2.416252098 |
| 马来西亚 | 2010 | 6.959707228 | 87.40749049 | 8880.14604 | 40.49893235 | 656.701 | 70.912 | 4.268646526 |
| | 2011 | 6.935319956 | 88.82706742 | 10209.37191 | 39.82426873 | 664.928 | 71.609 | 5.074460339 |
| | 2012 | 6.925634921 | 90.27609801 | 10601.51091 | 40.13500101 | 664.655 | 72.275 | 2.82905726 |
| | 2013 | 7.402951013 | 91.72061178 | 10727.67055 | 39.88537365 | 670.742 | 72.93 | 3.494311261 |
| | 2014 | 7.719435953 | 93.15616801 | 11045.58098 | 39.92442448 | 709.271 | 73.577 | 3.14122916 |
| | 2015 | 7.603420444 | 94.56348501 | 9699.584909 | 38.44966979 | 644.516 | 74.213 | 3.270949275 |
| | 2016 | 7.348421251 | 95.95622584 | 9555.647335 | 37.6832735 | 631.951 | 74.84 | 4.471320001 |
| | 2017 | 7.039825673 | 97.32401765 | 9979.704757 | 38.11471636 | 741.205 | 75.447 | 2.935820297 |
| | 2018 | 7.452371382 | 98.61290823 | 11073.97859 | 38.29143917 | 904.998 | 76.036 | 2.314587291 |
| | 2019 | 7.464999716 | 99.84483336 | 11132.10345 | 37.47655524 | 869.006 | 76.607 | 2.506976898 |
| | 2020 | 7.383715412 | 101.0500472 | 10160.82935 | 35.95711399 | 921 | 77.16 | 1.203170729 |

续表

| 国家 | 年份 | 人均碳排放量（吨 / 人） | 人口密度（人 / 平方公里） | 人均 GDP（美元 / 人） | 工业增加值（占 GDP 的百分比）（%） | 高科技出口（占制成品出口总额的百分比）（%） | 城镇人口（占总人口比例）（%） | 外国直接投资净流入（占 GDP 的百分比）（%） |
|---|---|---|---|---|---|---|---|---|
| 菲律宾 | 2010 | 0.865602879 | 317.3917564 | 2201.776819 | 32.33955605 | 306.949 | 45.332 | 0.513698052 |
| | 2011 | 0.856822589 | 323.09727 | 2431.199965 | 31.33868278 | 310.96 | 45.522 | 0.856963001 |
| | 2012 | 0.878944848 | 328.7799477 | 2671.777538 | 31.39949336 | 314.971 | 45.712 | 1.227629999 |
| | 2013 | 0.957913716 | 334.3733675 | 2847.567954 | 30.77544663 | 318.982 | 45.903 | 1.316426379 |
| | 2014 | 1.00490795 | 339.8235939 | 2935.928578 | 31.04744448 | 322.992 | 46.093 | 1.929375241 |
| | 2015 | 1.077253514 | 345.5457122 | 2974.29692 | 30.48195098 | 327.003 | 46.284 | 1.840180105 |
| | 2016 | 1.152751307 | 351.7297716 | 3038.152046 | 30.28591717 | 331.014 | 46.475 | 2.598508027 |
| | 2017 | 1.250314542 | 357.9786732 | 3077.434432 | 30.12655058 | 335.025 | 46.682 | 3.122387771 |
| | 2018 | 1.28139073 | 364.1172351 | 3194.672704 | 30.56374015 | 339.035 | 46.907 | 2.868338258 |
| | 2019 | 1.32152779 | 370.1941979 | 3413.849067 | 30.32750788 | 358.259 | 47.149 | 2.301174971 |
| | 2020 | 1.189679452 | 376.2651407 | 3224.422811 | 28.39991759 | 348.962 | 47.408 | 1.885863632 |
| 新加坡 | 2010 | 8.354508373 | 7231.811966 | 47236.67154 | 26.63587172 | 1318.43 | 100 | 23.06947732 |
| | 2011 | 8.636110044 | 7363.193182 | 53891.46229 | 25.25959258 | 1321.44 | 100 | 17.59602969 |
| | 2012 | 8.224530474 | 7524.6983 | 55547.54625 | 25.02220216 | 1364.47 | 100 | 18.74352748 |
| | 2013 | 8.133169555 | 7636.721358 | 56967.42579 | 23.44272863 | 1433.34 | 100 | 20.93448104 |
| | 2014 | 8.117137172 | 7714.702398 | 57564.80231 | 24.16851925 | 1449.26 | 100 | 21.81848808 |
| | 2015 | 8.208109049 | 7806.77292 | 55645.60686 | 24.28802291 | 1387.35 | 100 | 22.65418269 |
| | 2016 | 8.019891274 | 7908.720733 | 56895.64334 | 23.23339944 | 1349.22 | 100 | 20.48804017 |
| | 2017 | 8.432299827 | 7882.377809 | 61164.89736 | 23.5120427 | 1467.52 | 100 | 29.76051723 |
| | 2018 | 8.018212077 | 7897.305322 | 66836.53851 | 25.38630838 | 1548.67 | 100 | 21.53553919 |
| | 2019 | 7.918410385 | 7965.878492 | 66070.47067 | 24.04778764 | 1500.31 | 100 | 27.94125657 |
| | 2020 | 7.686683702 | 7918.951253 | 61274.00646 | 23.33872557 | 1599.28 | 100 | 22.5170338 |

续表

| 国家 | 年份 | 人均碳排放量（吨/人） | 人口密度（人/平方公里） | 人均 GDP（美元/人） | 工业增加值（占 GDP 的百分比）（%） | 高科技出口（占制成品出口总额的百分比）（%） | 城镇人口（占总人口比例）（%） | 外国直接投资净流入（占 GDP 的百分比）（%） |
|---|---|---|---|---|---|---|---|---|
| 泰国 | 2010 | 3.526681931 | 133.6305056 | 4996.372098 | 39.9217257 | 371.782 | 43.856 | 4.323209282 |
| | 2011 | 3.477784925 | 134.4963613 | 5396.643527 | 37.98139827 | 361.1 | 44.698 | 0.667087652 |
| | 2012 | 3.705856454 | 135.3657793 | 5748.632782 | 37.34369414 | 371.725 | 45.445 | 3.244564408 |
| | 2013 | 3.80405746 | 136.1909648 | 6041.134013 | 36.89858846 | 370.498 | 46.193 | 3.791264468 |
| | 2014 | 3.736041694 | 136.939347 | 5822.377723 | 36.76304037 | 384.358 | 46.943 | 1.221453193 |
| | 2015 | 3.824676098 | 137.5920394 | 5708.794147 | 36.17917733 | 388.15 | 47.694 | 2.224685468 |
| | 2016 | 3.794470231 | 138.2039911 | 5854.463852 | 35.58676541 | 390.262 | 48.448 | 0.843364349 |
| | 2017 | 3.767896681 | 138.7739083 | 6436.789649 | 35.01875953 | 439.336 | 49.2 | 1.815502604 |
| | 2018 | 3.718427852 | 139.2233201 | 7124.558867 | 34.74248967 | 447.529 | 49.949 | 2.71279833 |
| | 2019 | 3.849043757 | 139.5755701 | 7628.576087 | 33.59391051 | 401.416 | 50.692 | 1.014511882 |
| | 2020 | 3.714255806 | 139.9042142 | 7001.785413 | 33.2886495 | 458.38 | 51.43 | −0.988590804 |
| 越南 | 2010 | 1.732201659 | 279.0063391 | 1684.011667 | 33.02287759 | 60.6869 | 30.417 | 5.43473963 |
| | 2011 | 1.765420021 | 282.0096685 | 1953.556979 | 34.58039974 | 117.061 | 31.08 | 4.304874726 |
| | 2012 | 1.741550848 | 284.8917906 | 2190.232284 | 35.86024417 | 213.447 | 31.752 | 4.278323181 |
| | 2013 | 1.820112056 | 288.3885786 | 2367.499542 | 35.57515374 | 327.595 | 32.429 | 4.1645448 |
| | 2014 | 1.980575457 | 291.1421414 | 2558.778924 | 35.29857615 | 363.76 | 33.115 | 3.940861635 |
| | 2015 | 2.185814559 | 294.1812351 | 2595.234979 | 34.26653778 | 475.237 | 33.809 | 4.931907477 |
| | 2016 | 2.384159513 | 297.1614298 | 2760.717101 | 34.11523671 | 552.151 | 34.51 | 4.900893029 |
| | 2017 | 2.444644781 | 300.0387616 | 2992.071746 | 35.39036576 | 741.139 | 35.213 | 5.011486859 |
| | 2018 | 3.014711266 | 302.825616 | 3267.225009 | 36.54244046 | 826.112 | 35.919 | 4.998283289 |
| | 2019 | 3.567848369 | 305.5770717 | 3491.091279 | 36.80313214 | 904.301 | 36.628 | 4.821075042 |
| | 2020 | 3.676440088 | 308.3591021 | 3586.347297 | 36.7437117 | 1015.34 | 37.34 | 4.558361815 |

数据来源：世界银行 https://databank.shihang.org/source/world-development-indicators

# 附录 4　空间权重矩阵 $w$

| | 中国 | 文莱 | 印度尼西亚 | 柬埔寨 | 老挝 | 缅甸 | 马来西亚 | 菲律宾 | 新加坡 | 泰国 | 越南 |
|---|---|---|---|---|---|---|---|---|---|---|---|
| 中国 | 0 | 0 | 0 | 0 | 0.05537168 | 0.05870555 | 0 | 0 | 0 | 0.04623691 | 0.04982667 |
| 文莱 | 0 | 0 | 0.13908015 | 0 | 0 | 0 | 0.19696143 | 0.09156929 | 0.08807733 | 0 | 0 |
| 印度尼西亚 | 0 | 0.13908015 | 0 | 0 | 0 | 0 | 0.10372403 | 0.06628703 | 0.07199179 | 0 | 0 |
| 柬埔寨 | 0 | 0 | 0 | 0 | 0.16951573 | 0.08375961 | 0.09867735 | 0 | 0.08761612 | 0.21825619 | 0.24006672 |
| 老挝 | 0.05537168 | 0 | 0 | 0.16951573 | 0 | 0.12936562 | 0 | 0 | 0 | 0.22983386 | 0.31612965 |
| 缅甸 | 0.05870555 | 0 | 0 | 0.08375961 | 0.12936562 | 0 | 0 | 0 | 0 | 0.13222738 | 0.09250598 |
| 马来西亚 | 0 | 0.19696143 | 0.10372403 | 0.09867735 | 0 | 0 | 0 | 0.0648685 | 0.15715618 | 0 | 0 |
| 菲律宾 | 0 | 0.09156929 | 0.06628703 | 0 | 0 | 0 | 0.0648685 | 0 | 0 | 0 | 0.05785294 |
| 新加坡 | 0 | 0.08807733 | 0.07199179 | 0.08761612 | 0 | 0 | 0.15715618 | 0 | 0 | 0 | 0 |
| 泰国 | 0.04623691 | 0 | 0 | 0.21825619 | 0.22983386 | 0.13222738 | 0 | 0 | 0 | 0 | 0.18141447 |
| 越南 | 0.04982667 | 0 | 0 | 0.24006672 | 0.31612965 | 0.09250598 | 0 | 0.05785294 | 0 | 0.18141447 | 0 |

# 后 记

本研究受广西创新驱动发展专项“5G 场景“旅游 +”智慧化服务技术研发与应用”（桂科 AA20302011）、广西创新驱动发展专项“漓江流域景观资源生态产业化关键技术研究与示范”（桂科 AA20161002）资助，是其阶段性成果，同时亦为广西哲学社会科学规划项目“低碳经济视阈下广西与东盟国家区域生态协同发展战略研究”（17FJL005）研究成果。项目负责人陈伍香教授及时组织项目组成员召开会议，探讨专著研究框架和提纲，细化任务，明确分工；此后，项目组成员各司其职完成各自负责的内容；接下来，多次集体讨论、修订，最终定稿。它的出版，是项目组全体成员共同智慧的结晶。

张宇运用空间计量方法统计分析“中国—东盟国家区域碳排放量影响因素与空间溢出效应”并参与校对与排版，赵长山和路博娣参与“中国—东盟国家区域低碳经济与生态协同发展的战略”撰写，邵瑞囡运用 LMDI 公式测算广西碳排放量，刘珊珊、刘星雨、文里琦、宾春妹、陈媚参与实证分析中国—东盟低碳经济与生态环境关系，庞云云、杨蓉、黄如、黎丽霞、温文雅参与搜集数据、问卷调研、文献检索。著作涉及数据甚多，何卓婷、叶金成、于水、潘金兰进行复核。陈伍香主要完成本书撰写、统筹指导与定稿。

在著作的写作过程中，吸收了国内外学者相关的研究成果和研究思想，感谢他们的建树；问卷调研过程中，得到广西师范大学来自越南、柬埔寨、泰国等国的留学生的帮助，在此表示由衷感谢；此外，衷心感谢中国旅游出版社段向民老师给予的多方指导、建议和付出的辛勤劳动！

受新冠疫情影响，目前最新数据多为 2021 年前的数据。限于作者水平，加之涉及国家较多，本书难免存在着不足之处，敬请广大读者批评指正。对于你们提出的意见和建议，我们会给予充分重视和接受，并在以后的研究中进一步充实完善。

作者

2023 年 8 月

**项目策划：** 段向民
**责任编辑：** 沙玲玲
**责任印制：** 钱 宬
**封面设计：** 武爱听

**图书在版编目（CIP）数据**

低碳经济视阈下中国－东盟生态协同发展研究 / 陈伍香等著. -- 北京 : 中国旅游出版社, 2024.5
ISBN 978-7-5032-7340-7

Ⅰ. ①低… Ⅱ. ①陈… Ⅲ. ①低碳经济－经济发展－中国、东南亚国家联盟②生态环境建设－研究－中国、东南亚国家联盟 Ⅳ. ①F124.5 ②F133.04 ③X171.4

中国国家版本馆CIP数据核字(2024)第107043号

**书　　名：** 低碳经济视阈下中国－东盟生态协同发展研究

**作　　者：** 陈伍香　等著
**出版发行：** 中国旅游出版社
（北京静安东里 6 号　邮编：100028）
https://www.cttp.net.cn　E-mail:cttp@mct.gov.cn
营销中心电话：010-57377103，010-57377106
读者服务部电话：010-57377107
**排　　版：** 北京旅教文化传播有限公司
**经　　销：** 全国各地新华书店
**印　　刷：** 北京明恒达印务有限公司
**版　　次：** 2024 年 5 月第 1 版　2024 年 5 月第 1 次印刷
**开　　本：** 720 毫米 × 970 毫米　1/16
**印　　张：** 15.5
**字　　数：** 234 千
**定　　价：** 59.80 元
**I S B N**　978-7-5032-7340-7